GEORGE F. BASS

Archäologie unter Wasser

W0090242

الكافي

محمد المنسى قنديل

George F. Bass

ARCHÄOLOGIE
UNTER WASSER

BASTEI
LÜBBE

Titel der Originalausgabe ARCHAEOLOGY UNDER WATER
Erschienen in der Reihe ANCIENT PEOPLES AND PLACES
Herausgegeben von Glyn Daniel
© 1966 Thames & Hudson, London
Aus dem Englischen übertragen von A. Besch

© 1966 der deutschen Ausgabe: Gustav Lübbe Verlag GmbH,
Bergisch Gladbach
Printed in Western Germany 1978
Einbandgestaltung: Ralf Rudolph
Fotos: ZEFA
Gesamtherstellung: Augsburger Druck- und Verlagshaus GmbH
ISBN 3-404-00999-1

Der Preis dieses Bandes versteht sich einschließlich
der gesetzlichen Mehrwertsteuer

Inhalt

Archäologie unter Wasser

Auf den letzten Konferenzen der Unterwasser-Archäologen sind Vorschläge unterbreitet worden, diesem neuen, an Bedeutung wachsenden Forschungsgebiet einen attraktiveren Namen zu geben. Aber kein Vorschlag wurde der Sache völlig gerecht. Die Bezeichnung »Meeres«- oder »Untersee-Archäologie« würde sich auf die Arbeit in den Ozeanen beschränken, während doch auch in Flüssen, Seen und Brunnen intensive Forschungen betrieben werden; »Hydro-Archäologie« könnte unter anderem das Studium antiker Wasserversorgung bedeuten, und der gestelzte Begriff »Aquäologie« ist ebensowenig ein zutreffender Name. Am stärksten hat sich der Begriff »Unterwasser-Archäologie« eingebürgert, und diese Bezeichnung verwende ich auch im vorliegenden Buch, aber ich hoffe, daß man bei diesem neuen Forschungszweig eines Tages ganz einfach von Archäologie sprechen wird. Die Männer, die auf dem Gipfel des Nimrud Dagh in der Türkei arbeiten, nennt man ja auch nicht »Berg-Archäologen«, und jene Wissenschaftler, die in Guatemala Ausgrabungen vornehmen, bezeichnet man ebensowenig als »Dschungel-Archäologen«. Sie alle sind Forscher, die versuchen, Fragen nach der Vergangenheit des Menschen zu beantworten, und sie alle sind fachlich befähigt, antike Gebäude, Grabstätten und sogar ganze Städte mit ihren Funden auszugraben und historisch einzuordnen. Existiert nun zwischen jenen Untersuchungen und dem Studium eines antiken Schiffes mit seiner Fracht oder dem einer eingestürzten Hafenmauer irgendein Unterschied? Daß solche Überreste unter Wasser liegen, zwingt höchstens zum Gebrauch andersartiger Werkzeuge und Forschungstechniken, so wie die wissenschaftliche Sichtung eines umfangreichen Grabungsgebietes – und zwar mit Hilfe von Luftaufnahmen, magnetischen Spür- und Bohrgeräten – eine andere Arbeitsweise voraussetzt als das Ausgraben von Steinwerkzeugen oder Knochen in einer Höhle der Altsteinzeit. In all diesen Fällen ist das Ziel grundsätzlich dasselbe. Es ist alles Archäologie.

Korinth ist eine der Städte der griechischen Antike, die von den Archäologen aufs neue ins Leben gerufen worden sind, indem man die Überreste der Gebäude ausgrub und aufzeichnete, indem man ihre Töpferwaren, Skulpturen und Münzen katalogisierte und Abbildungen veröffentlichte und indem man die Inschriften interpretierte.

Port Royal war eine lebensprühende Stadt auf Jamaika, bevor sie plötzlich am 7. Juni 1692 während eines verheerenden Erdbebens von den Wellen der Karibischen See verschlungen wurde. Bei den Untersuchungen der Ruinen ist der Verlauf von Mauern und Straßen auf Karten aufgezeichnet worden, Funde aus Ton, Metall und Glas wurden an die Oberfläche gebracht, geborgen und restauriert. Gibt es irgendeinen Unterschied zwischen diesen beiden Ausgrabungen, wenn man davon absieht, daß in dem zweiten Fall der Forscher seinen Luftvorrat in einer Sauerstoffflasche auf dem Rücken mit sich führen mußte?

Archäologen spezialisieren sich oft auf gewisse geographische, kulturelle oder historische Bereiche. Sie mögen häufig auch eine Vorliebe für einen bestimmten Aspekt der Antike haben, wie Architektur, Epigraphie, Bildhauerei oder Kunsthandwerk, aber kein Archäologe spezialisiert sich auf die Umgebung, in der er arbeitet. So sind zum Beispiel Ausgrabungen in den Dürregebieten des amerikanischen Südwestens kein Training für die gleiche Arbeit in ähnlichen Landstrichen des Nahen Ostens, auf der anderen Seite habe ich jedoch oft festgestellt, daß ein Archäologe, der unter Wasser Ausgrabungen vorgenommen hatte, häufig nur deshalb zur Arbeit an einer Fundstelle eingeladen wurde, weil diese ebenfalls unter Wasser lag. Ein überschwemmter indianischer Grabhügel in Kalifornien und ein versunkenes eisernes Kanonenboot des 19. Jahrhunderts haben jedoch nichts miteinander gemein; ebensowenig wie die Bergung eines amerikanischen Kanus und die Ausgrabung ceylonesischer Tempelreste, die vor Zeiten im Meer versunken sind. Daß bei all diesen Objekten gewisse Tauch- oder Hebetechniken verwendet werden, besitzt keine größere Bedeutung als der Einsatz eines gleichen Krantyps bei der Restaurierung zerfallener Tempel in Mexiko und in Griechenland, und ein Kranführer wird, was Amateurtaucher gern vergessen, in keinem Fall zum Archäologen mit Spezialkenntnissen in Architektur.

So wie man gewisse Techniken des Ausgrabens, des Kartenzeichnens, des Zusammenkittens von Tonscherben und der historischen Datierung durch Radiokarbon auf allen Fundstellen der Erde anwendet, so kann man auch mit vielen Techniken der Unterwasser-Forschung an den verschiedensten Orten arbeiten. In beiden Fällen sollte man jedoch aus Forschungsmethoden kein publizistisches Geheimnis machen, damit sie auch anderen zustatten kommen. Dann nämlich wäre ein Physiker in der Lage, sich auf die Datierung von Funden durch Radiokarbon zu spezialisieren, und könnte mit seinen technischen Kenntnissen an jeder Ausgrabungsstätte arbeiten. In der gleichen Weise könnte ein Berufstaucher einem Archäologen nützlich sein. In keinem Fall jedoch ist der Spezialist in der Lage, die historische Bedeutung von Funden zu bestimmen; ein Spezialist bietet dem Archäologen nur Informationen, vielleicht seinen Rat.

Unterwasser-Archäologie als Archäologie zu verteidigen mag unnötig erscheinen, aber immer wieder ist sie von gewissen Leuten als etwas betrachtet worden, das jenseits der Grenzen der eigentlichen Archäologie liegt. Leider ist auch eine ganze Menge Unsinn darüber geschrieben worden, und ein namhafter Archäologe sagte sogar noch kürzlich, Unterwasser-Archäologie sei im Grunde eine »törichte« Angelegenheit. Mit dieser Einstellung steht er nicht allein da. Sicherlich mag sich ein solcher Mann manche Mühe gemacht haben, das Röhrensystem eines öffentlichen Gebäudes aus der Antike exakt auszugraben, und er mag die Verbindungsstellen und Röhrendurchmesser peinlich genau ausgemessen haben. Ist aber die Erforschung einer antiken Schiffskonstruktion von geringerem Interesse? Die Bedeutung von Schiffen für jede seefahrende Kultur ist offensichtlich. Und doch bleiben in archäologischen Handbüchern, die sich mit Dachziegeln, Kleidungsstücken, Festungswällen, Juwelen, Münzen und Möbeln befassen, Schiffe oft völlig unberücksichtigt.

Die Erkenntnisse, die wir aus den Forschungen unter Wasser gewinnen können, umfassen nicht nur Schiffskonstruktionen und Handelsrouten. Das steht zwar im Gegensatz zu dem, was von einigen Schriftstellern, die mit der Materie vertraut sind, geschrieben worden ist. Aber sie haben alle das umfassende Wissen über Technik, Kunst und die geschichtlichen Detailkenntnisse außer acht gelassen, die uns antike Schiffsfunde bisher vermittelt haben. Buchstäblich alles von Menschenhand Geschaffene, angefangen von kleinen Pfeilspitzen aus Obsidian bis zu riesigen Tempelsäulen, wurde zu irgendeiner Zeit auf Schiffen transportiert, und vieles davon ist auf See verlorengegangen. Andere Gebrauchsgegenstände versanken zufällig in Seen, Brunnen und Flüssen, stürzten von Klippen, Booten und Brücken oder wurden absichtlich dem Wasser übergeben, sei es, um sie zu verstecken, sei es als Opfergaben für bestimmte Götter. An dieser Stelle sollten auch die Überreste erwähnt werden, die manchmal während eines Erdbebens verschwanden. Aber ein archäologischer Fundort muß nicht immer versinken, um unter Wasser zu geraten. Manche Fundstellen sind auch vom steigenden Wasserpegel bedeckt worden, besonders in Gebieten, die von künstlich angelegten Seen überschwemmt wurden.

Der Begriff »Unterwasser-Archäologie« beschwor bislang das Bild von abenteuerlustigen, wetterharten Männern mit athletischen Körpern und geringen Spezialkenntnissen herauf. Die Vorstellung von gesunkenen Schätzen, die von Amateurtauchern geplündert wurden, lag nahe. So etwas hat es gegeben, und es geschieht noch immer, aber es besitzt nur geringe Bedeutung. Hier trifft man auf das gleiche wie bei den Landausgrabungen, wo die Archäologen »der ersten Stunde« genauso abenteuerlustige und wetterharte Burschen und im Grunde kaum mehr als Antiquitätenjäger waren. Aber Erziehung und die jeweiligen nationalen Gesetze zum Schutz der Altertümer lassen mittlerweile auch den Fundorten unter Wasser den notwendigen Schutz angedeihen, genau wie das auf dem Lande der Fall war, und heutzutage kann der Archäologe höchstens sich selbst anklagen, wenn er unter Wasser gelegene Altertümer den Amateuren überläßt. Er hat ja auch gelernt, einen Jeep zu fahren, was ebenso gefährlich und schwierig wie das Tauchen sein kann.

Vor über 30 Jahren wurde ein Unterwasser-Atemgerät entwickelt, und damit wurde der neue Weg aufgezeigt, um an den Fundort heranzukommen. Natürlich sollte man sich daran erinnern, daß nicht der Berufsarchäologe, sondern der Amateur, der Taucher, wegweisend war, die Fundstätten aufspürte und ihre Erkundung einleitete. Diesen Amateur-Archäologen, die den Weg in die Zukunft wiesen, schulden wir Dank trotz aller Irrtümer, die sie begangen haben.

Wenn es allerdings auf der anderen Seite namhafte Taucher gibt, die immer noch behaupten, daß Archäologen nicht gut genug tauchen können, um Funde unter Wasser richtig zu bergen, dann kann ich nur hoffen, daß diese Ansicht ein für allemal bei Yassi Ada in der Türkei widerlegt worden ist, wo eine Expedition sechstausendmal zu Schiffswracks hinabtauchte, die in einer Tiefe von 30 bis 45 Metern lagen. Zum erstenmal wurde hier auf dem Meeresboden ein Schiff vollständig ausgegraben, wobei man mit derselben wissenschaftlichen Präzision wie bei Funden auf dem Lande gearbeitet hat.

Die Expedition war in der gleichen Weise zusammengesetzt, wie es auch bei archäologischen Grabungen auf trockenem Land üblich ist: Archäologen und Archäologie-Studenten, von denen einige schon praktische Erfahrungen bei normalen Grabungen gesammelt hatten, ein Experte für Klassische Geschichte, ein Kunsthistoriker, dazu Architekten, Zeichner und Fotografen. Manche von ihnen hatten noch nie zuvor getaucht. Dazu kamen noch ein Geologe, ein Mediziner und ein Techniker, der meistens arbeitslos war, da während der dreimonatigen Saison die Maschinerie gut funktionierte und nur von Archäologie-Studenten bedient wurde.

Paradoxerweise wurden die besten Methoden, Pläne unter Wasser zu zeichnen – eine der wichtigsten Voraussetzungen für wissenschaftliche Ausgrabungen –, nicht von professionellen Tauchern mit jahrelanger Erfahrung entwickelt, sondern von

20

denen, die gerade eben im Dienst der Forschung das Tauchen erlernt hatten. Oft haben die Amateure die Fortschritte gegen den Rat der Experten erzielt, die die vorgeschlagenen Methoden für undurchführbar hielten. Unglücklicherweise neigen professionelle Taucher dazu, die Schwierigkeiten der Arbeit unter Wasser zu übertreiben, in der Hoffnung, ihr Monopol auf diesem Gebiet zu bewahren.

Es bedarf einer jahrelangen Ausbildung, um Archäologe oder auch Architekt zu werden, aber wir bildeten in weniger als einer Woche in Yassi Ada Taucher aus. Natürlich müssen die frischgebackenen Taucher einen Sommer lang unter strenger Beobachtung eines erfahrenen Expeditionsmitgliedes arbeiten, denn die Gefahren beim Tauchen kann man nicht leugnen, und deshalb werden die Sicherheitsvorschriften heutzutage viel genauer befolgt als zu der Zeit, da professionelle Taucher die Forschungsarbeiten unter Wasser leiteten.

Obwohl man sich vor Verallgemeinerungen hüten soll, möchte ich allerdings einschränken, daß von den über 50 Mitgliedern unserer Bergungsgruppe die besten Taucher nicht unbedingt Wissenschaftler waren. Mit einer Ausnahme hatten auf der anderen Seite jedoch die Mitglieder unserer Expedition, die als Taucher hinzugekommen waren, kein so ausreichendes Interesse an wissenschaftlicher Archäologie, um für längere Zeit die zermürbenden Routinearbeiten, die nun einmal dazugehören, durchzustehen.

Es ist vermutlich auf die Entwicklung der Aufzeichnungs- und Ausgrabungstechniken zurückzuführen, daß man den Vorwurf erhoben hat, Unterwasser-Archäologen seien allzusehr auf technische Tricks und Spielereien erpicht und die Lösung technischer Probleme liege ihnen mehr am Herzen als der Gewinn historischer Erkenntnisse. Jeder Archäologe jedoch, der zu Lande und unter Wasser ausgegraben hat, müßte eigentlich die einzigartigen Probleme erkennen, die bis zur Erzielung wissenschaftlicher Resultate bei der Unterwasserforschung zu bewältigen sind, und gerade der Versuch, mit diesen Problemen fertig zu werden, ist es hauptsächlich, der die Forscher Konferenzen über »Unterwasser-Archäologie« abhalten läßt.

Eine andere vielzitierte Legende ist die der ungeheuren Kosten einer Ausgrabung unter Wasser, die nach Aussagen gewisser Autoritäten bis zu zehnmal höher sein sollen als bei Forschungsarbeiten auf dem Lande. Die Untersuchung des Schiffswracks aus der Bronzezeit bei Kap Gelidonya mit ihren bedeutsamen Resultaten hat jedoch nicht mehr gekostet, als in einem Jahr bei vielen Landgrabungen ausgegeben wird. Die vollständige Ausgrabung eines byzantinischen Schiffsrumpfes bei Yassi Ada über eine Zeitspanne von vier Sommern war nicht teurer als verschiedene Landausgrabungen, die regelmäßig Jahr für Jahr vorgenommen werden. In beiden Fällen entfiel zudem der größere Teil der Ausgaben auf Experimente und Ausrüstungsinvestitionen, die sich bei späteren Projekten auszahlen werden.

Zusammenfassend kann man also feststellen, daß die Unterwasser-Archäologie eine Vielzahl von archäologischen Funden zutage gefördert hat, die jeden Vergleich mit Grabungsarbeiten auf dem Lande aushalten können, daß ihre Arbeiten von ausgebildeten Archäologen vorgenommen werden müssen und daß Unterwasser-Projekte nicht mehr als Ausgrabungen auf dem Lande kosten. Der Unterwasser-Archäologe unterscheidet sich von seinem landgebundenen Kollegen deshalb nur durch die spezialisierten Ausgrabungs- und Bergungstechniken, die wiederum durch die Lage seines Arbeitsplatzes bedingt sind. »Die Probleme, mit denen die Unterwasser-Archäologie konfrontiert wird«, so schrieb Dr.

Stephan de Borhegyi, von dessen Arbeiten später noch die Rede sein wird, »sollten nur als Erweiterung der Probleme betrachtet werden, die der Land-Archäologie begegnet sind und die diese bereits gelöst hat.«

Ein Buch über Unterwasser-Archäologie muß sich zwangsläufig in erster Linie mit technischen Dingen befassen, ebenso wie Bücher über archäologische Luftvermessungen, über die Physik der Archäologie und über Restaurierungsmethoden. Allerdings sollte dieses Buch auf der anderen Seite kein technisches Handbuch werden. Die Methoden sind nämlich noch längst nicht so perfektioniert, daß sie als endgültige Lösungen für die besonderen Probleme, die sich bei jedem Fund ergeben, gelten könnten. Das Buch ist deshalb eher als ausführlicher Essay über Unterwasser-Archäologie gedacht, der ihr Wesen charakterisieren und das auf dem gegenwärtigen Stand der Entwicklung Erreichte zeigen soll.

Der Essay ist in Kapitel aufgeteilt, die die Anwendung technischer Methoden bei den verschiedenen Bergungsprojekten schildern. Innerhalb dieser Kapitel wird zwischen den einzelnen Arten von Grabungsplätzen, wie versunkenen Städten, Wracks oder Hafenanlagen, nicht gesondert unterschieden; es sei denn, sie würden durch die technischen Probleme und ihre Lösungen besonders charakterisiert. Ein Buch über Unterwasser-Archäologie kann auf der anderen Seite nicht die Geschichte der Schiffskonstruktionen oder Handelswege darstellen, denn jedes dieser Themen greift in andere Bereiche der Archäologie über.

Die Entscheidung, welche von den Ausgrabungsorten in das Buch aufgenommen werden sollten, war ein Problem für sich. Wenn ein Taucher 27 Meter unter der Wasseroberfläche des Mittelmeeres mit Grabungen beschäftigt ist, dann ist das selbstverständlich ein Thema der Unterwasser-Archäologie.

Aber gilt dasselbe auch, wenn er nur bis zur Gürtellinie im Wasser eines französischen Hafens oder eines dänischen Fjords steht? Oder wenn er mit der Hand aus einer Quelle oder aus einem seichten Fluß guterhaltene Altertümer birgt? Es ist müßig, zu entscheiden, von welcher Tiefe an man von Unterwasser-Archäologie sprechen kann. So habe ich hier alle Fundplätze und vom Menschen gefertigten Gegenstände mit eingeschlossen, die unterhalb der Wasseroberfläche liegen. Sie alle weisen – und sei es auch nur durch den Grad ihrer Erhaltung – wesentliche Unterschiede zu Landfunden auf. Ich habe auch Funde mit aufgenommen, die nur während der Zeit der ersten vorgenommenen Untersuchungen unter Wasser lagen. Ein unbeschädigt an die Oberfläche gehobenes Schiff mag man später wie einen Landfund behandeln. Dennoch war zur Entdeckung und Bergung die archäologische Arbeit unter Wasser notwendig.

Nach der Entscheidung, was in das Buch aufgenommen werden *sollte,* stellte sich mir die Frage, was aufgenommen werden *konnte;* denn es war nicht möglich, alle archäologischen Forschungen unter Wasser zu beschreiben. Außer meiner Absicht, aufzuzeigen, was die Unterwasser-Archäologie eigentlich ist, hoffe ich auch, ihre Bedeutung durch eine Beschreibung der Ausgrabungen sichtbar machen zu können, die Funde und Informationen preisgaben, wie sie bei Landgrabungen in den seltensten Fällen gewonnen wurden. Gleichzeitig habe ich, um den weiten Bereich der Unterwasser-Archäologie zu demonstrieren, als Beispiele Grabungen aus so vielen Ländern und Geschichtsepochen wie nur irgend möglich geschildert.

Dennoch blieb mir nichts anderes übrig, als viele Fundorte im Mittelmeer – ohnehin die reichste Fundgrube – auszulassen. Zudem sind einige dieser Ausgrabungen und Bergungen in anderen Veröffentlichungen bereits beschrieben worden. Manchmal habe ich auch von meinem eigentlichen Fachgebiet, der Klassischen Archäologie, weit abschweifen und Experten zitieren müssen, die über die Funde in anderen Gegenden des Globus besser orientiert sind.

Derjenige, der bereits mit der Unterwasser-Archäologie vertraut ist, mag meinen, daß dieses Buch bei der Schilderund früherer Bergungsaktionen, die nicht immer ganz wissenschaftlich vorgenommen wurden, eine zu tolerante Haltung einnimmt. Aber selbst dem gewissenhaftesten Archäologen unterlaufen in einer so neuartigen Forschungsdisziplin Fehler. Und hier sollte auch nicht der Ort sein, die Leistungen der Pioniere zu kritisieren.

Möge die Bedeutung der Unterwasser-Archäologie für Gegenwart und Zukunft auf den folgenden Seiten klar zutage treten.

Das fremde Element

An jede Umwelt, die die Kruste unseres Planeten bietet, hat sich der Archäologe angepaßt, aber nichts ist ihm so fremd wie das Element unter der Oberfläche der Gewässer. Die Dichte des Wassers verleiht selbst einer leichten Strömung eine verheerende Wirkung, die oft gefährlicher ist als ein Wirbelwind in der Ebene. In einem reißenden Strom muß sich der Taucher irgendwie festhalten, um nicht augenblicklich abgetrieben zu werden. Das Dunkel eines schlammigtrüben Flusses kann nicht einmal vom Licht starker Scheinwerfer durchdrungen werden, und darüber hinaus muß der Taucher – was wohl am schwierigsten ist – seinen Luftvorrat mit sich führen, um überhaupt atmen zu können.

Doch gerade diese Umgebung steigert auch den Wert der Unterwasser-Archäologie. Gegenstände, die tief unter den Wellen des Meeres verborgen liegen, sind so den am meisten zerstörenden Kräften entzogen – den Eingriffen des Menschen selbst. Töpfereiwaren können im feuchten Element nicht zerbrochen werden. Ebensowenig werden aus den Rümpfen antiker Schiffe Bleiplatten gerissen noch werden Bleiverklammerungen aus Steinwänden gebrochen – wie es sonst häufig geschah.

Unerreichbar blieben Funde aus Kupfer, Bronze und Gold erhalten und wanderten nicht, wie manches antike Kunstwerk, in die Schmelztiegel. Auch auf dem Meeresboden liegender Marmor gelangte nicht in die Kalköfen. Das Süßwasser hat

Holz und Kleidungsreste, ähnlich wie der Wüstensand oder der Frostboden des Nordens, konserviert, und selbst dem Salzwasser unserer Meere haben solche Materialien standgehalten, wenn Schlamm oder Sand sie innerhalb kurzer Zeit begruben.

Einige der Schwierigkeiten bei der Arbeit unter Wasser sind durchaus mit den Anstrengungen bei archäologischen Landgrabungen vergleichbar. Gegen Kälte schützt sich der Unterwasser-Ausgräber mit einem Gummianzug anstelle eines Mantels. Die Infektionen, die sich der Taucher durch Schnitte oder Quetschungen zuzieht, sind unangenehm, aber nicht bösartiger als die Geschwüre und Krankheiten, die die Arbeit im dampfenden Dschungel mit sich bringt. Bei der Suche nach antiken Funden sind Taucher oft genug von Haien aus dem Wasser gejagt worden, aber umgekehrt wurde natürlich auch mehr als ein Wissenschaftler von wilden Ebern oder verwilderten Hunden gehetzt. Der tauchende Forscher muß sich vor Muränen in acht nehmen, die sich unter Umständen in leeren Weinkrügen ansiedeln, und wiederum würde kein Archäologe auf dem Festland in bestimmten Gegenden seine Hand unter ein Felsstück oder in ein Tongefäß stecken, ohne sich vorher vergewissert zu haben, daß sich dort kein Skorpion verborgen hält. Im Wasser muß der Forscher giftige Fische meiden wie zu Lande gefährliche Schlangen, und lästige, stechende Würmer sind sozusagen die »Bremsen« der Unterwasserwelt.

Dennoch unterscheidet sich die Forschung im nassen Element in einer Beziehung von jeder Arbeit auf dem Festland: der Taucher vermag nur zu atmen, wenn er durch eine Sauerstoffflasche auf seinem Rücken oder durch einen Schlauch von der Oberfläche aus mit Luft versorgt wird. Eine ebenso wichtige Rolle spielen Gewicht und Druck des

Wassers, die mit größerer Tauchtiefe zunehmen. Der Druck kann dem menschlichen Körper, der ohnehin zum größten Teil aus Flüssigkeit besteht und deshalb nicht stärker zusammenpreßbar ist als das ihn umgebende Wasser, an sich nicht schaden. Doch werden die luftgefüllten Hohlräume – wie Lungen, Stirnhöhlen und Gehörgänge – stark in Mitleidenschaft gezogen. Schon in einer Tiefe von wenigen Metern hätte ein Taucher nicht mehr die Kraft, seine Lungen auszudehnen und zu atmen, selbst wenn Luft vorhanden wäre, es sei denn, sie stünde unter dem gleichen oder nur wenig stärkerem Druck wie das sie umgebende Wasser. Wenige Meter tiefer aber würden Lunge, Stirnhöhle und Gehörgänge zerquetscht.

Der Zweck jeder Taucherausrüstung ist es, den Taucher mit komprimierter Luft zu versorgen, die ihm das Atmen in dem fremden Element erlaubt und gleichzeitig die Hohlräume seines Körpers füllt, die dann unter dem gleichen Druck stehen wie das umgebende Wasser. Im allgemeinen trägt der Taucher einen Metallhelm mit Glasfenster oder Gesichtsscheibe, der auf den mit Gummi verstärkten Anzug aus Segeltuch aufgeschraubt wird. Der Anzug umhüllt den Taucher mit Ausnahme seiner Hände völlig. Ein Schlauch, der mit dem Kompressor in einem Boot in seiner Nähe verbunden ist, versorgt nicht nur den Helm, sondern auch den ganzen Anzug oberhalb des Gürtels mit Luft. Natürlich würde der Taucher jetzt im Wasser schweben oder gar wie eine Wasserblase an die Oberfläche treiben, trüge er nicht schwere Bleigewichte vor der Brust, auf dem Rücken und an den Schuhen. Aber selbst mit diesen Vorkehrungen kann er an die Oberfläche getragen werden und plötzlich aus dem Wasser schießen, wenn er nicht mit einem Einwegventil, ohne daß Wasser eindringt, Luft abläßt.

Schwammtaucher, die mit solchen Helmen ausgerüstet sind, haben die meisten archäologischen Fundstätten im Mittelmeer entdeckt. Doch sie können nur begrenzt bei der eigentlichen Ausgrabung mitarbeiten, denn in ihren schwerfälligen Anzügen haben sie nicht die Beweglichkeit, die für den Feinfühligkeit erfordernden Umgang mit zerbrechlichen Schiffsrümpfen unbedingt Voraussetzung ist. Und ihre bleibeschwerten Füße bilden eine ständige Gefahr für die zerbrechlichen Funde. Andererseits verleiht ihnen gerade ihr Gewicht bei schwierigen Arbeiten eine große Standfestigkeit. So können sie ohne weiteres mit schweren Schmiedehämmern auf Meißel einschlagen, mit denen die mächtigen Ablagerungen auf dem Meeresgrund losgebrochen werden.

Viel einfacher, viel billiger als die eben beschriebene Ausrüstung ist ein Atemgerät, das den benötigten Sauerstoffvorrat mit sich führt und dadurch größere Bewegungsfreiheit verleiht. Atemgeräte gibt es in den verschiedensten Ausführungen. Am gebräuchlichsten ist die Aqualunge, die Emile Gagnan und Jacques Yves Cousteau 1942 entwickelten. Dabei trägt der Taucher einen oder mehrere Metalltanks auf seinem Rücken, in denen die Luft bis zu einem Druck von einer Tonne pro Quadratzentimeter verdichtet ist. Die Luft strömt durch ein kleines Loch, passiert einen Druckregulator und gelangt schließlich in den Schlauch, der sie zum Mundstück des Tauchers leitet. Die ausgeatmete Luft mit ihrem gefährlichen Kohlendioxyd wird dem System sofort entzogen. In den Regulator ist eine Gummimembrane eingebaut, die den Taucher mit mehr und mehr Luft versorgt, je stärker der Wasserdruck bei zunehmender Tiefe wird. Dabei ist klar, daß der Luftvorrat um so schneller verbraucht wird, je größer die Tiefe ist, in der sich der Schwimmer bewegt. Jedoch verfügen alle Tanks über einen Reservevorrat an Luft.

Abb. 1 Ein Aqualunge-Taucher im »nassen« Anzug mit Lufttanks, Messer, Gewichtsgürtel, Tiefenmesser, Armbanduhr, Maske, Luftregulator, Schwimmflossen, Zeichenbrett und Graphitbleistift. Im Kasten neben dem Meßgitter befinden sich ein Stechzirkel, Hämmer, Meßstäbe, eine Wasserwaage und Plastikanhänger zum Markieren der Gegenstände.

Mit einer Aqualunge muß sich ein Taucher nicht schwerfällig auf dem Meeresboden vorwärts tasten wie der Forscher in Taucherhelm und Taucheranzug, sondern ungehindert und schnell schwimmt er, von Flossen an den Füßen unterstützt, durch das Wasser. Mit einem Gürtel, den er mit Bleigewichten beliebig beschweren kann, vermag er einen Gleichgewichtszustand herzustellen, der ihn weder sinken noch aufsteigen läßt. Eine Gummimaske mit Glaseinsatz schützt Augen und Nase. So kann er bei klarem Wasser genauso weit sehen wie auf dem Lande. Allerdings erscheinen ihm durch den Unterschied der Brechungswerte von Wasser und Luft alle Gegenstände um ein Drittel vergrößert. Unbedingt wichtig ist, daß die Maske die Nase mit bedeckt, damit der Taucher durch Ausatmen durch die Nase den Druck des Wassers ausgleichen und so verhindern kann, daß Überdruck das Glasfenster vor seinem Gesicht zersplittert. Aus dem gleichen Grund sollte er niemals Ohrpfropfen tragen, wie sie manche Schwimmer benutzen, denn solche Pfropfen würden ihm unter Wasser sofort in die Gehörgänge gedrückt werden.

Zum Schutz gegen die Kälte trägt der Taucher im allgemeinen einen Gummianzug, der aus einer Hose, einer kurzärmeligen Jacke, Stiefeln und einer Kappe besteht. Man bezeichnet ihn auch als den »nassen Anzug«, denn er hält das Wasser nicht vollkommen ab. Obwohl er hauteng sitzen soll, gelangt stets ein wenig Wasser an den Körper des Tauchers. Doch diese dünne Wasserschicht wird durch die Körpertemperatur schnell erwärmt und bildet zudem einen ausgezeichneten Isolator. Daneben ist noch der sogenannte »trockene Anzug« in Gebrauch. Dieser umschließt Handgelenke, Fußknöchel und Gesichtspartien so dicht, daß nirgendwo Wasser eindringen kann; in ihm muß der Taucher aber langes Unterzeug tragen. Beim Tauchen in extrem kaltem Wasser leistet der Trocken-Anzug bessere Dienste. Es ist interessant zu erwähnen, daß der Taucher sogar im relativ warmen Mittelmeer einen Taucheranzug benötigt.

Am Handgelenk trägt der Taucher eine wasserdichte Uhr, einen Tiefenmesser und, wenn er auf der Suche nach einem Fundplatz ist oder für den Fall, daß er sich von einer ihm bekannten Stelle entfernt, einen Kompaß. Ein kräftiges, stekkendes Messer am Bein oder im Gürtel sollte stets griffbereit sein, damit er sich seinen Weg durch das hin und wieder auftretende Gewirr von Wasserschlingpflanzen bahnen kann. Unter Umständen wird diese Ausrüstung auch noch durch eine Blitzlichtlampe und einen langen Knüppel, mit denen man Haie verjagen kann, ergänzt.

Ein besonderes Atemgerät ist der Luftregenerator, der von Marinetauchern im Kriegseinsatz benutzt wird. Dieses Gerät hinterläßt keine verräterischen Luftblasen; die ausgeatmete Luft wird durch einen Schlauch wieder zurückgeführt und passiert einen Spezialfilter, der sie vom Kohlendioxyd befreit und sie mit verdichtetem Sauerstoff, der den vom Organismus verbrauchten ersetzt, mischt. Diese Ausrüstung ist allerdings für den ungeschulten Taucher äußerst gefährlich. Wegen der Sauerstoffvergiftung, die durch das Einatmen von komprimiertem Sauerstoff leicht entstehen kann, sollte sie höchstens bis zu einer Tiefe von siebeneinhalb Metern verwendet werden.

Eine Kreuzung zwischen dem klassischen Taucheranzug und einer Aqualunge stellt der sogenannte »Hookah« oder »Nargileh« dar, dessen Name von der türkischen Wasserpfeife stammt. Er arbeitet nach dem gleichen Prinzip wie eine Aqualunge, nur wird die Luft dem Regulator nicht aus Tanks, sondern durch einen Schlauch zugeführt, der mit einem Kompressor auf der Wasseroberfläche verbunden ist. Wenn der Taucher sich am Untersuchungsort nur innerhalb eines begrenzten Raumes bewegt, ist der »Nargileh« ein sehr brauchbares Tauchgerät; der Mann unter Wasser muß nicht um seinen Luftvorrat bangen und steht durch eine Signalleine in ständiger Verbindung mit dem Kollegen, der von einem Boot oder einer Barke aus für die Luftzufuhr sorgt. Außerdem ist die Gefahr einer Druckexplosion geringer, und die Kompressoren, die den Taucher mit Luft versorgen, sind zugleich billiger und zuverlässiger als die, mit denen die Hochdrucktanks gefüllt werden.

Bis jetzt haben wir die Frage des Luftdrucks und der Luftzufuhr nur unter dem Aspekt des Atmens behandelt, aber es gibt noch eine Reihe ebenso wichtiger Probleme. Während der Taucher nämlich in die Tiefe steigt und dabei immer stärker komprimierte Luft einatmet, nimmt er gleichzeitig auch mehr Stickstoff auf (Luft besteht zu 80 Prozent aus Stickstoff). Dieser Stickstoff aber lähmt das Hirn – ein Zustand, der als Stickstoffnarkose bezeichnet wird und der mit seinen Symptomen einem Alkoholrausch ähnelt. Man könnte die Faustregel aufstellen, daß jedes Tauchen um weitere 15 Meter der Wirkung eines trockenen Martinis gleichzusetzen ist. Nicht jeder Mensch reagiert auf die gleiche Weise; aber bei den meisten Tauchern zeigt sich die erste Wirkung in 30 Meter Tiefe, und bei 60 Meter Tiefe und mehr geht selbst ein erfahrener Taucher ein erhebliches Risiko ein. In großen Tiefen ist es schon vorgekommen, daß Taucher sich ohne ersichtlichen Grund ihr Mundstück herausgerissen haben. Der Tiefenrausch läßt erst nach, wenn der Taucher, solange er die Geistesgegenwart dazu überhaupt noch besitzt, zur Wasseroberfläche schwimmt.

Obwohl der Tiefenrausch bereits in 40 Meter Tiefe zu Fehlern bei Vermessungsarbeiten und zu falschen Beurteilungen führen kann, ist mir kein Fall bekannt, daß Ausgrabungen in dieser Tiefe durch den Tiefenrausch beeinträchtigt worden sind, wenn die Taucher erfahren waren und ihre Arbeiten fast routinemäßig durchführten. Wenn ein Forscher ein Wrack in 45 Meter Tiefe vermißt, muß er vorher in Gedanken genau durchspielen, was er während seiner viertelstündigen Tauchaktion alles zu tun hat – ähnlich wie man eine Szene in einem Theaterstück vorher auswendig lernen muß. Einmal unten könnte man verzweifeln, wenn man feststellt, daß der Kollege nicht alles im voraus bis ins kleinste geplant und nur vage Vorstellungen von seiner Aufgabe hat: er schwimmt vielleicht zum falschen Ende des Wracks oder rammt die Pfähle an der falschen Stelle ein und eine Viertelstunde Tauchen ist vertan.

Zwar verringert sich der Tiefenrausch, je höher der Taucher aufsteigt, aber dann ist es eine andere Gefahr, der der Taucher ausgesetzt ist, nämlich die Dekompressions- oder auch Caissonkrankheit. Während der Körper unter erhöhtem Druck stand, ist die eingeatmete Luft natürlich vom Blut absorbiert worden. Solange der Taucher in der Tiefe bleibt, ist das an sich kein Problem; er darf sich aber nun auf keinen Fall allzu schnell zur Oberfläche hinauf bewegen. Man braucht nur eine Sektflasche zu öffnen, um den Grund dafür zu erkennen. Der Druck läßt urplötzlich nach, der Sekt setzt das komprimierte Kohlensäuregas frei und es entstehen Blasen. Genauso können sich im Blut eines zu schnell aufsteigenden Tauchers Blasen bilden, die im Ernstfall den Tod oder lebenslängliche Lähmung verursachen können.

Die Caissonkrankheit kann vermieden werden, wenn der Taucher sich an die üblichen von jeder Marine herausgegebenen Tauchtabellen hält. Bei Beachtung dieser Vorschriften kann er die in seinem Körper verdichtete Luft allmählich ausatmen. Je tiefer er taucht oder je länger er unten bleibt, um so mehr Luft verbraucht er und um so langsamer muß er nach oben steigen. Nach den Anweisungen der US-Marine darf ein Taucher – von der ersten Minute des Tauchens an gerechnet – bei einem 40-minütigen Aufenthalt in 30 Meter Tiefe nur in 90 Sekunden bis zu einer Tiefe von 3 Meter unter der Wasseroberfläche auftauchen, und dort muß er 15 Minuten warten, ehe er endgültig das Wasser verlassen darf. Wenn er 50 Minuten in 30 Meter Tiefe bleibt, darf er in einem Zeitraum von 80 Sekunden zu einer Höhe von 6 Meter auftauchen, muß sich aber dort zum Druckausgleich zwei Minuten lang aufhalten. Erst dann kann er zu einem Punkt schwimmen, der 3 Meter unter der Wasseroberfläche liegt, muß aber diesmal 24 Minuten warten, ehe er an Bord des Schiffes gehen darf. Sollte ein Taucher aber sogar bis zu einer Tiefe von 65 Meter hinabsteigen und 50 Minuten dort arbeiten, so muß er von einer Tiefe von 15 Meter ab alle 3 Meter Druckausgleichspausen von unterschiedlicher Länge einlegen, die insgesamt eine Zeitspanne von über 2 Stunden beanspruchen.

Die Beachtung von Tauchvorschriften schließt zwar die Möglichkeit der Caissonkrankheit nicht völlig aus, vermindert sie aber erheblich. Ich selbst habe viele Vorschläge eines sachverständigen Arztes beherzigt, seitdem Laurence Joline – vielleicht das am meisten auf Sicherheit bedachte Mitglied der Expedition von Yassi Ada – von einer zeitweiligen Unterleibslähmung befallen wurde, obwohl er alle Sicherheitsvorschriften beachtet hatte. Normalerweise untersucht der Expeditionsarzt jeden Taucher und behält sich das letzte Wort vor, ob der Mann ins Wasser darf oder nicht. In Yassi Ada wurden außerdem alle Teilnehmer dazu angehalten, ausreichende Nachtruhe einzuhalten, indem man zu einer bestimmten Stunde den elektrischen Generator abstellte. Jede Woche legte man einen Ruhetag ein, an dem nicht getaucht werden durfte. Bier, Wein oder starke Schnäpse wurden mit Ausnahme der Nacht vor dem Ruhetag nicht ausgeschenkt. Alle Taucher befolgten die allgemeinen Marine-Tauchtabellen mit einem zusätzlichen Sicherheitsfaktor. War zum Beispiel ein Tauchmanöver in 30 Meter Tiefe geplant, so wandte man die Regeln an, die eigentlich erst für eine Tiefe von 33 Meter gelten. Sollten die Forschungsarbeiten 30 Minuten dauern, dann berücksichtigten wir die nächst längere Zeitspanne, nämlich 40 Minuten. Auf diese Weise legten wir oft doppelt so lange Druckausgleichszeiten ein, wie eigentlich vorgeschrieben waren. Nachdem bis heute Tausende von Tauchmanövern ohne Zwischenfall verlaufen sind, würden die Expeditionsmitglieder wohl nur sehr zögernd von der bewährten Sicherheitsmethode abgehen.

Die Caissonkrankheit kann man nur heilen, wenn man den Körper erneut unter Druck bringt und zum Druckausgleich sehr langsam nach ganz speziellen Vorschriften dem Normaldruck anpaßt. Jede Expedition sollte deshalb über eine Druckausgleichkammer verfügen, und jedes Mitglied sollte wissen, wie diese funktioniert. Überhaupt dürfte keine Tauchaktion gestartet werden, ohne daß sich auf dem Boote oder der Barke genügend Leute befinden, abgesehen vom Arzt, der verfügbar sein muß, Untersuchungen anzustellen und Entscheidungen zu fällen; im Notfall ist er dann der einzige, der die Kammer öffnen, den verunglückten Taucher hineinlegen, die Tür versiegeln und schließlich die komprimierte Luft hineinpumpen kann. Ich halte wöchentliche »Übungen« mit dieser Druckausgleichkammer für sehr empfehlenswert, obwohl es sicher nicht angebracht ist, einen echten »Patienten« einem solchen Experiment auszusetzen. Bei Yassi Ada haben wir nie getaucht, ohne einen zweiten Kompressor für den Fall zur Verfügung zu haben, daß die erste Maschine ausfallen sollte. Darüber hinaus wurde stets ein Reservevorrat komprimierter Luft in einem besonderen Tank bereitgehalten.

Auch ein anderes gefürchtetes Taucherleiden soll die Druckausgleichkammer kurieren, nämlich die Luftembolie. Wenn ein Taucher nach oben steigt und dabei aus irgendeinem Grund, vielleicht aus Angst, die Luft anhält, dann dehnt sich die Luft in seiner Lunge aus, sobald der Druck sich um ihn herum vermindert. Auf diese Weise kann die Lunge platzen, und in den meisten Fällen tritt sofort der Tod ein. Am besten kann man solche Luftembolien durch ständiges Training vermeiden, das dem Taucher das nötige Selbstvertrauen gibt.

Jedes Taucherhandbuch berichtet von manchen anderen Gefahren. Aber selbst wenn man nur die beschriebenen berücksichtigt, kann man die Sorge um die Verbesserung der Ausgrabungsmethoden verstehen. Sicher könnte man sich die Enttäuschung eines Land-Archäologen vorstellen, der am Tag seinen Arbeitsplatz nur 45 Minuten lang besuchen dürfte – und dies in zwei Etappen. Und doch ist das genau die Zeitspanne, die einem Unterwasser-Archäologen in 36 Meter Tiefe zur Verfügung steht. Dabei wird offenbar, daß zur Aufzeichnung und Bestandsaufnahme von Unterwasserfunden differenziertere Methoden vonnöten sind als bei Ausgrabungen auf dem Festland. Und neue Werkzeuge wie etwa der »Airlift«, eine Art »Unterwasserstaubsauger«, müssen Schaufeln und Schubkarren ersetzen.

Die begrenzte Zeitspanne, die ein Unterwasser-Archäologe an einer Fundstelle zubringen kann, und die Tiefe, in der Schiffswracks meist aufgefunden werden, erfordern eine größere Mannschaft gut ausgebildeter Leute, als man normalerweise bei Landgrabungen vergleichbaren Umfanges einsetzt. An Land kann ein Archäologe von 2 oder 3 bis zu 20 oder 30 Helfer beaufsichtigen. Er gibt Anweisungen und fertigt Protokolle über den Fortschritt der Ausgrabungen an. Unter Wasser ist es dem Archäologen jedoch nicht möglich, länger am Ausgrabungsort zu bleiben als die jeweilige Tauchgruppe, und oft genug hat es sich als unklug herausgestellt, unausgebildeten Kräften wichtige Entscheidungen zu überlassen. Aus eben diesem Grund sollte wenigstens ein Mitglied jeder Tauchgruppe fähig sein, auch ohne Anweisung des Ausgrabungsleiters Entscheidungen treffen zu können, da dieser den Fundort ja nicht häufiger als zweimal pro Tag aufsuchen darf.

Weil der verantwortliche Archäologe der Ausgrabung nicht in der Lage ist, jede Arbeitsphase zu verfolgen, ja weil schon der kleinste Schnupfen ihn für einen Tag am Tauchen überhaupt hindern kann, ist das sofortige Entwickeln der täglich aufgenommenen Unterwasserfotos die Grundvoraussetzung für die zentrale Kontrolle der Arbeit. Fast jede gute Kamera kann verwendet werden, wenn man sie in ein wasserdichtes Gehäuse einbaut; und davon werden eine ganze Anzahl auf dem Markt angeboten. Zudem gibt es mindestens einen Kameratyp, der ohne besonderes Gehäuse auskommt und den man sowohl auf dem Lande wie auch im Wasser gebrauchen kann. Man sollte sich auch vor Augen halten, daß bei jeder Kamera die dem Film zugewandte Linsenseite trocken ist, während die Außenseite vom Wasser berührt wird. Den Verzerrungseffekt, den die verschiedenen Brechungswerte von Wasser verursachen und den man mit dem »Knick« eines halb in ein Wasserglas gehaltenen Stabes leicht demonstrieren kann, schaltet man mit speziell geschliffenen Zusatzlinsen aus.

Wasser absorbiert Lichtstrahlen schneller als Luft und läßt dazu manche Farben schneller schwinden als andere. Nur wenige Meter unter Wasser wird Rot bereits absorbiert, dann folgt Orange, bis schließlich auch Gelb nicht mehr sichtbar ist. Taucher und Kamera sehen schon in geringer Tiefe alles in verschiedenen Blautönen. Benötigt man also Farbaufnahmen, so muß mit Flut- und Blitzlicht künstliche Beleuchtung geschaffen werden. Der Fotograf darf dabei jedoch die Lichtquelle nicht in die unmittelbare Nähe der Kamera bringen, denn das Licht könnte kleine, sonst kaum wahrnehmbare Teilchen im Wasser direkt auf die Kameralinsen reflektieren. Um den daraus entstehenden »Schnee-Effekt« zu vermeiden, muß ein Assistent mit dem Blitzlicht, das mit der Kamera durch ein langes Kabel verbunden ist, den Aufnahmeort von der Seite her beleuchten.

Der Unterwasser-Archäologe kann die Ausgrabung auch mit Hilfe von Fernsehkameras beobachten, und schließlich hat er noch die Möglichkeit, sie von einer Tauchkammer oder von einem Kleinst-U-Boot zu kontrollieren. Die Tauchkammer ermöglicht es dem Forscher, sich den ganzen Tag über auf dem Meeresgrund aufzuhalten; er kann dabei die Arbeit durch dicke Glas- oder Plastik-Bullaugen verfolgen und jedes Taucher-Team mit Hilfe eines Unterwasser-Nachrichtensystems dirigieren. Das zahlt sich vor allem bei Bergungsarbeiten in erheblicher Tiefe aus, wo nur hochtrainierte Taucher mit besonderen Atmungsgeräten arbeiten können. Die Tauchkammer ist vollkommen geschlossen, so daß ihre Insassen unter normalen Druckverhältnissen bleiben. Nach dem langen Aufenthalt auf dem Meeresboden brauchen sie sich keinem Druckausgleich zu unterziehen und vermeiden auch die Gefahren der Caissonkrankheit samt ihren Folgen.

Das Kleinst-U-Boot bietet die gleichen Vorteile wie eine solche Tauchkammer, hat aber den zusätzlichen Vorzug, unabhängig von der Oberfläche und damit beweglicher zu sein. In jedem Fall sollte der Archäologe, wenn es nur irgend möglich ist, aber auch selbst zur Fundstelle hinabtauchen, um die Bergungsarbeiten aus größter Nähe verfolgen zu können. Die beste Gewähr und die größte Kontrolle bietet letzten Endes jedoch die Auswahl einer erprobten archäologischen Mannschaft.

Unzweifelhaft liegt der entscheidende Unterschied zwischen Ausgrabungen zu Land und solchen unter Wasser in der geistig-seelischen Belastung, unter der die letzteren vorgenommen werden. Gleichgültig welche Pflichten der wissenschaftliche Leiter einer Expedition anderen Mitgliedern übertragen kann, die eigentliche Verantwortung für Pflege und Einsatz der Boote und Barken, Kompressoren, Winden, Tauchkammern, Generatoren, Tauchausrüstungen und der unzähligen Einzelteile der Gesamtausrüstung trägt er selbst. Und er weiß, daß das Leben jedes einzelnen wie auch die wissenschaftlichen Resultate letztlich von seinen Entscheidungen abhängen. Bei Antikythera, Artemision und Grand Congloué starben Taucher, bei Yassi Ada, Dzibilchaltun und Albenga – Fundplätzen, von denen später noch die Rede sein wird – litten manche Expeditionsmitglieder schwer unter der Caissonkrankheit; zum Glück konnten die gesundheitlichen Schäden fast alle wieder behoben werden. Und wiederholt wurden tödliche Unfälle bei anderen Gelegenheiten nur durch das blitzschnelle Eingreifen von Kollegen verhindert.

Weshalb geht der Archäologe nun überhaupt solche Risiken ein, wie sie hier geschildert wurden? Es ist keine Abenteuerlust. Wenn die gleichen Funde im gleichen Umfang, im gleichen Zustand und gleich gut datierbar auf dem Land geborgen werden könnten, dann würden die meisten Archäologen es sicher vorziehen, dort zu graben. Aber solche Funde findet man auf dem Festland leider nicht.

Suche und Erkundung

Die vielfältigsten archäologischen Bestandsaufnahmen werden auf dem Lande durchgeführt. Allein oder auch in kleinen Gruppen untersuchen die Archäologen Hunderte von Quadratmeilen mit Jeep, Fahrrad, Esel, Kanu oder auch zu Fuß, um Fundplätze zu lokalisieren und aufzuzeichnen. Größere Forschergruppen entnehmen mit Spezialgeräten Bodenproben und untersuchen die Blütenpollen weiträumiger Landstriche, um zu erfahren, ob das Gebiet während der verschiedenen Epochen des Altertums bewaldet, kultiviert oder wüst war. Stets zielt die Arbeit darauf, die Besiedelungsstruktur der verschiedenen Epochen und Kulturen zu studieren sowie vielversprechende Fundplätze für gründlichere Untersuchungen durch Ausgrabungen auszuwählen. Hinweise mögen sich bei der Erforschung antiker Brunnen ergeben, bei der Suche nach natürlichen Häfen oder hochgelegenen Verteidigungspunkten, an denen schon die Natur Schutz bot. Luftaufnahmen spielen eine große Rolle bei der Suche nach solchen Fundplätzen, die sonst unzugänglich im Dschungel liegen oder von Getreidefeldern verdeckt werden. Auch zeigen sie Bodenmarkierungen, die man nur aus der Luft wahrnehmen kann.

Manche Archäologen konzentrieren ihre Untersuchungen auf spezielle Objekte wie vorgeschichtliche Felsenhöhlen, Festungsanlagen aus der klassischen Antike, Handelsniederlassungen an Küsten oder Grabhügel. Daneben werden von diesen Spezialisten auch andere, manchmal sogar außerhalb das Faches liegende Entdeckungen gemacht. Ein Beispiel dafür ist die Stiftung des italienischen Industriellen Carlo Lerici, die eine Methode entwickelte, wie man überall dort, wo man ein etruskisches Grab vermutet, ein Loch in den Boden bohren kann. Danach wird durch dieses Loch ein Periskop und wenn nötig auch eine winzige Kamera in den Grabhügel hinabgelassen, um das Innere vollständig zu fotografieren.

Andere Archäologen wieder widmen sich Fundplätzen, die historisch überliefert sind und deren geographische Lage dadurch mehr oder weniger genau bekannt ist, wie etwa Gordion in der Türkei. Spezialausrüstungen können dabei von besonderem Nutzen sein. Das gemeinsame Forscher-Team der Mailänder Lerici-Stiftung und des University of Pennsylvania Museum hat Ultraschallgeräte, magnetische Neigungsmesser, elektrische Widerstandsmesser und Protonen-Magnetometer erprobt, als es während der Suche nach den Überresten des verschollenen Sybaris in Süditalien im Erdboden begrabene Mauern mit diesen Geräten lokalisierte.

Von Einheimischen, ja selbst durch Hören-Sagen gewonnene Informationen spielen bei allen archäologischen Erkundungen natürlich auch eine große Rolle. Hiram Bingham bezahlte auf seiner Suche nach der Hauptstadt des Inkareiches peruanischen Führern pro Tag 50 Cents, damit sie ihn zu den Ruinen führten, die sie kannten. Das Ergebnis war die großartige Entdeckung von Machu Picchu, das hoch in den Anden gelegen ist. Selbst analphabetische Bauern besitzen manchmal Kenntnisse von Funden, auf die sie beim Brunnengraben oder beim Pflügen stießen.

All diese Möglichkeiten der Erkundung wurden und werden auch unter Wasser praktiziert. Bei der mehr generellen

Erstuntersuchung ausgewählter Küstenabschnitte oder im Landesinnern gelegener Seen und Flüsse erhielt man Aufschlüsse über die Verbreitung römischer Anker in Mittelmeerhäfen; man entdeckte spanische Galeonen im Golf von Mexiko und in der Karibischen See und fand zahllose Artefakte aus frühindianischer Zeit und aus den Tagen der ersten weißen Siedler in Amerika. Die mangelhafte Organisation der Amateurtaucher, die auf die meisten dieser Funde stießen, ist bei einer so jungen Wissenschaft wie der Unterwasser-Archäologie verständlich. Außerdem sind inzwischen viele Fehler behoben worden. Ein ständiges Komitee, dem bekannte Archäologen aus Spanien, Italien und Frankreich angehören, ist gebildet worden, um all die Fundstellen zu katalogisieren, die im Bereich des westlichen Mittelmeeres liegen. Zudem haben die Amateurforscher einen Standardfragebogen vorgeschlagen, um die wichtigen Einzelheiten neuer Funde schriftlich zu fixieren. Ebenso sammelte in Amerika der Council of Underwater Archaeology in San Francisco alle Informationen über vielversprechende Fundplätze.

Trotz aller Anstrengungen wird es ebenso wie auf dem Lande immer unerwünschte Schatz- und Andenkenjäger geben. Aber die Archäologen haben es in der Hand, Amateuren über die örtlichen Taucherclubs Verhaltungsmaßregeln zu vermitteln, wenn irgendwelche größeren Untersuchungen in einem bestimmten Gebiet angebracht erscheinen. Was Amateurtaucher erreichen können, bewies die archäologische Abteilung des British Sub-Aqua Club; sie fordert alle Mitglieder auf, auf einer Vermessungskarte die in der Themse entdeckten Funde exakt einzutragen und sie einem Museum zu übergeben. Und bis heute haben diese Amateure bereits aus dem Schlammgrund der Themse zahlreiche Funde aus vorgeschichtlicher, mittelalterlicher und späterer Zeit ans Ta-

Abb. 2   Unterwasserfundstätten in Europa und im Mittelmeer.

46

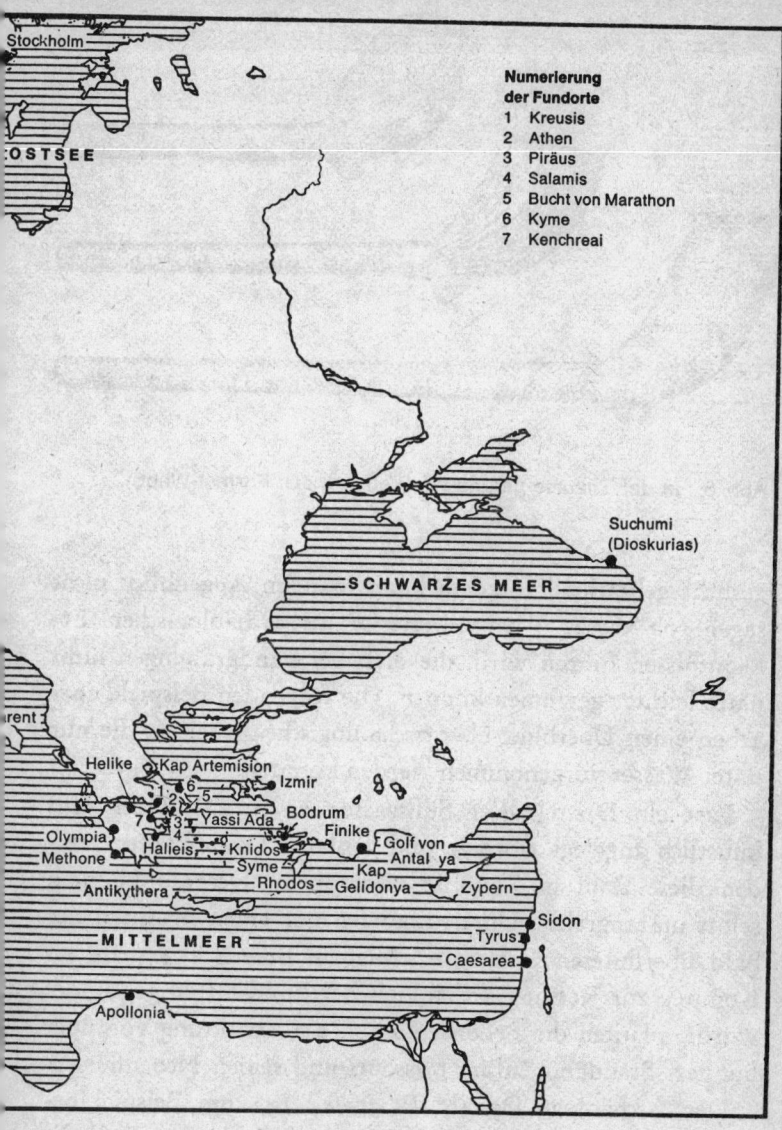

Stockholm

OSTSEE

**Numerierung
der Fundorte**
1 Kreusis
2 Athen
3 Piräus
4 Salamis
5 Bucht von Marathon
6 Kyme
7 Kenchreai

SCHWARZES MEER

Suchumi
(Dioskurias)

rent

Helike Kap Artemision
6 Izmir
1 5
2
Olympia 3 Yassi Ada Bodrum
7 4 Knidos Finike Golf von
Methone Halieis Antal ya
Syme Kap
Rhodos Gelidonya Zypern
Antikythera

MITTELMEER Sidon
Tyrus
Caesarea

Apollonia

47

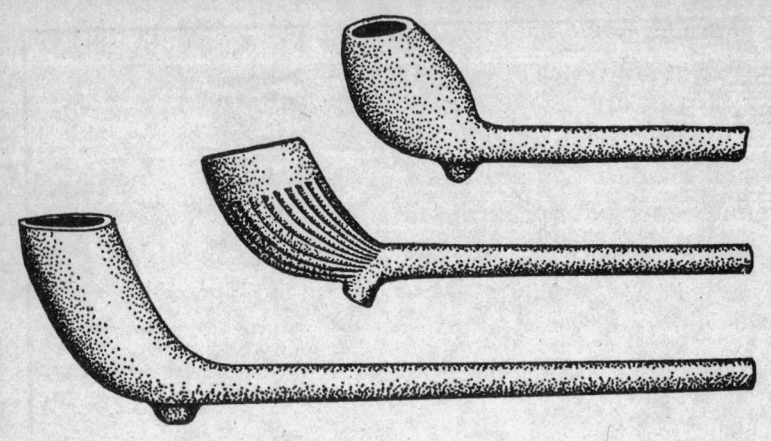

Abb. 3   In der Themse gefundene Pfeifen (nach Forrest-Webb).

geslicht gebracht. Trotzdem kann man im Augenblick nicht sagen, ob dieses Themse-Material zu archäologischen Erkenntnissen führen wird, die man bei Landgrabungen nicht hätte leichter gewinnen können. Die folgenden Beispiele aber geben einen Überblick über archäologische Arbeiten, die nur unter Wasser vorgenommen werden konnten.

Fast ein Drittel aller Süßwasserseen in den USA sind künstlich angelegt worden, und geplante Dammbauten werden diese Zahl in Zukunft verdoppeln. Deshalb könnten selbst umfangreiche Untersuchungen nur einen Bruchteil der bald überfluteten Gebiete erschließen. Bereits 1945, als ein Komitee zur Rettung archäologischer Fundstätten gegründet wurde, planten die Behörden schon die Errichtung von über hundert Staudämmen am Missouri und seinen Nebenflüssen.

Der Archäologe Donald P. Jewell ist zum Beispiel besonders an den Fundorten entlang der Ausläufer der kalifornischen Berge interessiert; aber gerade diese Stätten verschwanden eine nach der anderen unter Wasser, da für die ständig wachsende Bevölkerung des Staates neue Wasserreservoirs benötigt wurden. Vor der Überflutung hatten die Archäologen das Gebiet aber nicht gründlich genug untersuchen können, und da die kalifornischen Indianer sich kulturell und sprachlich weitgehend voneinander unterschieden, war es Jewell klar, daß »die Überflutung nur eines großen Tales unter Umständen die Überreste einer ganzen Kultur, die in Kalifornien Tausende von Jahren bestanden hatte, auf ewig begraben könnte«. Notwendigerweise dehnte er seine Nachforschungen auf das Wasser aus. Manchmal kann man überschwemmte Fundplätze auch aus der Luft ausmachen und zwar durch dunkle »Wolken«, die bei ruhigem Wasser die Ablagerung von Müll- und Kehrichthaufen erkennen lassen. Meistens hat Jewell jedoch seine Funde unmittelbar während des Tauchens entdeckt. Er schwamm an einer Leine, die mit einem luftgefüllten Faß an der Wasseroberfläche verbunden war, in immer enger werdenden Kreisen, das Gesicht nach unten gewandt, bis er das Faß wieder erreichte. In Fällen, in denen sich diese Methode als nicht praktikabel erwies, bei starker Versandung zum Beispiel, behalf er sich damit, Müllabfälle, Knochen, Herdsteine und Mauerreste mit den Klauen eines »Peterson-Greifers« aufzufischen, den er von seinem Floß aus herabließ. Die Entnahme von Bodenproben erwies sich bei seinen begrenzten Untersuchungen als wenig ergiebig; sie könnte allerdings in anderen Fällen durchaus Erfolg zeigen.

Jewell hat sich oft darüber geäußert, daß zur Erforschung von ähnlichen vorgeschichtlichen Fundplätzen sehr schnell bessere Methoden entwickelt werden müssen, daß er aber in seinem Bemühen, eine Wissenslücke in der kalifornischen Vorgeschichte zu verhindern, letzten Endes gegen die Zeit arbeitet. Vor allem könnten Bagger, die den Sand beseitigen sollen, ganze Dörfer mit herausreißen. Und Fundplätze, die unter Wasser im Strömungsbett liegen, können völlig weggespült werden. Wo immer diese Gefahren bestehen, markiert Jewell verheißungsvolle Grabungsplätze mit schwimmenden Ballons und stellt ihre Lage vom Ufer aus durch Dreiecksvermessungen fest.

Verglichen mit Landgrabungen sind Jewells Bergungsmethoden primitiv, aber nur durch solches Herumexperimentieren entwickelt man die Methoden, um Fundorte, die in naher Zukunft völlig überschwemmt sein werden, erfolgreich zu untersuchen. Auch die großen Gebiete, die die Wasser des Nils vom Assuan-Staudamm aufwärts sehr bald überfluten werden, sind ein ähnliches Beispiel.

Neue Erkenntnisse über die amerikanischen Indianer der nördlichen Regionen könnten das indirekte Ergebnis einer völlig anderen Untersuchung sein, mit der man 1960 begann. Vom späten 17. Jahrhundert bis zur Mitte des 19. Jahrhunderts wurden Handelsgüter mit großen Kanus von Montreal aus nach dem Westen befördert. Bei Grand Portage an der Nordwestseite des Lake Superior wurden die Güter umgeladen und auf den Seen und Flüssen zwischen Minnesota und Ontario weiterverschifft.

Diese rauhen Männer, die für die Pelzgesellschaften die Strapazen einer solchen Wasserreise über 3 000 Meilen auf sich nahmen, sind als *Voyageurs* in die Geschichte eingegangen. Und der Transport der Kanus und Waren an reißenden unpassierbaren Gewässern vorbei, war bestimmt kein Vergnügen. Fast 200 Pfund Gewicht sind keine leichte Last, selbst bei häufiger Rast. Es muß schon eine große Versuchung gewesen sein, einfach durch die Stromschnellen zu fahren, anstatt diese mühsam auf dem Landweg zu umgehen. Aber

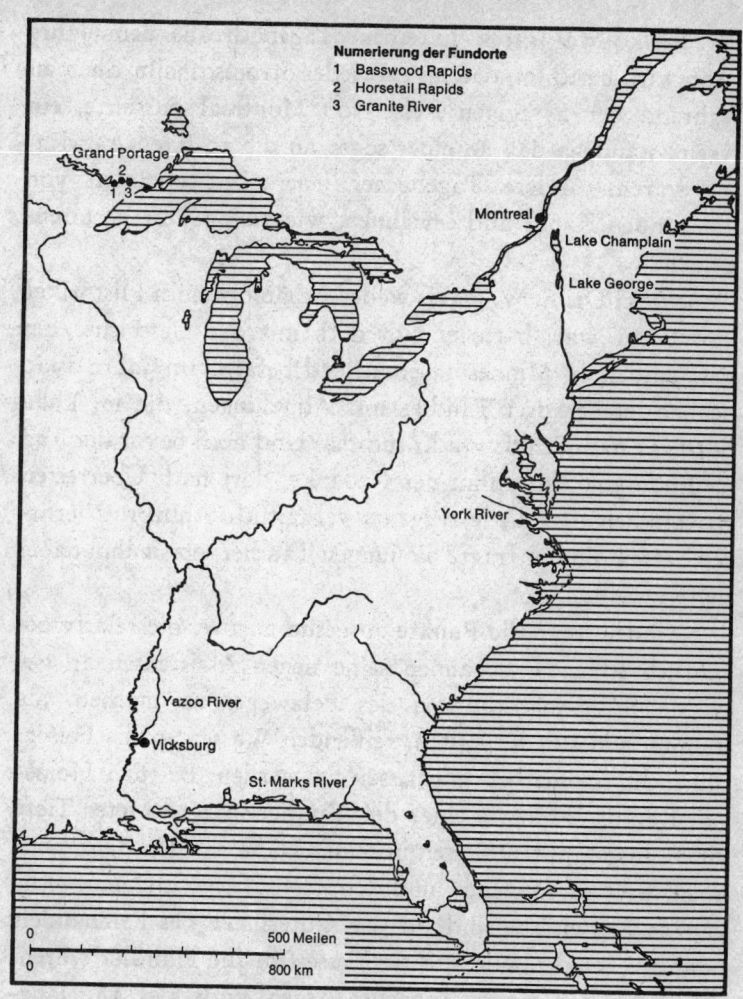

Abb. 4   Unterwasserfundstätten in Nordamerika.

das Risiko war groß. In einem Tagebuch aus dem Jahre 1800 wird berichtet, daß an fast jeder Stromschnelle, die man während der 25tägigen Reise von Montreal passierte, ein Kreuz stand, ja daß an einer sogar an die 30 Kreuze errichtet waren. Andere Tagebücher jener Zeit erzählen von kenternden Kanus und erwähnen, wie viele Güter verlorengingen.

Obwohl Dr. E. W. Davis weder Achäologe noch Historiker von Beruf war, hatte er sich doch mit der Geschichte des Pelzhandels in Minnesota eingehend befaßt. Im Jahre 1960 beobachtete er drei Taucher mit Aqualungen, die im Lake Superior nach Schiffswracks suchten. Und noch bevor der Tag zu Ende ging, kam ihm der Gedanke, dort nach Überresten zu forschen, wo die *Voyageurs* vermutlich Schiffbruch erlitten hatten, und er fragte die jungen Taucher, ob sie ihm dabei helfen wollten.

Nachdem man die Punkte ausgesucht hatte, die relativ gefährlich schienen, begannen seine neuen Assistenten an gewissen Streckenabschnitten des Pelzweges zu tauchen. Sie klammerten sich im kalten, reißenden Wasser an die Felsen, um nicht stromabwärts gerissen zu werden. Bei den Horsetail Rapids entdeckte einer der Taucher in 4,50 Meter Tiefe einen umgekippten Kessel, in seiner Nähe wurden dann noch neun weitere Messing- und Kupfertöpfe gefunden. Solche ganzen Kesselsätze sind auf den Güterlisten des Pelzhandels häufig vermerkt. Wie wichtig Kessel für die Händler waren, geht auch aus einem Tagebuch gegen Ende des 18. Jahrhunderts hervor. Darin berichtet ein Pelzhändler, der allein unter Indianern den Winter verbracht hatte: »Das Problem, das uns am meisten zu schaffen machte, war das Fehlen eines Kessels.«

Die Entdeckung dieses ersten Kesselsatzes erfüllte die

Tauchergruppe mit der Hoffnung auf weitere Funde. Und im weiteren Verlauf der Untersuchungen entwickelte sich eine derartig beispielhafte Zusammenarbeit zwischen Amateuren und Berufsarchäologen, daß sie als Beispiel für künftige Unternehmen von ähnlicher Art dienen könnte. Die Kessel waren der Historical Society of Minnesota übergeben worden, die ihren stellvertretenden Direktor Robert C. Wheeler zum Leiter einer größer angelegten Untersuchung bestellte. Ebenso beteiligte sich das Royal Museum of Ontario an der Suche nach verlorengegangenen Handelsgütern entlang der amerikanisch-kanadischen Grenze. Und schließlich wurde der Kreis der Partner durch andere Stiftungen und Gesellschaften, wie die National Geographic Society, vergrößert.

40 Meilen von den Horsetail Rapids entfernt liegen die Basswood Rapids, die von den Reisenden des ausgehenden 18. Jahrhunderts besonders gefürchtet wurden. Dieselben drei Taucher, die die ersten Kessel entdeckten, stießen hier

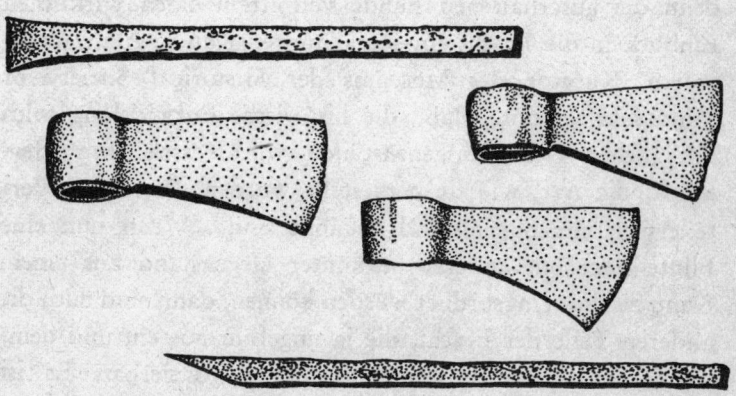

Abb. 5 Eiserne Äxte und Meißel aus dem Basswood River (nach Fotografien von Robert Wheeler).

auf die Fracht eines gekenterten Kanus, die zwar nicht mehr verpackt, aber immerhin dicht beieinander auf dem felsigen Grund ruhte: 35 eiserne Äxte sowie 24 eiserne Meißel und Speere. Dicht daneben, vielleicht sogar die Fracht desselben Kanus, fanden sich rund tausend Musketenkugeln, Kugelblei, Knöpfe, Fingerhüte, Kleiderreste, Messer, Halsbänder, Wetzsteine, Zündsteine und andere Gegenstände. Im reißenden Wasser, wo man diese Funde entdeckte, konnte man keine Vermessungsgitter verwenden, auch andere gebräuchliche Methoden einer archäologischen Bestandsaufnahme versagten. Es scheint jedoch auch, daß die Funde, so wie die Strömung sie gerade mitriß, zwischen den Felsen hängenblieben, denn die Überreste des gekenterten Kanus hat man bisher nicht entdeckt. Daß solche Kanus verlorengegangen sind, ist, wie schon erwähnt, nichts Neues, und die meisten der gefundenen Gegenstände waren bereits von zeitgenössischen Warenlisten her bekannt. Ist die Bergung dieser Funde also nun mehr als nur Sammeln von Altertümern?

Der archäologische Wert einer solchen Aktion ist groß, denn die guterhaltenen Funde vermitteln einen wirklichen Einblick in die Fracht eines gekenterten Kanus. Alan Woolworth, Kurator des Museums der Historical Society of Minnesota, betonte, daß »die historische Entwicklung solch alltäglicher Gebrauchsgegenstände wie Kessel, ihre Herkunft, die Art, wie sie hergestellt wurden, Preis und Verteilerweg nur ungenügend bekannt sind«. Wenn nun eine Flinte oder ein anderer bekannter Gegenstand aus einem Kanu zeitlich eingeordnet werden können, dann sind auch die anderen Teile der Fracht, die ja ungefähr aus ein und demselben Zeitabschnitt stammen dürften, datierbar. Es ist auch möglich, daß sich dokumentarische Beweise zur zeitlichen Festlegung solcher Transportunfälle aus alten Akten

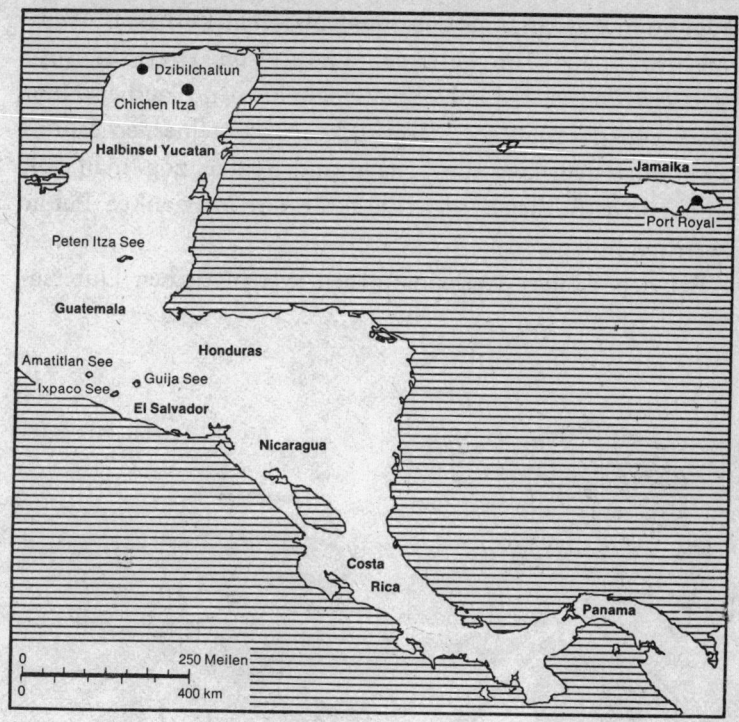

Abb. 8 Unterwasserfundstätten in Zentralamerika und im Karibischen Meer.

ergeben. Weil nun viele dieser Handelsgüter mehr als einmal die Indianer nicht erreichten, kann man Indianersiedlungen, in denen sich ähnliche Gegenstände finden, zeitlich einordnen. So ist es möglich, ein festes chronologisches Gerüst für manche historische Stätte in Nordamerika zu schaffen.

Eine andere fruchtbare Zusammenarbeit zwischen Amateurtauchern und Archäologen begann, nachdem Manfred

Töpke im Amatitlan See in Guatemala ein kultisches Weihrauchgefäß aus Ton gefunden hatte. Von 1955 bis 1957 brachten Töpke und seine guatemaltekischen Taucher Hunderte von guterhaltenen Tonstücken und steinernen Skulpturen aus dem See ans Tageslicht. Später zog man Dr. Stephan de Borhegyi, den Direktor des Milwaukee Public Museum, hinzu.

Bei den danach vorgenommenen systematischen Untersu-

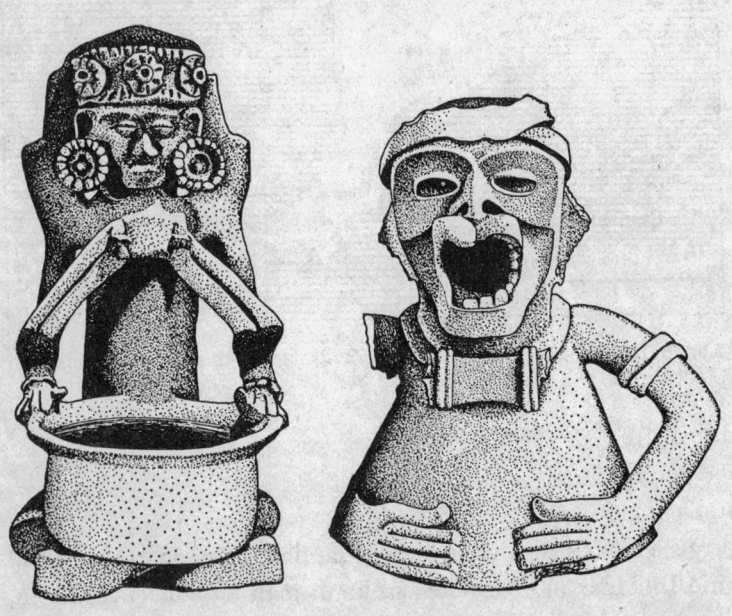

Abb. 6 Als Plastik gestaltetes Weihrauchgefäß aus dem Amatitlan See. 600—900 n. Chr. (nach de Borhegyi).

Abb. 7 Als Plastik gestalteter Deckel eines Weihrauchgefäßes in Form eines anthropomorphen Jagur-Gottes; aus dem Amatitlan See. 400 bis 600 n. Chr. (nach de Borhegyi).

chungen fand man unter anderem wunderbar erhaltene Weihrauchgefäße, die mit Zeichnungen von Maya-Göttern und vielen verschiedenen Darstellungen von Pflanzen und Tieren geschmückt waren. Ein Kultgefäß, es enthielt Quecksilber, Zinnober, Graphit und zerbrochene Ohrgehänge aus Jadestückchen, schien den Beweis dafür zu erbringen, daß einige der Funde als Opfergaben für die Götter des Sees ins Wasser geworfen worden waren. Ein anderes Gefäß enthielt Teile eines Mädchenschädels und ließ so, zumindest mittelbar, auf Menschenopfer schließen. Andere Gefäße wieder, die auf dem Seeboden eingebettet lagen, schienen durch flüssige Lava vom Ufer weggetragen worden zu sein. Dort hatte man sie offenbar als Opfergaben abgestellt, um den Vulkan Pacaya, der den See überblickt, zu besänftigen.

Diese Funde erhellen nicht nur Sitten und Gebräuche der Maya-Religion, sondern sie können auch dazu dienen, Töpfereiwaren zu datieren, die auf dem Festland entdeckt wurden. Weil die Taucher ihre Funde genau und gewissenhaft aufgezeichnet hatten, konnte man feststellen, daß sie von neun verschiedenen Opferstätten stammten; sieben dieser Orte lagen in der Nähe von heißen Quellen, die heute als Thermalbäder dienen, vermutlich aber einst von den Bewohnern dieser Gegend verehrt wurden. Dr. de Borhegyi stellte fest, daß die Funde jeder Stätte sich in ihrer Art und deshalb auch vermutlich in ihrer zeitlichen Entstehung unterschieden. Er war außerdem der Ansicht, daß die Funde aus derselben Zeit stammten wie die Siedlungen um den See, und eine Untersuchung bekannter sowie erst kürzlich entdeckter Dörfer bestätigte seine Theorie.

Weil die Einwohner ihre Siedlungen im Lauf der Jahrhunderte von einem Ort zum anderen verlegten, änderte sich auch der Standort ihrer Opferstätten. Das legte mehr denn je den Gedanken nahe, daß jeweils alle Opfergaben einer Fundstelle zeitlich zueinander gehörten. Trotzdem ergaben sich immer neue Probleme.

So schienen zum Beispiel alle Tongefäße einer Fundstelle der frühen klassischen Periode (300–600 n. Chr.) anzugehören, doch befanden sich unter diesen Kultgegenständen sitzende Figuren aus Stein, die man, wären sie auf dem Festland gefunden worden, ohne weiteres der spätklassischen Zeit (600–900 n. Chr.) zugeordnet hätte. Ja, man hätte sie in diesem Fall nicht einmal für echte Maya-Kunst gehalten. Nur zukünftige Arbeit, sowohl auf dem Lande wie auch unter Wasser, kann solche Probleme lösen.

Aus dem Chapala See in Mexiko stammen winzige Gefäße, die man in dieser Art gewöhnlich nicht auf dem Festland findet. Das deutet darauf hin, daß sie für besondere Kultzwecke hergestellt wurden. Aus dem Guija See an der Grenze zwischen Guatemala und El Salvador wurden Tonfiguren geborgen. Der Brauch, Kultgegenstände in Seen zu werfen, geht nach de Borhegyis Meinung bis in sehr frühe

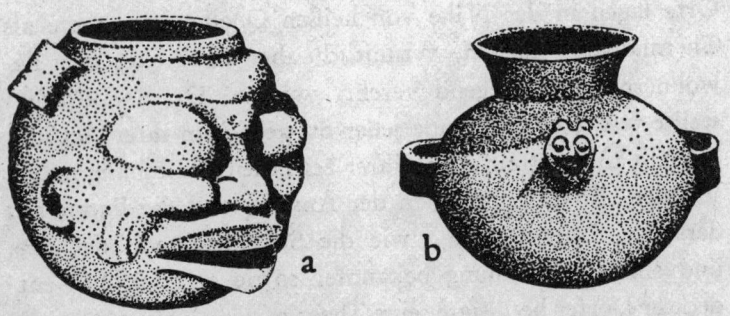

Abb. 9 a) Als Plastik gestaltete Schüssel aus spätklassischer Zeit, b) als Plastik gestaltetes Gefäß aus der späten nachklassischen Epoche. Beide aus dem Peten Itza See (nach de Borhegyi).

Zeiten zurück. Als Beweis dient ihm der Fund eines Weihrauchgefäßes aus der frühen vorklassischen Zeit, das im Ixpaco See (Guatemala) entdeckt wurde. Höchstwahrscheinlich stellen diese Funde aber nur einen Bruchteil dessen dar, was man noch in den Seen Mittelamerikas entdecken könnte.

Bislang wurden die allgemeinen Untersuchungen größerer Gebiete und die systematische Erforschung typischer Siedlungsräume abgehandelt. Spezielle Grabungsgebiete auf dem Festland aber, wie biblische und antike Städte, werden häufig mit Hilfe schriftlich überlieferter Berichte entdeckt. Ebenso haben solche Zeugnisse auch zur Entdeckung einer ganzen Anzahl von Unterwasserfunden geführt. So wurde das Kanonenboot *Cairo*, dessen Bergung im nächsten Kapitel beschrieben wird, gefunden. Und vergilbte Akten waren es, die Anders Franzén auf das aus dem 17. Jahrhundert stammende Kriegsschiff *Vasa* im Hafen von Stockholm stoßen ließen.

Anders Franzén, ein Ölspezialist der Schwedischen Admiralität, nahm an, daß die Ostsee versunkene Schiffe gut konserviert haben müsse, weil ihr geringer Salzgehalt den Schiffsbohrwürmern, die in den meisten Seen und Meeren schnell jedes Stückchen Holz zerstören, keine Lebensmöglichkeit bietet. Nach jahrlangem Studium der Seefahrtgeschichte wählte er ein Dutzend Schiffe aus dem 16. und 17. Jahrhundert aus, deren Spuren er nachgehen wollte. Diese Schiffe stammten aus der Zeit, in der Schweden den Rang einer Weltmacht eingenommen hatte. 1953 begann Anders Franzén mit seiner Suche. In einem offenen Motorboot fuhr er kreuz und quer durch den Stockholmer Hafen. Er arbeitete mit Schleppnetzen und Greifern und benutzte später auch eine kleine Sonde, die er entwickelte und mit deren Hilfe man Holzproben entnehmen konnte, wenn sie auf einen Schiffsrumpf stieß. Im Jahr darauf entdeckte er einen Bericht an König Gustav Adolf II., in dem der Untergang der *Vasa* geschildert wurde.

Der König hatte die *Vasa* 1625 von privaten Schiffsbauern auf der königlichen Schiffswerft erbauen lassen. Schiffsbauer arbeiteten in jenen Tagen mehr nach allgemeinen Regeln als nach irgendwelchen Plänen. 1627 hatten sie ein ungefähr 54 Meter langes, mit Rahsegeln getakeltes Schiff fertiggestellt, das 14 000 Tonnen verdrängte und 64 Kanonen an Bord hatte. Ein Jahr nach dem Stapellauf, mit dem vollen Gewicht des Ballastes und der Bewaffnung, lief die *Vasa* zu ihrer Jungfernfahrt aus. An Bord war nicht nur die Besatzung, sondern auch viele ihrer Familienangehörigen durften dem Ereignis beiwohnen. Nach einigen hundert Metern wurde das Schiff jedoch von einer Bö erfaßt, kenterte und sank. Der Kapitän und einige höhere Offiziere wurden zusammen mit den Schiffsbauern verhaftet und vors Kriegsgericht gebracht; doch keinem konnte eine Schuld nachgewiesen werden.

Die *Vasa* war eines der Dutzend Schiffe, die Franzén auf seiner Liste hatte. Zwei Jahre später, im Jahre 1956, fischte er mit seiner Sonde ein Stück schwarzes Eichenholz aus dem Wasser, und zwar so nahe der Stelle, wo sich nach Augenzeugenberichten das Unglück ereignet haben sollte, daß die schwedische Marine Taucher zur Erkundung abkommandierte. Das Holzstück stammte tatsächlich von der *Vasa*, die damit das älteste versunkene Schiff war, das man einwandfrei identifizieren konnte.

Die *Vasa* wurde – wie noch beschrieben wird – gehoben. Man hat Franzén aber, wie fast jeden Unterwasser-Forscher, gefragt, warum es notwendig sei, diese Unterwasser-

Studien zu betreiben. Die *Vasa* war ein relativ junges Schiff. Wäre es nicht einfacher gewesen, die Konstruktionspläne der Schiffe jener Zeit zu studieren und sie unter Umständen sogar nach diesen Plänen nachzubauen? Aber erstaunlicherweise hat man vor dem 18. Jahrhundert überhaupt keine Schiffsbaupläne gekannt, und wie Franzén einmal erklärt hat, »sind sich die Experten selbst heute nicht einmal über das Maßsystem einig, das früher beim Schiffsbau benutzt wurde«. Auch exakte Ölbilder der Schiffe jener Zeit fehlen fast ganz.

Howard Chapelle, Kurator im United States National Museum, ergänzte diese Erklärung noch dahin, daß man auch später, nachdem man begonnen hatte, Schiffspläne zu zeichnen, nur wenige aufbewahrte. Über die Zeit vor 1800 gibt es in Amerika nur wenige Dokumente über Schiffskonstruktionen, und für viele Typen kleinerer Boote existieren überhaupt keine Pläne. Es ist sehr wahrscheinlich, daß nur die Unterwasser-Archäologie diese Wissenslücke in den Konstruktionsmethoden selbst so relativ junger Schiffe schließen kann.

Über ältere Schiffe wissen wir praktisch gar nichts. Auf seiner Suche nach den Überresten eines solchen Schiffes wandte sich Peter Throckmorton an die wohl zuverlässigste Quelle des archäologischen Forschers, nämlich an einheimische Bewohner. Für den Land-Archäologen sind das Bauern und Schafhirten, für den Unterwasser-Archäologen sind es Fischer, Schwammtaucher und Schwammfischer.

Throckmorton, ein New Yorker Bildjournalist, der Anthropologie studiert und Erfahrungen bei Landgrabungen und Unterwasserforschungen gesammelt hatte, traf 1958 in der Türkei ein. Er war nach Bodrum, dem antiken Halikarnassos, gekommen, weil er sich für die Arbeit der

Schwammtaucher, die Bodrum zum Schwammzentrum der Türkei gemacht hatten, interessierte. Zum anderen fesselte ihn aber auch die Bronzebüste der Göttin Demeter, die ein ansässiger Schwammfischer mit seinem Netz aus der See geborgen hatte. Der englische Archäologe George Bean entdeckte sie 1953, als die Statue am Strand herumlag, und übergab sie dem Museum in Izmir.

Throckmorton setzte sich nun mit dem Fischer-Klub in Izmir in Verbindung, vor allem mit Mustafa Kapkin und Rasim Diwanli, die ihre ursprüngliche Absicht aufgegeben hatten, das Wrack, von dem die Statue stammte, zu bergen, da ihnen ihre Ausrüstung für diese Arbeit nicht ausreichend zu sein schien. Verschiedene Versuche, den Kapitän aufzuspüren, der den Fund zuerst entdeckt hatte, scheiterten, weil sich dieser ständig auf See befand.

Aber in manchem hatte die Expedition von Bodrum auch Glück. Throckmorton und Kapkin schlossen Freundschaft mit Kapitän Kemal Aras, einem Schwammtaucher, der die Küste wie seine Westentasche kannte. Kemal Aras lud die beiden zu einer Fahrt mit seinem Boot *Mandalinçi* ein und versprach, ihnen die Wrackreste zu zeigen, die er in vielen Jahren bei seiner Schwammsuche auf dem Meeresgrund entdeckt hatte. Diese Schiffstrümmer waren für Helmtaucher und damit auch für Taucher mit einer Aqualunge ohne weiteres erreichbar. Viele Fundplätze, die Schwammfischer mit ihren Schleppnetzen ausgemacht hatten, lagen dagegen in zu großer Tiefe. Einen Sommer lang segelten Throckmorton und Kapkin auf der *Mandalinçi*. Sie tauchten oft allein und ohne vorschriftsmäßige Ausrüstung und lebten zusammen mit den Schwammtauchern auf dem nur 12 Meter langen, überfüllten Boot. Dabei hörten sie auch von der Caissonkrankheit, der alljährlich einige der Bodrum-Taucher zum Opfer fallen. Gegen Ende ihrer Reise hatten sie 30 Wracks antiker Schiffe ausgemacht, meistens Weinfrachter aus hellenistischer und mittelalterlicher Zeit.

Das erste in Augenschein genommene Gebiet schien am meisten zu versprechen. Yassi Ada (Flache Insel) ist ein kleines, unwirtliches Eiland und liegt ungefähr 16 Meilen Bootsfahrt von der Küste Bodrums entfernt. Die Insel wäre kaum einer Erwähnung wert, wäre ihr nicht ein tückisches Riff vorgelagert, daß stellenweise bis 1,80 m unter der Wasseroberfläche aufragt. Wie vielen Schiffen der Rumpf von diesem Riff aufgerissen wurde, ist bis zum heutigen Tage noch nicht abzuschätzen; sicherlich handelt es sich aber um mehr als ein Dutzend. Auf dem Riff finden sich Kanonenkugeln aus der Zeit des ottomanischen Reiches neben Weinkrügen aus den Jahren der Zeitwende. In unmittelbarer Nähe des Riffs entdeckte Throckmorton in einer Tiefe von 36 Metern die Fracht eines Schiffes, das im Zeitalter Mohammeds das Mittelmeer befahren hatte. Einige Meter weiter lag in einer Tiefe von rund 42 Metern eine Fracht, die ungefähr ein Jahrhundert älter war. Weil beide Funde auf Sandboden ruhten, nahm Throckmorton mit Recht an, daß ein gewisser Teil der Holzrümpfe unterhalb des Sandbodens konserviert sein mußte und daß eine spätere vollständige Freilegung lohnend wäre. Ein paar Jahre später fand man sogar noch ein nicht datierbares drittes Wrack, das zwischen den beiden eben erwähnten Fundorten lag und nur leicht mit Sand bedeckt war. An anderer Stelle hatten Schwammtaucher schätzungsweise eine Tonne farbiger Glasbarren an die Oberfläche befördert. Einige dieser Glasstücke, die teilweise größer als ein Männerkopf waren, kamen ins Museum von Bodrum, andere sind in kleinen Splittern auf dem Riff verstreut. Der größte Teil der Barren wurde jedoch an eine

Glasfabrik in Izmir verkauft. Das Wrack, das die zeitliche Herkunft dieses Fundes zu bestimmen erlaubte, muß aber erst noch gefunden werden. Es ist kein Wunder, daß Throckmorton dieses Gebiet als einen richtigen Schiffsfriedhof der Antike bezeichnete.

Den wichtigsten Fund entdeckte Throckmorton aber erst einige Zeit später und nicht durch Zufall. In seinem Logbuch notiert er Kapitän Kemals Beschreibung eines Wracks, das in der Nähe von Finike an der südwestlichen Küste liegen mußte. Dieses Wrack war von einem besonderen Rätsel umgeben, denn der Bericht erwähnte bronzene Speerspitzen und mehr als einen Meter lange Bronzestücke, die so alt waren, daß man sie nicht mehr identifizieren konnte. Das ganze Material lag zudem auf einem Haufen, und Kapitän Kemal hatte erwogen, es wegen seinen Schrottwertes unter Umständen mit Dynamit auseinanderzusprengen. Der Bericht ließ darauf schließen, daß das Wrack aus sehr alter Zeit stammen mußte. Leider wollte Kapitän Kemal die Fundstelle in jenem Jahr nicht mehr aufsuchen, und ohne ihn hatte Throckmorton überhaupt keine Möglichkeit, die Stelle zu besuchen. Es blieb ihm also nichts weiter übrig, als zu notieren, daß dieser vielversprechende Platz unbedingt untersucht werden müßte.

Im darauffolgenden Sommer kam Throckmorton durch die amerikanische Expertin für Amphoren, Virginia Grace, und den durch Filme bekannt gewordenen Fotografen Stanton Waterman mit einer Taucherexpedition in Kontakt, die von Drayton Coshran geleitet wurde. Er sprach über Finike. Coshran war interessiert und es gelang Throckmorton, das Schiff zu dem beschriebenen Fundplatz zu dirigieren. Zwei Tage lang untersuchten die Taucher genau das Gebiet, das Kapitän Kemal skizziert hatte.

Aber sie fanden nichts, und die Expedition wollte schon an anderer Stelle weitersuchen. Doch bei der letzten der angesetzten Tauchaktionen entdeckten Susan Phipps und Coshrans Sohn John in 27 Meter Tiefe die Fracht, die von Wassergewächsen völlig überwuchert war, und fertigten in aller Eile einen Lageplan an, der sich später als überraschend genau erwies. Proben der Ladung wurden nach oben gebracht, katalogisiert und der späten Bronzezeit zugeordnet. Die vollständige Bergung, die später beschrieben wird, datiert die Funde um 1200 v. Chr. Es handelte sich damit um das älteste Schiffswrack, das man bis heute gefunden hat.

Verschollene Schiffe
gelangen ans Tageslicht

Wenn die Funde systematisch und erfolgreich lokalisiert worden sind, dann verwischt sich die ohnehin feine Grenze zwischen einer archäologischen Bergung auf dem Lande und der unter Wasser. So kann beispielsweise ein gesunkenes Schiff von Tauchern gewissenhaft unter Wasser studiert, es kann aber auch als Bergungsgut auf trockenem Boden untersucht werden, wenn das umgebende Wasser abgepumpt, wenn das Schiff trockengelegt oder wenn der Schiffsrumpf unbeschädigt gehoben worden ist. Die Bergungsmethoden werden ohne Zweifel noch weiterentwickelt werden: mechanisch oder per Fernsehen gesteuerte Greifarme – mit denen auch Tauchkammern und Tauchapparate ausgestattet sein können – ersetzen die menschlichen Hände, und luftgefüllte Blasen, die man über überschwemmten oder unter Wasser gelegenen Fundstellen installiert, können wie eine leergepumpte Taucherglocke benutzt werden.

Letzten Endes gibt es jedoch nur drei Möglichkeiten, um einen Fundort zu sichern: entweder man nähert sich dem Bergungsort unter Wasser, man entwässert die Fundstelle, oder man hebt den Fund aus seinem feuchten Element heraus.

Alle drei Wege wurden beim vermutlich ältesten Versuch einer archäologischen Bergung unter Wasser beschritten. Dieses Unternehmen begann in der Renaissance und wurde erst in unseren Tagen abgeschlossen. Man brachte sogar verschiedene Nuancen in die drei Bergungsmöglichkeiten: zuerst schickte man Männer in die Tiefe, die nur über den Luftvorrat ihrer Lungen verfügten; es folgten mit Taucherhelmen ausgerüstete Forscher, die mit der Oberfläche in Verbindung standen, und schließlich gingen Leute in Taucherglocken ans Werk.

Ihr Ziel war der Grund des Nemi Sees, rund 25 Kilometer südöstlich von Rom. Seit langem vermutete man dort zwei gesunkene römische Schiffe.

Im 15. Jahrhundert versuchte Kardinal Colonna hinter den Ursprung der Legenden zu kommen, die sich um die geheimnisvollen, gesunkenen Schiffe rankten, und sein archäologisches Interesse gab den Anstoß zu dem ersten Bergungsversuch durch den Architekten Leon Battista Alberti im Jahre 1446. Zuerst wurden die Wracks von Schwimmern, die man eigens aus Genua geholt hatte, lokalisiert. Danach ließ Alberti ein Floß aus Fässern bauen und versuchte das Schiff durch daran befestigte Seile und Haken zu heben. Aber alle Anstrengungen, den Schiffsrumpf auf diese Weise ans Ufer zu ziehen, scheiterten. Nur ein Teil einer großen Statue kam ans Tageslicht und erregte für kurze Zeit Neugier und Aufsehen.

Ein knappes Jahrhundert später, und zwar im Jahre 1535, startete man die erste archäologische Untersuchung mit regelrechten Taucheranzügen. Der Taucheranzug, den Francesco Demarchi damals im Nemi See trug, mag sogar die älteste überlieferte Ausrüstung dieser Art gewesen sein. Demarchi selbst erlebte keine geringe Überraschung, als er durch die kleine Glasscheibe seines Holzhelmes blickte und feststellte, daß er alles vergrößert sah: das Ziegelpflaster an Deck des einen Schiffes, die Haken, die noch von Albertis Bergungsversuchen in dem Rumpf steckten, und auch die verschiedensten Anker. Er nahm Messungen vor und brachte

Muster der Holzverschalungen mit ans Tageslicht. Leider gingen seine Notizen und überhaupt der größte Teil seiner Arbeitsergebnisse bald darauf verloren.

Bis zu diesem Zeitpunkt hatten also Taucher mit und ohne Helm die gesunkenen Schiffe inspiziert, und man hatte den Versuch unternommen, sie zu heben. Während der darauffolgenden Untersuchungen im Jahre 1827 arbeitete man mit einer Halys-Taucherglocke, in der acht Personen Platz hatten. Annesio Fusconi, ein Ingenieur der Hydraulik, verankerte eine große Barke über dem Fundort, die einmal seine Taucherglocke halten und zum anderen berühmte Diplomaten, Wissenschaftler und Vertreter des Adels aufnehmen sollte, die er zur Beobachtung seiner Forschungsarbeiten eingeladen hatte. Doch trotz seiner für die damalige Zeit hervorragenden Ausrüstung scheiterte Fusconi mit seinen Anstrengungen, eines der Schiffe ans Tageslicht zu hieven, wie alle anderen vor ihm. Die vielen Bruchstücke von Porphyr, Marmor, Mosaiken, Metallsäulen, Holz und Nägeln, die er geborgen hatte, kaufte später das Vatikanische Museum an.

Als Eliseo Borghi, ein privater Antiquitätenhändler, im Jahre 1895 mit einem Amateurtaucher zum Nemi See kam, war, außer der lückenhaften Vermessung des einen Wracks durch einen flämischen Archäologen, genaugenommen nichts erreicht worden. Es gelang den beiden, die Köpfe einiger bronzener Löwen und Wölfe zu bergen, außerdem Mosaiksteine, Kupferbleche und einige Ziegel. Hunderte von guterhaltenen Holzplanken des einen Schiffes kamen an die Wasseroberfläche und vermoderten, nachdem man sie an Land gebracht hatte, ziemlich schnell. Schließlich wurden die Taucherarbeiten von der Regierung gestoppt, nachdem der Antiquitätenhändler diese praktisch gezwungen hatte, einige der Funde zu horrenden Preisen anzukaufen. Ungefähr zur gleichen Zeit schlug ein gewisser Professor Emilio Gluria vor, man solle die Schiffe doch durch Entwässerung des Sees ans Tageslicht fördern. Aber noch wurden keine Schritte zur Verwirklichung dieses Planes unternommen. Erst unter Mussolini lebte Glurias Idee wieder auf, der entschied, die italienische Regierung müsse das, was er als »riesige, prachtvolle Kriegsschiffe mit Sälen, Brunnen und Gärten, im Schmuck edlen Marmors, wertvoller Metalle und seltener Hölzer, alles von Gold und Purpur überstrahlt« beschrieb, bergen helfen. So wurde seit 1928 die Oberfläche des Sees durch große Pumpanlagen um 21 Meter gesenkt, und die Wassermassen wurden in einen niedriger gelegenen See abgesogen. Als nach ungefähr einem Jahr die gewaltigen Überreste eines Schiffes in dem immer seichter werdenden Wasser des Sees auftauchten, ließ man die Pumpen langsamer arbeiten, und Arbeiter mußten den Schiffsrumpf verstärken und abstützen, da die tragende Wirkung des Wassers geringer wurde. Sie bedeckten den Rumpf mit ständig feuchtgehaltenem Segeltuch, das das Holz vor zu schnellem Austrocknen schützen und es in seiner ursprünglichen Form bewahren sollte. Nach vier Jahren endlich standen beide Schiffe unter freiem Himmel, und die Pumparbeit konnte eingestellt werden.

Die Schiffe erwiesen sich als wahre Riesen. Das eine war 78 Meter lang und 22 Meter breit, das andere 79 Meter lang und 16 Meter breit. Dazu war das Eichendeck mit Mosaiken und Marmor gepflastert, die Aufbauten waren luxuriös mit Bronze- und Marmorsäulen verziert. Heiße Bäder und vielleicht sogar Kabinen mit abschließbaren Türen waren ebenfalls vorhanden. Sicherlich waren die Schiffe einst für den Adel erbaut worden, vielleicht sogar für Caligula oder Claudius, denn die an Bord der Schiffe gefundenen Gegenstände wurden in die Regierungszeit dieser Kaiser datiert.

Der Wert dieser Funde wurde unterschiedlich bemessen. Noch während die Bergungsarbeiten im Gang waren, berichtete eine amerikanische Archäologie-Zeitschrift: »Eines der Schiffe ist jetzt fast vollständig geborgen worden, und zwar mit dem Ergebnis, daß wir wesentliche Aufschlüsse über die nautischen Techniken des Altertums erhalten und gewisse neue Aspekte über Kunst und Handwerk erfahren.« Ungefähr zur selben Zeit stufte der Herausgeber einer der führenden archäologischen Zeitschriften Englands die Ergebnisse als »überaus enttäuschend« ein. Wörtlich klang das so: »Drei schöne Tierköpfe aus Bronze und ein hölzerner Schiffsrumpf scheinen eine armselige Ausbeute für den betriebenen Aufwand.« Die Italiener widersprachen mit der Behauptung, die Resultate »überträfen alle Erwartungen« und »der Zustand des ersten Kriegsschiffes sei dem des Originals näher als das heutige Forum Romanum dem antiken«.

In der Tat ermöglichten die geborgenen Schiffe den Archäologen wohl zum erstenmal, guterhaltene Wracks aus römischer Zeit zu untersuchen. Obwohl sie nur für Süßwasser gebaut waren, das die zerstörerischen Schiffswürmer nicht kennt, wiesen diese Rümpfe eine Schutzhaut aus Blei auf, wie man sie sonst nur bei für die hohe See bestimmten Kriegsschiffen gefunden hatte. Das bewies, daß die Schiffsbauer ganz den damals üblichen Baumethoden gefolgt waren; und die Holzstruktur wiederum war ein Beweis, daß es sich bei diesen ungewöhnlich verschwenderisch ausgestatteten »schwimmenden Palästen« keineswegs um eine Sonderanfertigung handelte. Ein Satz langer Ruder ließ vermuten, daß die Schiffe auch wirklich dafür bestimmt waren, den See zu befahren.

Die lange Geschichte der Schiffe vom Nemi See nahm ein unglückliches Ende. 1944 wurden sie von einer Gruppe deutscher Soldaten verbrannt. Gegenwärtig beherbergt das Museum am See nur noch maßstabgetreue Modelle und zeigt die Funde, die der Schiffsrumpf barg.

Andere archäologische Entdeckungen, die man bei Entwässerungsarbeiten machte, waren in der Mehrzahl dem Zufall zu verdanken. Dazu gehören die Pfahlbauten, die man bei der Trockenlegung von Schweizer Seen unbeabsichtigt ans Tageslicht brachte, ferner Hunderte von Booten, die bei der Landgewinnung in Holland im Schlamm aufgefunden wurden. Die bedeutenden Entdeckungen im Roskilde Fjord in Dänemark aber waren wiederum das Ergebnis einer von Archäologen geplanten Trockenlegung.

Die Ausgrabung von fünf Wikingerschiffen, die vor neunhundert Jahren versenkt worden waren, um einen Teil des Roskilde Fjords gegen unbekannte Feinde zu blockieren, begann wie jede andere Bergungsarbeit unter Wasser. Von einem Ponton über der künstlichen Barriere aus Steinen und versenkten Booten aus gingen Taucher mit Aqualungen ans Werk. Sie benutzten Wasserdüsen und Saugschläuche, um den Schlamm aus dem Wege zu räumen. Genau abgemessene Drähte wurden über den Ausgrabungsort gespannt und dienten als Koordinaten für Pläne, die mit Bleistift auf wasserfestem Papier festgehalten wurden.

Wegen der mangelhaften Sicht und der starken Strömung entschieden die Leiter der Grabung, Olaf Olsen und Ole Crumlin-Pedersen vom Kopenhagener National-Museum, daß eine ähnliche und nur in Einzelheiten abgewandelte Technik wie bei Landarbeiten angewandt werden sollte. Weil das Wasser stellenweise nur einen Meter tief war, benutzten die Taucher ihre Aqualungen ohnehin kaum. Deshalb baute man im Jahre 1962 einen Fangdamm aus Stahlplatten, der eine Fläche von fast 1600 Quadratmetern einschloß. Der

Fundort wurde dann allmählich von Wasser freigepumpt. Dieses imponierende Unternehmen wurde durch die Ingenieure Christiani und Nielsen sowie eine Anzahl dänischer Stiftungen ermöglicht.

Als die Wikingerschiffe schließlich auftauchten, vermischten sich die Methoden von Land- und Wasserarchäologie. Die jetzt auf dem Trockenen arbeitenden Ausgräber nahmen von begehbaren Planken, die man über die zerbrechlichen Hölzer gelegt hatte, ihre Arbeit auf. Aber bei den Feinarbeiten und der Säuberung erwiesen sich »Sprühpistolen« nützlicher als Messer und Bürsten, die Land-Archäologen normalerweise benutzen. Nach der Säuberung wurden die Wracks gewissenhaft vermessen und fotografiert. Die einzelnen Stücke wurden numeriert, sortiert und in luftdichte Plastikbeutel verpackt. Der letzte Teil der Arbeit besteht wie meist bei Unterwasserarbeiten in der Behandlung des Holzes mit Polyäthylen-Glykol. Diese Schutzmaßnahme ist für eine spätere Rekonstruktion und für die Ausstellung des Fundes Voraussetzung.

Die Arbeiten am Roskilde Fjord waren ursprünglich nur als kleines Unterwassertraining gedacht, doch die Resultate fielen ungewöhnlich interessant aus. Nach Olsen und Crumlin-Pedersen »schienen die fünf Wracks nicht nur einfach fünf Boote, sondern darüber hinaus fünf unterschiedliche Schiffstypen darzustellen: ein leichtes, ein mittleres und ein schweres Handelsschiff, dazu ein umgebautes Kriegsschiff und eine Art Fähre zum Personentransport in Binnengewässern«. Weiter schrieben die Entdecker: »Durch ihre Vielfalt und die handwerkliche Kunstfertigkeit verratende Konstruktion geben diese Boote einen lebhaften Eindruck von den Möglichkeiten des Schiffsbaus im Zeitalter der Wikinger.«

Diese Ausgrabung demonstriert die Fragwürdigkeit der Versuche, die sogenannte »Unterwasser-Archäologie« zu definieren. Die Arbeit, die teils über und teils unter Wasser vorgenommen werden mußte, fällt in eine Katagorie, die man glücklicherweise bisher noch nicht als »Schlamm-Archäologie« bezeichnet hat. Ähnlich liegt der Fall auch bei den Arbeiten, die – während ich dies schreibe – Peter Marsden an einem römischen Schiff vornimmt, das im Schlamm der Themse gefunden und zu Bergungszwecken mit einem künstlichen Damm umgeben wurde.

Ebenso schwierig sind Projekte einzuordnen, bei denen Schiffe gehoben oder durch Entwässerung ganz freigelegt werden, wobei man sie danach im Detail untersuchen kann, genauso als ob sie auf dem Lande gefunden worden wären. Normalerweise kann man jedoch nur die Holzschiffe unversehrt bergen, die in Süßwasserseen und -flüssen liegen. Im Salzwasser gesunkene Schiffe werden kurz nach ihrem Untergang von Schiffswürmern zerstört.

Drei *Bateaux* genannte kleine Kriegsschiffe aus der Zeit um 1750, die aus dem Lake George im Staate New York geborgen wurden, sind die ältesten Seefahrzeuge, die man je in amerikanischen Binnengewässern gefunden hat; nur einige ausgegrabene Kanus, höchstwahrscheinlich indianischer Herkunft, sind noch älter. Die Schiffe wurden von einem Taucher entdeckt, der sich mit seinem aus einem Heißwassertank gebastelten Helm in die Tiefe wagte und von einer handbetriebenen Autoreifenpumpe mit Luft versorgt wurde. Fünfzehn oder zwanzig Jahre vergingen, ohne daß sich irgendjemand für die drei Schiffe interessierte. Erst dann wurden sie von einem jungen Mann, der gerade tauchen gelernt hatte, aufs neue entdeckt. Wie es aber häufig genug passiert, begann der Amateuertaucher durch seine unmethodischen

Untersuchungen manches wertvolle Beweismaterial zu zerstören. Es wurde höchste Zeit, einen Archäologen hinzuzuziehen.

Endlich wurde der Direktor des Adirondack Museum, Robert Bruce Inverarity, zum Fundort gerufen und ihm die offizielle Erlaubnis erteilt, die Funde zu untersuchen.

Inverarity war der geeignete Mann am richtigen Platz. Für die Entwicklungsgeschichte der Binnenschiffahrt in Amerika war er Spezialist, und die leichten Flußboote, die man *Bateaux* nannte, interessierten ihn besonders. Da er selbst nicht tauchen konnte, erwarb er eine Unterwasser-Fernsehkamera, die seine Taucher an verschiedenen archäologischen Fundorten erprobten. Inverarity konnte danach sozusagen an »Ort und Stelle« Beobachtungen anstellen und den Wert weiterer Bergungsarbeiten beurteilen.

Nur die flachen Kiele der 9 Meter langen Boote wurden gefunden; das Holz des Rumpfes war vom Treibsand zermalmt worden. Aus 30 Meter Tiefe zog man sie mit Hilfe von Autoschläuchen, die auf dem Seegrund langsam aufgepumpt wurden, vorsichtig an Land. Die Schläuche stiegen, im gleichen Maße wie sie sich mit Luft füllten, ganz allmählich nach oben. Der Versuch, eines der Boote mit Eisenfässern zu heben, die man an unter den alten Holzrumpf geschobenen Eisenstäben befestigt hatte, erwies sich als zu unsanft – das ganze Floß schoß mit zerstörerischer Gewalt aus dem Wasser heraus.

Während die römischen Schiffe im Nemi See und die Wikingerboote im Roskilde Fjord die Bergung allein wegen ihres Alters wert waren, mag die Hebung so relativ junger Boote wie dieser drei im Lake George zweifelhaften Wert besitzen. Rein das Alter ist aber nicht das einzige Kriterium, daß einzigartiges Wissen durch die Bergung eines Fundes erworben werden kann. Auf der Konferenz über Unterwasser-Archäologie, die die Historical Society of Minnesota im Jahre 1953 veranstaltete, führte Inverarity aus, weshalb er die Schiffe überhaupt aus dem See bergen ließ: »Kein *Bateaux* aus der Kolonialzeit ist uns erhalten geblieben; es existieren nur zwei Zeichnungen, von denen wir nicht einmal mit Sicherheit sagen können, ob sie wirklich echte *Bateaux* darstellen. Daher ist es von großer Bedeutung, Umrisse und Konstruktion dieser Boote zu bestimmen, die einen wesentlichen Anteil an der Entwicklung des Schiffsbaues der USA haben.« Eine etwas spätere Phase in der Geschichte des amerikanischen Schiffsbaus haben uns die Funde im Lake Champlain erschlossen. Dieser See war im Unabhängigkeitskrieg Schauplatz hartnäckigen amerikanischen Widerstandes gegen die britische Herrschaft.

Von seinem Flaggschiff *Royal Savage* aus, einem 70-Tonnen-Schoner, kommandierte Benedict Arnold 15 Kriegsschiffe, meist an Ort und Stelle erbaute Galeeren, gegen die größere, besser bewaffnete und besser trainierte britische Flotte. Es war im Oktober 1776, und die Briten planten einen Vorstoß, durch den die Kolonien in zwei Hälften geteilt werden sollten. Die *Royal Savage* wurde während der Schlacht schwer beschädigt. Weil sie weniger manövrierfähig war als ihre mit Rudern ausgerüsteten Begleitschiffe, strandete sie auf der Insel Valcour, wo sie von den britischen Truppen nach Einbruch der Dunkelheit verbrannt wurde. Die kleinere *Philadelphia* dagegen hielt sich den ganzen Tag über, wurde aber entscheidend getroffen, so daß sie kurz nach Feuereinstellung bei Anbruch der Nacht durch einen Treffer in Bugnähe sank. Arnold und seine Männer waren gezwungen, sich auf das Festland zurückzuziehen, nachdem sie den Rest ihrer Flotte verbrannt hatten, um sie nicht dem

Feind in die Hände fallen zu lassen. Aber ihr unerschütterlicher Widerstand hatte den britischen Befehlshaber entmutigt, seinen Plan weiter zu verfolgen. Die Schlacht hatte entscheidend dazu beigetragen, daß die Kolonien nicht von Norden nach Süden in zwei Hälften gespalten wurden.

Der größte, über Wasser liegende Teil der *Royal Savage* war bei der Explosion des Pulvermagazins zerfetzt worden, aber die Überreste konnten noch um 1860 auf dem Grunde des Sees gesehen werden. Nachdem Souvenirjäger das Wrack heimgesucht hatten, ging aber die Kenntnis von der Lage des Schiffes bis zum Jahre 1932 verloren.

Zu dieser Zeit hatte sich Captain L. F. Hagglund entschlossen, die Überreste dieses historischen Wracks wiederzuentdecken. Hagglund war Abteilungschef bei Merrit, Chapman und Scott, einer der führenden amerikanischen Bergungsfirmen. An Ort und Stelle eingezogene Erkundigungen waren wertlos, und so stieg Hagglund in seinen Taucheranzug und setzte sich den Helm auf, der von einem Boot an der Oberfläche des Sees mit Luft versorgt wurde. In immer größeren Kreisen begann er den Grund des Sees zu untersuchen. Auf seinen Tauchgängen fand er lange nichts anderes als die Metallgegenstände, die aus der Schlacht stammten, aber beim Rudern auf dem See entdeckte er schließlich durch einen Zufall die Umrisse des Schiffsrumpfes. Sie lagen rund 6 Meter tief in ruhigem Wasser.

Zwei Jahre später hörte Hagglund, daß Jungen das Wrack aufgestöbert hatten und die Planken auseinanderzureißen begannen. In seinem Urlaub kehrte er an den Fundort zurück und lernte einige Leute des Ortes zur Bedienung des Luftkompressors an. Dann versuchte Hagglund herauszubekommen, ob es wirklich die *Royal Savage* war, die er gefunden hatte. Robert Skerrett beschrieb seine Bergungsarbeiten ein Jahr darauf in der Zeitschrift *Naval Institute Proceedings:* »Geduldig entfernte Hagglund mit einem Eimer den Schlamm vom Heck und durchsuchte jeden Eimer sorgfältig nach irgendwelchen Gegenständen. Die gleiche mühevolle Sorgfalt zeigte er bei der Schlammentfernung zu beiden Seiten des Rumpfes. Und seine Arbeit wurde belohnt. Er entdeckte Zinnknöpfe mit den Regimentsinsignien der Einheiten, von denen man wußte, daß sie unter Arnold bei Crown Point und Ticonderoga im Marinedienst gestanden hatten.« Er fand auch Zinnlöffel, auf denen die Jahreszahl 1776 eingraviert war.

Da Hagglund keine professionelle Bergungsausrüstung zur Verfügung hatte, versuchte er es mit leeren Teerfässern, die er an den Schiffsrumpf band. Er arbeitete auch nur mit einem Luftkompressor und mußte deshalb das eine Ende eines Luftschlauchs nacheinander in jedes der Fässer stecken, danach jedesmal zur Oberfläche auftauchen und den Luftkompressor von seinem Helm zu dem zum Faß führenden Luftschlauch ummontieren. Als er schließlich mit dieser umständlichen Prozedur die 22 Fässer mit Luft gefüllt hatte, trieb der erhaltene Teil des Wracks an die Oberfläche und wurde mit einer Winde ans Ufer gezogen. Dort ließ er jedes Holzstück sorgfältig numerieren, ehe der Schiffsrumpf auseinandergenommen und in ein Lagerhaus gebracht wurde.

1935 kehrte Hagglund zum Lake Champlain zurück und barg erfolgreich die besser erhaltene *Philadelphia* mit allen Kanonen und über 500 anderen militärischen Ausrüstungsgegenständen, die sich im Wrack noch fanden. Das Schiff ist jetzt im Washingtoner Nationalmuseum zu besichtigen. Das Loch in Bugnähe, das die *Philadelphia* sinken ließ, kann man deutlich erkennen. Ehe sie gehoben wurde, war die *Philadelphia* nur durch unvollständige, flüchtige Skizzen bekannt.

Das einzige Kanonenboot aus der Zeit des Bürgerkrieges wurde ebenfalls aus dem Wasser geborgen. Es ist die eisenbeschlagene *Cairo*, die 1965 aus dem Flußbett des Yazoo gehoben wurde. Als eines der ersten eisengepanzerten Kriegsschiffe Amerikas weist die *Cairo* noch eine historische Besonderheit auf: sie war das erste Schiff, das von einer elektrisch gezündeten Mine versenkt wurde.

Die Südstaatler hatten mit Pulver gefüllte Flaschen ausgesetzt, die durch Kupferdrähte mit dem Ufer verbunden waren. Die Zündung funktionierte, und die *Cairo* ging 1862 bei Vicksburg, Mississippi, unter. Alle Schiffspapiere sind verlorengegangen, aber der Untergang wurde der Nachwelt durch das Tagebuch eines Schiffsjungen sehr anschaulich überliefert. Er beschreibt, wie gegen 11.30 Uhr vormittags ein Torpedo das Kriegsschiff traf, wie im Laderaum trotz aller Pumparbeiten unaufhaltsam das Wasser stieg und wie Teile des Decks bereits vom Wasser überflutet wurden, als schließlich ein anderes Schiff der Nordstaaten die 160 Mann starke Besatzung aufnahm. Der 15jährige Schiffsjunge fuhr fort: »Wir konnten uns noch gerade rechtzeitig in Sicherheit bringen. Sonst hätte uns der siedende Hexenkessel schäumender Wasser verschlungen. Innerhalb von zwölf Minuten nach der ersten Explosion war von der *Cairo* nichts mehr zu sehen, außer der Spitze der Schornsteine und dem Flaggstock, an dem noch das heilige Banner unseres Vaterlandes über den aufgewühlten Wogen hing.«

Trotz einer Anzahl Versuche, das Kriegsschiff zu bergen, ging der Nachwelt die Lage des Wracks der *Cairo*, das sich teilweise nur 1,80 Meter unter der Oberfläche des schlammigen Wasser befand, verloren. Planken, die von dem Kanonenboot stammen sollten, trieben in den vergangenen Jahren an die Flußoberfläche. Aber nachdem Edwin C. Bearss alle verfügbaren Dokumente über den Untergang des Schiffes studiert hatte, widersprach er der Auffassung, daß sie von der *Cairo* stammten.

Bearss, ein Historiker des National Park Service und eine anerkannte Autorität für die Zeit des Bürgerkrieges, setzte sich mit zwei Männern in Verbindung: mit Warren Grabeau, einem staatlichen Geologen, und mit M. D. Jacks, der auch für den National Park tätig war. Diese drei brachen im November 1956 in Jacks kleinem Boot zum Yazoo auf, wo sie das eisenbeschlagene Kanonenboot zu finden hofften. Ein aus dem letzten Krieg stammender Kompaß war ihr einziges wissenschaftliches Instrument.

Während der Suche schlug die Kompaßnadel plötzlich leicht aus, und die drei Männer markierten einen nahe am Ufer stehenden Baum, um die Stelle wiederzufinden. Aber etwas weiter, in der Nähe der Stelle, wo Bearss das Wrack der *Cairo* vermutete, schwang die Kompaßnadel um 180 Grad herum. Irgend etwas Magnetisches beeinflußte offensichtlich den Kompaß, und das mußte Eisen sein. Eifrig tauchten die Forscher eine Eisenstange in den Schlamm des Flußbettes. Die Stange stieß auf Metall. Sie hatten die *Cairo* wiedergefunden. Da finanzielle Hilfe ausblieb, stockten die weiteren Arbeiten, aber 1959 boten zwei Taucher, Ken Parks und James Hart, ihre Hilfe an. Im schlammigen Dunkel, nur auf ihren Tastsinn angewiesen, kennzeichneten sie die markanten Punkte des Wracks mit Bojen und säuberten die Kommandobrücke mit einer Hochdruckwasserdüse von den großen Sandmengen. Dabei machten sie zahlreiche Funde: Degen, einen Seifennapf, eine Waschschüssel, Spiegel, eine Dose mit Schuhcreme, verschiedene Medizinfläschchen, einen Klappstuhl, eine Badewanne und Geräte zur Nachrichtenübermittlung. Aus der Schmiedewerkstatt des Kriegsschiffes stammten ein Amboß, ein Schraubstock, Hämmer, Hobeleisen und Meißel. Alles war noch im gleichen Zustand wie vor einem Jahrhundert.

1960 stellte die Holzfirma Anderson und Tully einen Schwimmkran für die Bergungsaktion zur Verfügung, und nach verschiedenen mißlungenen Versuchen – Trossen rissen und Zentimeter starke Stahlkabel zerschlissen –, wurde die Kommandobrücke schließlich vom Rumpf des Schiffes losgezurrt und an die Oberfläche gehievt. Seit der Zeit des Bürgerkrieges hatte man solche Schiffskonstruktionen nicht mehr gesehen. Die Wände aus guterhaltener Eiche waren bis 60 Zentimeter stark und mit 5 Zentimeter dicken Eisenplatten belegt.

Es war diese Kommandobrücke, die das Interesse des Gouverneurs von Mississippi an der Operation *Cairo* weckte, und staatliche Hilfe wurde zugesichert. US-Marinetaucher und ein professioneller Helmtaucher entlasteten das Schiffsdeck, indem sie den Schlamm mit einem Airlift absogen. Dabei förderten sie Gewehre und andere Funde zutage. Dann wurde vorgeschlagen, das ganze Schiffswrack mit Hilfe von Pontons, die versenkt und am Schiffsrumpf befestigt werden sollten, zu heben. Die Pontons sollten danach wieder leergepumpt werden und dabei langsam im Wasser aufsteigend die *Cairo* mit sich emporheben. Dieses System hatte man, wie wir sehen werden, bei der Bergung der *Vasa* im Hafen von Stockholm angewendet, aber bei der *Cairo* wurden die Pontons aus ihrer Verankerung gerissen und von der Stömung davongetragen.

1965 rief man eine erfahrene Bergungsgesellschaft, unter der Leitung von Captain W. J. Bissos, an den Schauplatz der Aktion *Cairo*. Rings um die *Cairo* hatte man den Schlamm gründlich entfernt und sieben Stahltrossen – bis zu 8 Zentimeter dick – unter dem Schiffsrumpf durchgezogen. Mit vier Drehkränen, die insgesamt über tausend Tonnen heben konnten, wurde die *Cairo* aus dem Flußbett gehoben und stromaufwärts abgeschleppt. In das Loch, das das alte Kanonenboot im Grundschlamm hinterlassen hatte, wurde ein riesiger Lastkahn gesenkt. Das Kriegsschiff wurde, noch immer unter der Wasseroberfläche, dorthin zurückgeschleppt und auf den versenkten Lastkahn gesetzt. Aber der Wasserpegel hatte sich verändert, und es war nicht möglich, die *Cairo* in die gewünschte Lage zu manövrieren, ohne sie höher aus dem Wasser zu heben. Das große Gewicht des Schiffes aber ließ die schweren Kabel bereits tief in die Schiffswände einschneiden, und so mußte man den Versuch, sie in einem Stück zu bergen, aufgeben.

Man schnitt später das Schiffswrack in drei Teile, hob diese getrennt und brachte sie zur Restaurierung in das neue Museum von Vicksburg. »Obwohl es unmöglich war, das Schiffswrack als Ganzes zu bergen«, schrieb Bearss für die Zeitschrift *Local History*, »durften die Förderer des Projekts mit dem Erfolg der Aktion zufrieden sein. Die *Cairo* stellte sich als ein riesiges ›Museum‹ heraus, das Tausende von Funden barg. Viele gaben neue Hinweise auf das Leben an Bord eines der ersten eisengepanzerten Kanonenboote unseres Landes. Fachleute des National Park Service und von der Smithsonian Institution haben eine Anzahl von Funden, die noch nie einem Zeitgenossen unserer Tage unter die Augen gekommen waren, geprüft. Künftig wird jeder, der über Flußkanonenboote schreibt, nach Vicksburg kommen müssen, um die *Cairo* zu besichtigen, denn das Studium des Kriegsschiffes hat erstaunlich viele Einzelheiten der Konstruktion enthüllt, die man bei bloßer Auswertung historischer Dokumente nie vermutet hätte.«

Im vorangegangenen Kapitel wurde erwähnt, wie ein anderes Schiff, über dessen Verlust alte Chroniken berichteten, von Anders Franzén aufgespürt wurde. Obwohl es weder in einem Fluß noch in einem See lag, war das Wrack der *Vasa* durch den niedrigen Salzgehalt der Ostsee von Bohrwürmern verschont geblieben, und Franzén war zuversichtlich, daß er das Wrack unversehrt bergen könne.

Zur Hebung der *Vasa* wurden die verschiedensten Vorschläge unterbreitet. Einige davon hat Franzén erwähnt. So etwa die Vorschläge, den Rumpf mit Ping-Pong-Bällen anzufüllen, den Stockholmer Hafen trockenzulegen oder das Wasser im Wrack zu gefrieren, damit es als Eisblock an die Oberfläche treibe und dann aufgetaut werden könne. Vernünftigerweise wurden dann etwas gängigere Methoden angewandt. Wie im Nemi See hatte man auch bei der *Vasa* die ersten Bergungsaktionen von einer Taucherglocke aus vorgenommen. Im Jahre 1664 war ein zweiter Schwede, Hans Albrekt von Treileben, in einer Taucherglocke zu dem Schiff hinabgestiegen und hatte in einem schier unglaublichen Kraftakt rund 50 große Kanonen aus 30 Meter Tiefe emporgebracht. Jetzt, in den Jahren zwischen 1956 und 1959, trieben Helmtaucher der schwedischen Marine sechs Tunnels mit Hilfe mächtiger Wasserdüsen unter das Wrack. Ihre Luftschläuche waren mit Zetterström-Ventilen versehen, die einen Teil des Wassers zurückstauten und so den Druck ausglichen, der sie sonst hilflos hin- und hergetrieben hätte. Mit einem Airlift wurde der gelockerte Schlamm an die Oberfläche gesogen. Die mutigen Taucher arbeiteten in völliger Dunkelheit und unmittelbar unter Hunderten von Tonnen Ballast, die, während man das Wrack unterhöhlte, jeden Augenblick durch das morsche Holz des alten Schiffsrumpfes hätten brechen können. Die Männer zogen dann dicke Trossen durch

83

die Stollen unter dem Rumpf und schlangen diese anschlie-
ßend über das Deck der beiden großen Bergungspontons an
der Oberfläche. Danach wurden die Pontons mit Wasser an-
gefüllt, bis ihr Deck mit dem Wasserpegel des Hafens gleich-
stand. Die Kabel wurden festgezogen und die Pontons wieder ausgepumpt. Als sie dabei hochstiegen, hoben sie die
700 Tonnen schwere *Vasa* aus dem Schlamm. Danach wurden
die Pontons, an denen die *Vasa* im Kabelvertau hing, in
weniger tiefes Wasser bugsiert, wobei das Wrack wieder
auf Sand auflief. Die Bergungsfirma Neptun wiederholte
diese Prozedur 18mal und jedesmal wurde dabei der alte
Schiffsrumpf eine Pontonhöhe gehoben.

Schließlich war die *Vasa* 1961 fast an der Wasseroberfläche. Im letzten Stadium der Hebung wurden hydraulische
Zylinder mit eingesetzt, damit die Pontons nicht zusammen-
gepreßt wurden, wobei die Trossen den Holzrumpf der *Vasa*
zerschnitten hätten. Als sie schließlich über Wasser war,
konnte die *Vasa* wieder selbst schwimmen, denn die Taucher
hatten jedes Leck abgedichtet, so daß das Schiff wieder »see-
tüchtig« geworden war.

Ein Museum, das man zur Zeit baut, wird die *Vasa* be-
herbergen, nachdem schon einige Gegenstände, die man in
dem Wrack fand, restauriert und der Öffentlichkeit zugäng-
lich gemacht wurden. Eine umfassende Liste der Werkzeuge,
Waffen, Eß- und Kochgeräte sowie der über 4 000 Münzen
würde über diese »Miniatur-Welt«, die mit der *Vasa* wieder
ans Tageslicht gelangte, nur wenig aussagen. Eine einzige
Passage aus dem C. O. Cederlund-Katalog vermag hingegen
einen nachhaltigen Eindruck von diesem sensationellen Fund
aus dem frühen 17. Jahrhundert zu vermitteln. Cederlund
beschreibt einen dunkelhaarigen Mann zwischen 30 und 35
Jahren, dessen Gebeine im Schiffsrumpf gefunden wurden.

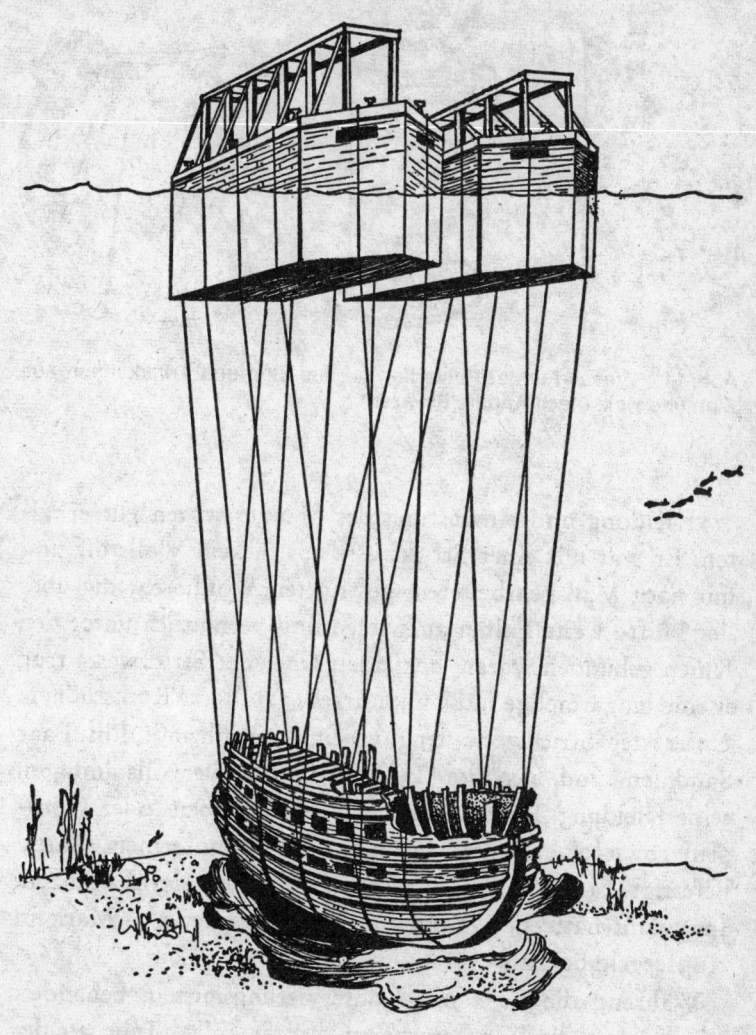

Abb. 10 Die Bergung der auf dem Grund des Stockholmer Hafen-
beckens gefundenen »Vasa« (nach Anders Franzén).

Abb. 11 »Vasa«-Funde: Pulverflasche aus Zinn und Trinkkannen aus Zinn und Holz (nach Anders Franzén).

»Kleidung und Ausrüstung des Mannes waren gut erhalten. Er war mit einer Strickweste aus dickem Wollstoff und mit nach Maß gearbeiteten, gestrickten Wollhosen, die über der Hüfte weite Falten aufwiesen und vermutlich unter den Knien gebunden waren, bekleidet. Über der Strickweste trug er eine langärmelige Jacke mit kurzen, gefälteten Rockschößen. Unter der Strickweste trug er ein Leinenhemd. Ein Paar Sandalen und genähte Leinenstrümpfe vervollständigten seine Kleidung. Eine Dolchscheide mit Knochen- oder Horngriff sowie eine lederne Geldbörse waren an seinem Gürtel befestigt. In seinen Hosentaschen fanden sich einige Münzen. Insgesamt hatte der Mann rund 20 Öre oder 2¹/₂ Mark in Kupfergeld bei sich.«

Während die *Vasa* mit Konservierungsmitteln behandelt wird, gehen die Taucherarbeiten weiter. Viele Teile an der Außenhaut des Rumpfes hatten sich vom Wrack gelöst, als die Eisennägel, mit denen sie befestigt waren, verrosteten. Zu Beginn des Jahres 1963 nahmen Taucher die Suche nach diesen fehlenden Gegenständen auf, die zur Restaurierung des Schiffes notwendig sind. Bis heute hat man bereits über tausend Einzelstücke gefunden, darunter fast 200 Schnitzereien und andere Ornamente. Aber die Bergungsarbeiten dürften noch Jahre andauern.

Die Bergung
archäologischer Schätze

Heutzutage sind die Archäologen bemüht, die Ausgrabungstechniken ständig zu verfeinern. Das ist nicht immer der Fall gewesen. Und ebenso wie viele Kunstschätze in den frühen Tagen der »Archäologie« ohne Rücksicht auf ihre ursprüngliche Lage aus dem Erdboden gerissen wurden, so sind auch viele der wertvollsten Unterwasserfunde mit Netzen und Baggern aus Seen und Flüssen ans Tageslicht gebracht oder von Tauchern auf der Jagd nach »Museumsstücken« geborgen worden. Die meisten dieser Fälle muß man natürlich mit der Unwissenheit dieser »Archäologen« entschuldigen. Glücklicherweise sind es in der Unterwasser-Archäologie gerade die ärgsten Plünderer gewesen, die später ihre Irrtümer einsahen und dann als erste wissenschaftliche Ausgrabungsmethoden einführten. Doch selbst heute bieten manche Fundstätten gar keine andere Möglichkeit, als die Artefakte einfach aufzufischen.

Stanley J. Olsen, ein Paläontologe, hat in den Flüssen Floridas häufig mehr als nur die Knochen einer urzeitlichen Elefantengattung, des Mastodons, entdeckt. In die tiefer gelegenen Taschen des Flußbettes geschwemmt, weit entfernt von ihrer ursprünglichen Lage und ohne einen Anhaltspunkt für die archäologische Datierung zu bieten, waren diese Artefakte ausgezeichnet erhalten. Deshalb sind solche Funde auf der anderen Seite beim Studium von Fragmenten gleicher Stücke, die auf dem Land gefunden und archäologisch datierbar waren, von außerordentlichem Nutzen.

Abb. 12 Im St. Marks River in Florida gefundene Flaschen aus dem frühen 19. Jahrhundert (nach Olsen).

»Zerbrochene Rum- oder Weinflaschen«, schrieb Olsen, »sind in Florida in jedem Fort der ersten Jahre nach 1800 gefunden worden. Vollständig erhaltene Flaschen entdeckte man dagegen praktisch nie. Aus dem weichen Schlick- und Sandboden des St. Marks Flusses in Nord-Florida jedoch sind einige Dutzend grüner und schwarzer Glasflaschen unversehrt geborgen worden, die aus den Trümmern einer überschwemmten Siedlung des frühen 19. Jahrhunderts stammen. Zerbrochene Stiele und Köpfe weißer Tonpfeifen tauchen an Land beim Durchsieben sandiger Fundstellen zu Hunderten auf; selten aber ist eine Tabakpfeife unzerstört erhalten geblieben. In weniger als sechs Tauchstunden habe ich jedoch in einem der schneller fließenden Flüsse Floridas in ungefähr 5 Meter Tiefe über 30 Tabakpfeifen aus weißem Ton oder aus Glas aufgesammelt.«

Die Anzahl guterhaltener, wenn auch weit auseinander liegender Funde sollte noch wesentlich größer sein, wo man

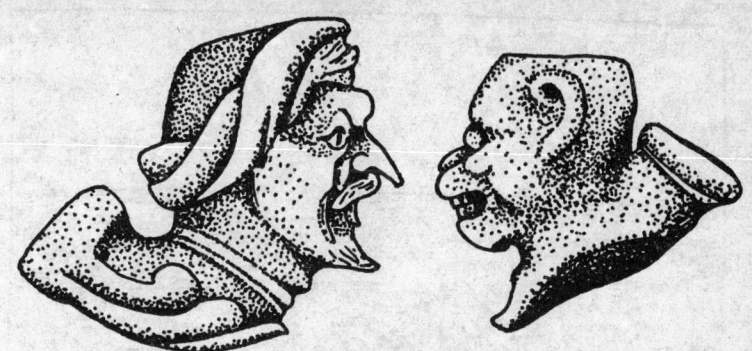

Abb. 13 Von S. J. Olsen geborgene Pfeifenköpfe aus einem Fluß in Florida (nach Olsen).

die Gegenstände absichtlich dem Wasser übergab. Zu den Fundplätzen, die bisher jeder exakten Ausgrabung widerstanden und trotzdem eine bedeutende Zahl von Kunstwerken preisgaben, gehören die sogenannten *Cenotes*, die Opferbrunnen auf der mexikanischen Halbinsel Yucatan.

Die Insel besteht aus Kalkstein und hat deshalb weder nennenswerte Flüsse noch Bäche. Das Wasser sickert durch die porösen Gesteinsschichten, und erst unterhalb der Oberfläche bilden sich Flüsse, die zur Höhlenbildung führen. Manchmal brechen die Aushöhlungen ein und bilden Quellen oder Brunnen, die *Cenotes*, deren Wände manchmal so ausgewaschen wurden, daß sie fast senkrecht abfallen. Einige wurden von den Mayas nur als Quellen benutzt, andere dienten als Opferstätten.

Die Bedeutung des Brunnens von Chichen Itza wird nicht nur durch seine Lage am Ende einer breiten, gepflasterten Avenue, die vom Haupttempel der Stadt zu ihm führt, demonstriert, sondern auch dadurch, daß er den Namen der Maya-Metropole erklärt: »Mund des Brunnens von Itza«. Einiges über die Mayas hat der Spanier Diego de Landa mit-

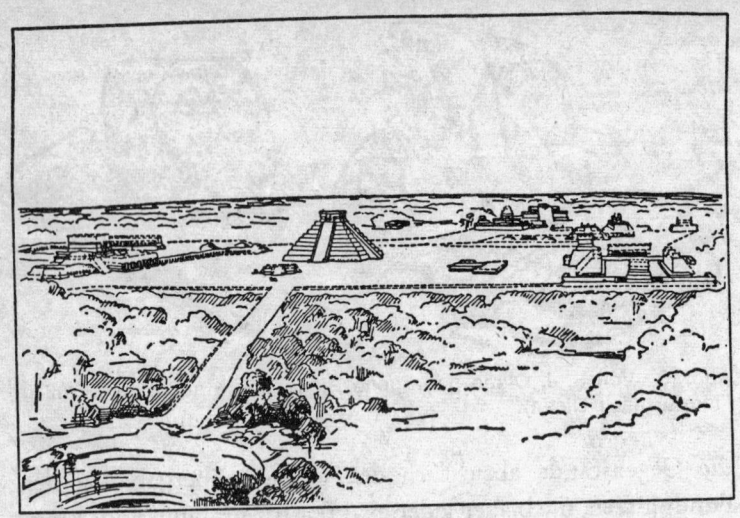

Abb. 14 Der Cenote von Chichen Itza (Tatiana Proskouriakoff, nach Fotografien des Peabody Museum, Harvard University).

geteilt. De Landa war ungefähr 60 Jahre nach der Entdeckung der Neuen Welt durch Columbus nach Yucatan gekommen und starb dort 1573 als Bischof. Sein wahrscheinlich 1566 geschriebenes Buch *Relacion de las Cosas de Yucatan* läßt über die Bedeutung der *Cenotes* keinen Zweifel: »In jüngst vergangenen wie in weit zurückliegenden Tagen pflegten die Indianer zu Dürrezeiten Menschen als lebendige Opfergaben den Göttern vorzuwerfen. Sie hielten ihre Opfer für unsterblich, obwohl sie sie nie wiedersahen. Sie versenkten auch andere Sachen, darunter Edelsteine und sonstige Kostbarkeiten. Und wenn es in ihrem Lande Gold gegeben hätte, dann läge der größte Teil davon gewiß in diesen Brunnen, so sehr verehren die Indianer ihre Opferstätten.«

Man weiß heute, daß vielleicht schon seit Anfang des 13. Jahrhunderts zahlreiche Männer, Frauen und Kinder – von Priestern und Musikanten begleitet – zum Brunnen geführt wurden. Unter den Gebeten der Priester, die um Regen oder bessere Zeiten flehten, stürzte man die Opfer ins Wasser. Einige, so hoffte man, würden wiederkehren, um von den Absichten der Götter Kunde zu geben; doch ist es zweifelhaft, ob je eines der Opfer überlebte. Von anderen wiederum wurde keine Rückkehr erwartet, deshalb tötete man die Opfer, ehe man sie dem Wasser übergab. Auf einer Scheibe aus purem Gold, die sich im Brunnen von Chichen Itza fand, ist eine solche Szene denkbar anschaulich dargestellt: Man hielt das bedauernswerte Opfer auf dem Rücken liegend fest, während der Priester ihm das Herz mit dem Messer aus dem Leibe schnitt. Die Goldscheibe ist aber nur einer von vielen aufsehenerregenden Funden, die die Forschungsarbeiten in diesen »Brunnen des Opfers« zutage förderten.

Schon 1882 hatte der Franzose Désiré Charnay den Versuch unternommen, den Brunnen trockenzulegen, doch das Experiment scheiterte an der mangelhaften Ausrüstung. Ein Dutzend Jahre später kaufte der amerikanische Konsul Edward H. Thompson den Fundplatz und begann, Landas Berichte auf ihren Wahrheitsgehalt hin zu überprüfen. Thompson wurde dabei von Charles Bowditch unterstützt und beraten. In mühevoller Arbeit ließ er einen Drehkran durch den Dschungel transportieren und stellte ihn so auf, daß sein schwenkbarer Arm neun Meter weit über die Wasserfläche des Brunnens hinausragte.

Der *Cenote* von Chichen Itza hat einen Durchmesser von 50–60 Metern. Doch mit Hilfe von Seilen konnte der Baggergreifer des Krans auch in die entlegensten Ecken gesenkt

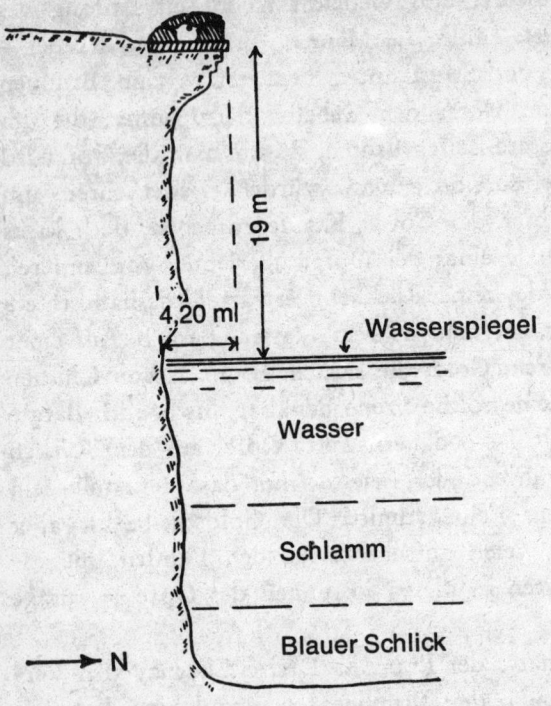

19 m

4,20 ml

Wasserspiegel

Wasser

Schlamm

Blauer Schlick

→ N

Abb. 15 Das Südufer des Cenote von Chichen Itza (Peabody Museum, Harvard University).

werden. Von der Kante des *Cenote* fiel der Greifer zunächst fast 21 Meter bis zum Wasserspiegel, dann sank er durch zehn Meter tiefes Wasser und durchbohrte schließlich noch die über zehn Meter starke Schlammschicht auf dem Grund. Als er von vier Männern, die die Winde bedienten, wieder hochgeholt worden war, barg man alle größeren Gegenstände, die zwischen seinen Metallklauen sichtbar waren, und schüttete den Schlamm neben den Brunnenrand, wo man ihn nach kleineren Funden durchsuchte. Thompson selbst hatte eigens für diese Bergungsarbeit Tiefseetauchen erlernt,

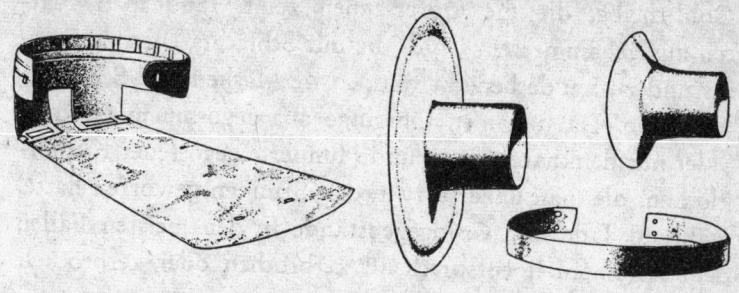

Abb. 16 Vergoldete Kupfersandale, Ohrenstöpsel und ein Armband aus dem Cenote von Chichen Itza (Peabody Museum, Harvard University).

und nach seinen Abstiegen in die Dunkelheit litt er später unter einer Beeinträchtigung seines Gehörs, ein Leiden, von dem so mancher Taucher befallen wird. Zwei griechische Schwammtaucher, ziemlich ungewöhnliche Begleiter im Urwalddickicht Zentralamerikas, waren Thompsons Helfer.

Gegen Ende des Unternehmens hatte der Amerikaner bedeutend mehr erreicht als bloß den Nachweis, daß Landa die Wahrheit geschrieben hatte. Alfred M. Tozzer vom Peabody Museum der Harvard University, dem die Funde übergeben wurden, schrieb: »Vermutlich gibt es in der gesamten amerikanischen Archäologie keine Sammlung, die in so vollkommener Weise das künstlerische Leben eines vergangenen Volkes spiegelt.«

Reliefs oder Kleinplastiken aus geschnitzter Jade dienten als Schmuck oder zeigten Darstellungen von Menschen und Tieren. In manchen Epochen hatte man auch aus Harz und Gummi Figuren geschnitzt. Einige von ihnen wiesen Brandspuren auf, was darauf hindeutet, daß man sie als Weihrauch bei den Opferzeremonien verbrannte. Neben der

Goldscheibe, die die Opferszenen zeigt, fand man Platten aus gehämmertem Gold, die mit Schlachtszenen zu Wasser und zu Lande bedeckt sind, sowie Masken und Schmuckplaketten. Dazu kamen Ohrringe aus gegossenem Gold in jeder nur denkbaren Form und Hunderte gegossener Kupferglocken, die man unzerstört in den Brunnen geworfen hatte, während Jade und Goldgegenstände in den meisten Fällen dem Zeremoniell entsprechend zerbrochen oder zerbröckelt worden waren.

Wie gewöhnlich hatte die konservierende Wirkung des Wassers eine große Rolle gespielt. Hölzerne Weihwedel, Rasseln und der Griff eines Opfermessers gehörten mit zu den Zeremonialgeräten, die man geborgen hat. Daneben stieß man auf hölzerne Speere, Webgeräte, Kopfbedeckungen und andere Artefakte, die man bei Landausgrabungen normalerweise nicht findet. Über sechshundert Reste von Textilien förderte man zutage, nach Joy Mahler vom Peabody Museum »wohl die einzigen Muster vorkolonialer Stoffproben aus der Maya-Zeit. Als solche sind sie eine einzigartige und sehr aufschlußreiche Quelle zur Information über Fasermaterial und Webetechniken dieses Gebietes.«

Die Entdeckung und das Studium versunkener Handwerkskunst mag eines Tages neues Licht auf den Handel der Mayas entlang den Küsten und Wasserstraßen werfen, und die Unterwasser-Archäologie hat zur Erforschung des historischen zentralamerikanischen Warenaustausches wichtige Erkenntnisse beigetragen. Dieselben Kalksteinschichten, die zur Entstehung der *Cenotes* führten, besitzen keine Metall- oder Edelsteinvorkommen, und bevor der Brunnen von Chichen Itza seine Funde freigab, waren in ganz Yucatan nur drei bis vier goldene Gegenstände und einige Kupfergeräte entdeckt worden. Erst die Funde von Chichen Itza ermöglichten es deshalb S. K. Lothrop vom Peabody Museum, die Herkunft verschiedener Metallgegenstände zu bestimmen. Die Spuren führten in so weit entfernte Gebiete wie Kolumbien, Panama, Honduras, Guatemala und andere Teile Mexikos. Metallurgische und stilistische Analysen von anderem Material erlaubten ihm den Nachweis, daß man in Einzelfällen Rohmaterial von einem zum anderen Land transportiert hatte, wo es dann zu den Gegenständen verarbeitet wurde, die Händler oder Pilger schließlich nach Chichen Itza brachten.

Thompson hatte einen archäologischen Schatz ans Tageslicht geholt, den man – vielleicht ein wenig übereilt – mit dem von Tut-ench-Amon verglich. Aber vieles war noch unentdeckt geblieben. Sechsundfünfzig Jahre nach der ersten Bergungsaktion nahm der Wassersportklub von Mexiko (CEDAM) das Werk wieder auf. Der Klub wurde dabei von der National Geographic Society in Washington unterstützt und vom National-Institut für Anthropologie und Geschichte in Mexiko geleitet. Zu dieser Zeit gehörten die Aqualunge für die Taucher wie auch der Airlift bereits zur normalen Ausrüstung einer archäologischen Expedition. Die Taucher installierten einen großen Airlift, der den Schlamm vom Grund des Brunnens absaugte und ihn auf ein enges Maschendrahtsieb pumpte, das zwischen zwei auf der trüben Wasseroberfläche des Brunnens schwimmenden Flößen gespannt war. Und noch mehr Gold, Jade, Keramiken, Stoff, Holz, Gummi sowie einige Menschenknochen, selbst Steine eines Tempels, der über eine vorstehende Uferkante herabgesunken war, kamen ans Tageslicht.

In weniger als vier Monaten hatte man über 4000 Gegenstände an die Oberfläche befördert – und noch weitere ruhten unten im Schlamm. Trotz dieses Erfolges entschied Pablo

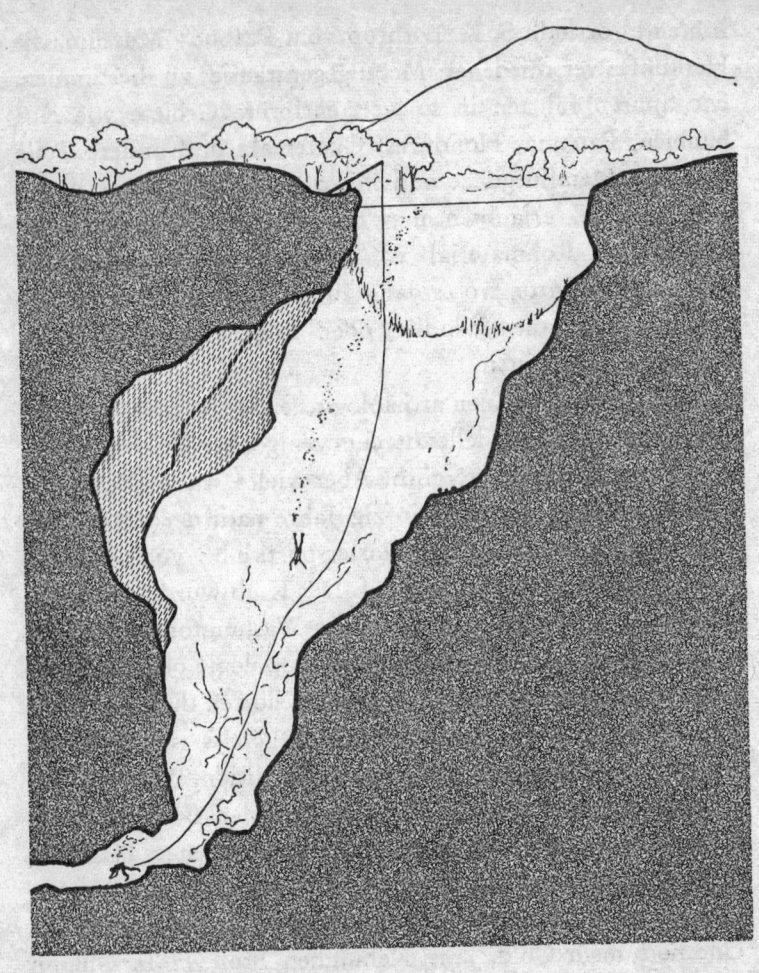

Abb. 17 Der Cenote von Dzibilchaltun (nach einem Gemälde der National Geographic Society).

Bush Romero, der Präsident von CEDAM, daß die Bergungsarbeiten abgebrochen werden sollten, bis man bessere Methoden zur Erforschung der Fundstätte zur Verfügung habe. Wenn auch eine schichtweise Abtragung wenig Bedeutung für die zeitliche Einordnung der Funde hat – schwere Gegenstände graben sich natürlich tiefer ein als leichte –, so ist dieser Entschluß dennoch zu loben, denn der technische Fortschritt mag die Archäologen eines Tages in die Lage versetzen, die verschlungenen zeitlichen Zusammenhänge zu entwirren.

Der *Cenote* von Chichen Itza war nicht der erste, den die National Geographic Society zu erforschen versucht hatte. Nur zwei Jahre vorher hatte Luis Marden, ein Fotograf der Gesellschaft, als Führer der Tauchgruppe gemeinsam mit der Tulane University bei Dzibilchaltun Tauch- und Bergungsversuche unternommen. Hier, wo die vermutlich größte aller Maya-Städte lag, war das Tauchen wegen der großen Tiefe besonders gefährlich. Nach dem Auftauchen aus 42 Meter Tiefe litten Marden und sein Partner Pates Littlehales beim dritten Tauchgang schwer unter der Caissonkrankheit. Eine selbstgebastelte Druckausgleichskammer half nichts, und nur ein schnell mit der U. S. Marine arrangierter Flug nach Florida, wo eine vorschriftsmäßige Druckausgleichskammer vorhanden war, bewahrte die beiden vor lebenslänglicher Lähmung.

Ihre Funde aber schlugen alle Rekorde. 30 000 Tonscherben und andere Artefakte konnten sie von der schräg abfallenden Wand des *Cenote* bergen. Die große Anzahl ritueller Gegenstände bestätigte die Vermutung, daß der *Cenote* nicht allein als Wasserreservoir gedient hatte. Unter den sakralen Funden befanden sich eine Flöte, einige Statuetten, menschliche Gebeine und seltsamerweise auch Fächerkorallen, die nur in

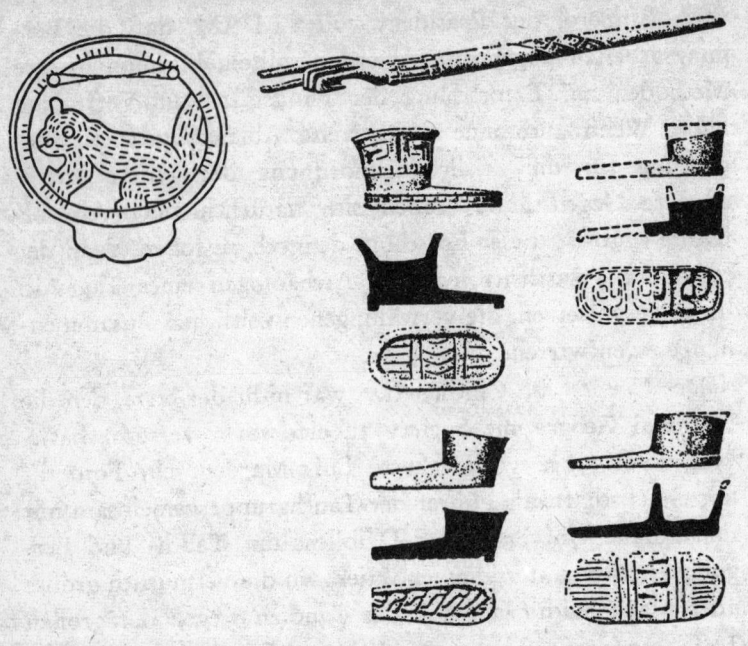

Abb. 18 Seltene Holzartefakte aus dem Cenote von Dzibilchaltun (aus dem Buch von E. Wyllys Andrews).

Korallengewässern vorkommen und deshalb aus rituellen Gründen in den *Cenote* geworfen worden sein mußten.

Daß solche Funde, die so wichtige Aufschlüsse über den Handel, die Technik und die Religion der Mayas geben, nur in den *Cenotes*, in die man sie versenkte, zu finden sind, liegt auf der Hand. Weniger bekannt ist die wichtige Rolle, die ähnliche Bergungsaktionen unter Wasser bei der Erweiterung unseres Wissens über die antike Kunstgeschichte gespielt haben. Heutzutage kennt man die meisten der griechischen Skulpturen oft nur durch römische Kopien oder durch überlieferte Beschreibungen. Die überwiegende Mehrzahl der zahllosen griechischen Statuen ist von Menschenhand vernichtet worden. Bronzen wurden eingeschmolzen, Marmor in Öfen zu Kalk gebrannt. Die frühesten Kultstatuen, als *Xoana* bekannte Holzfiguren, sind mit Ausnahme von drei Exemplaren, die aus dem 7. oder 6. vorchristlichen Jahrhundert stammen, völlig verlorengegangen, und diese drei wurden gut erhalten in einer Schwefelquelle bei Palma di Montechiaro auf Sizilien gefunden. So liegt die einzige Hoffnung, daß die langsam wachsende Liste der Originale, die der Zerstörung entgangen sind, beträchtlich erweitert werden könnte, buchstäblich »im Wasser«.

Aus der archaischen Periode, vor der Zerstörung der Akropolis durch die Perser (480 v. Chr.), existierte bis vor kurzem nur eine große Bronzestatue, und auch deren Datierung war nicht völlig gesichert. Doch dann wurde in der Nähe des Hafens von Piräus eine ganze Gruppe von Bronzestatuen entdeckt. Aber selbst die vorher erwähnte »einzige« und bis dahin so wertvolle Plastik des Apolls von Piombino wurde 1812 von einem Fischer vor der etrurischen Küste in der Nähe der antiken Stadt Populonium mit dem Netz an Land gezogen. Heute steht die Statue im Louvre, wo einer der Kuratoren ihr die Ehre einräumte, im *Salles des Bronces* zu stehen. Wie oft bei solchen Funden streiten die Gelehrten sich noch heute über ihre historische Datierung. Wenn es sich wirklich um ein Original aus dem Anfang des 5. Jahrhunderts vor Christus handelt, dann besitzen wir hier eine der ersten griechischen Statuen überhaupt, die mit dem Guß in der »verlorenen Form« hergestellt wurde, mit der gleichen Technik, mit der man noch heute Hohlbronzen gießt. Aber selbst wenn es sich um eine Statue römischer Herkunft aus dem ersten vorchristlichen Jahrhundert handelt – wie Brunilde Ridgway vom Bryn Mawr College kürzlich behauptete –, bleibt der Fund einzigartig genug. Denn damit wäre erstmals bewiesen, daß die Römer daran interessiert waren, archaische griechische Kunst zu kopieren, ja, daß sie sogar eine archaische Inschrift angebracht hätten, um die Statue als echte Antiquität auszugeben. Mußte sogar schon der römische Sammler vor betrügerischen Händlern auf der Hut sein?

In der Zeitspanne, die zwischen der Niederlage der Perser bei Salamis (480 v. Chr.) und der Herrschaft des Perikles (449–429 v. Chr.) liegt, machte die griechische Kunst einen Entwicklungsprozeß durch, der vom archaischen zum klassischen Stil führte. Dabei trat Bronze an die Stelle von Marmor, sie wurde zum beliebtesten Material (eine Untersuchung der Widmungen auf der Akropolis in Athen ergab, daß nach der Schlacht von Salamis nur noch drei Sockel für Marmorstatuen vorhanden waren), und ein Meister wie Myron, der größte der frühklassischen Bildhauer, konnte so kunstvoll gießen, daß, so sagte man, Menschen und Tiere glaubten, wenigstens eine seiner Schöpfungen sei vom Hauch des Lebens erfüllt. Leider besitzen wir aus dem 5. Jahrhundert nur zwei Monumentalbronzen im Original: den Wagenlenker von Delphi und den Poseidon oder Zeus, der bei Kap Artemision im Norden Euböas aus dem Meer gefischt wurde, und wir müssen uns damit zufriedengeben, die restlichen Statuen nur durch ihre römischen Kopien zu kennen.

Eines der beiden eben erwähnten Originale, der Poseidon oder Zeus, dürfte ein Werk des Kalamis sein, der einer der bemerkenswertesten Zeitgenossen Myrons war. Diese Vermutung ist zwar umstritten, aber ohne Unterwasserforschung wäre es nicht einmal zu diesem Streit gekommen.

Eine griechische Bergungsaktion, die Alexander Benakis 1928 unterstützte, förderte eine Statue zutage, nachdem einer ihrer abgebrochenen Arme bereits vorher von griechischen Schwammtauchern entdeckt worden war. Glücklicherweise wurde der Plan einiger Antiquitätenhändler, den Fundort zu plündern, vereitelt. Die Statue war jedoch nicht der einzige Bronzefund; es folgten ein lächelnder hellenistischer Reiter und Teile eines galoppierenden Pferdes. Die gefundenen Tonscherben datieren das Schiffswrack in die Zeit um Christi Geburt, und Teile des hölzernen Schiffsrumpfes lassen vermuten, daß der Rest des Schiffes und ein Teil seiner Ladung noch heute im Schlamm begraben liegen. Welche anderen Schätze das Schiff noch transportiert haben mag, wissen wir nicht. Einer der mit einem Taucherhelm arbeitenden Schwammtaucher starb nämlich an einer Embolie, nachdem er aus 42 Meter Tiefe zu schnell aufgetaucht war, und die Bergungsarbeiten wurden abgebrochen.

Die großen Meister griechischer Bildhauerei in der zweiten Hälfte des 5. Jahrhunderts waren Phidias und Polykleitos; sie schufen die meisten ihrer heute verlorenen Werke ebenfalls aus Bronze. Das Genie des Phidias – er war bei den unter Perikles entstandenen Bauten der künstlerische Berater gewesen –, können wir an den Skulpturen des Parthenon ermessen, die unter seiner Anleitung von anderen Künstlern gemeißelt wurden. Von seinen persönlichen Arbeiten besitzen wir nur römische Kopien.

Zu seinen Hauptwerken zählten zwei riesige kultische Statuen aus Gold und Elfenbein: Zeus in Olympia und die Athene im Parthenon. Durch literarische Überlieferung weiß man, daß auf dem gigantischen Schild der Athene unter anderem Szenen aus der Schlacht mit den Amazonen dargestellt waren, die der Sage nach auf der Akropolis stattgefunden hatte. Durch verkleinerte römische Kopien waren diese Szenen bekannt. Doch dann gelangte 1930 ein ganzer Satz von Marmorfriesen ans Tageslicht, der das Schlachtgetümmel in derselben Größe wie wohl auf dem Schild der Athene zeigte und der uns eine weit bessere Vorstellung vom Stil des Bildhauers vermittelte. Im Hintergrund erkannte man deutlich Felsen und Wälle der Akropolis, was die Echtheit der Szene zu beweisen schien. Diese Kopien waren zusammen mit anderem Handelsgut aus einem flachkieligen Schiff geborgen worden, das im 2. Jahrhundert nach Christus im Hafen von Piräus in Brand geraten und gesunken war. Wie bei jeder Bergungsaktion mag man sich auch hier fragen, was der Schlamm des Hafens noch heute alles birgt.

Die traurige Liste längst verschollener Kunstwerke setzt sich bis ins 4. Jahrhundert, bis in die Zeit des Skopas, Praxiteles und Lysippos fort. Skopas kennen wir nur von den Fragmenten einiger Gebäude, an denen er zusammen mit anderen Bildhauern arbeitete. Von Praxiteles Werken besitzen wir nur spätere Kopien, und mit großer Sicherheit gehört auch der 1877 in Olympia entdeckte marmorne Hermes dazu, es sei denn, »daß durch einen unglaublichen Zufall«, wie Rhys Carpenter schrieb, »doch ein Werk des Praxiteles im Orginal erhalten geblieben ist, was man nämlich bei dem Bronzeknaben von Marathon vermutet«. Bis die Skulptur 1925 zusammen mit Holzteilen aufgefischt wurde, hatte sie auf dem Grund der Bucht von Marathon gelegen, vielleicht als kleiner Teil einer Fracht, die künftiger Entdeckung harrt. Heute ist die Statue eines der schönsten Stücke des Nationalmuseums in Athen.

Lysippos war der letzte der großen klassischen Meister, ein überaus fruchtbarer Künstler, der – nach den Berichten des Plinius – über 500 Statuen schuf. Doch besitzen wir,

2

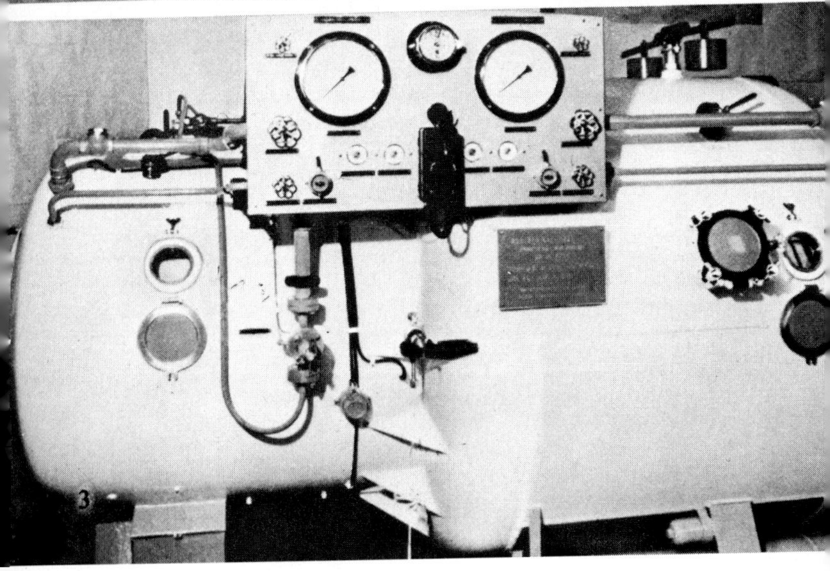

3

5

6

8

9

10

11

12

13

14

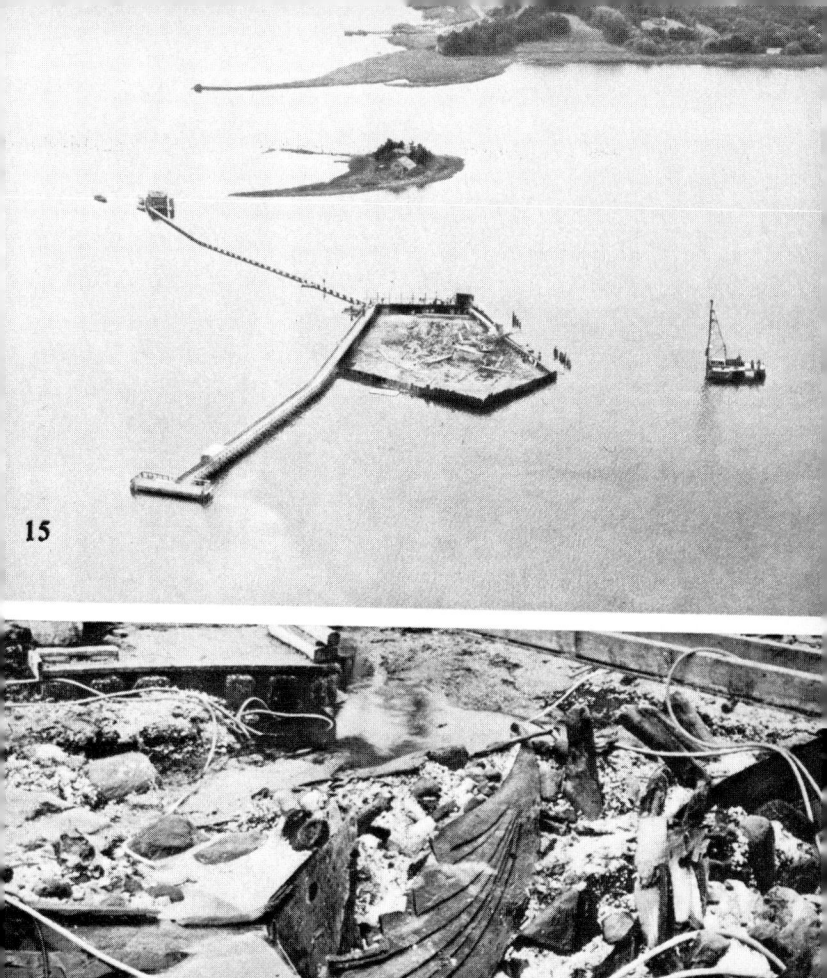

18

19

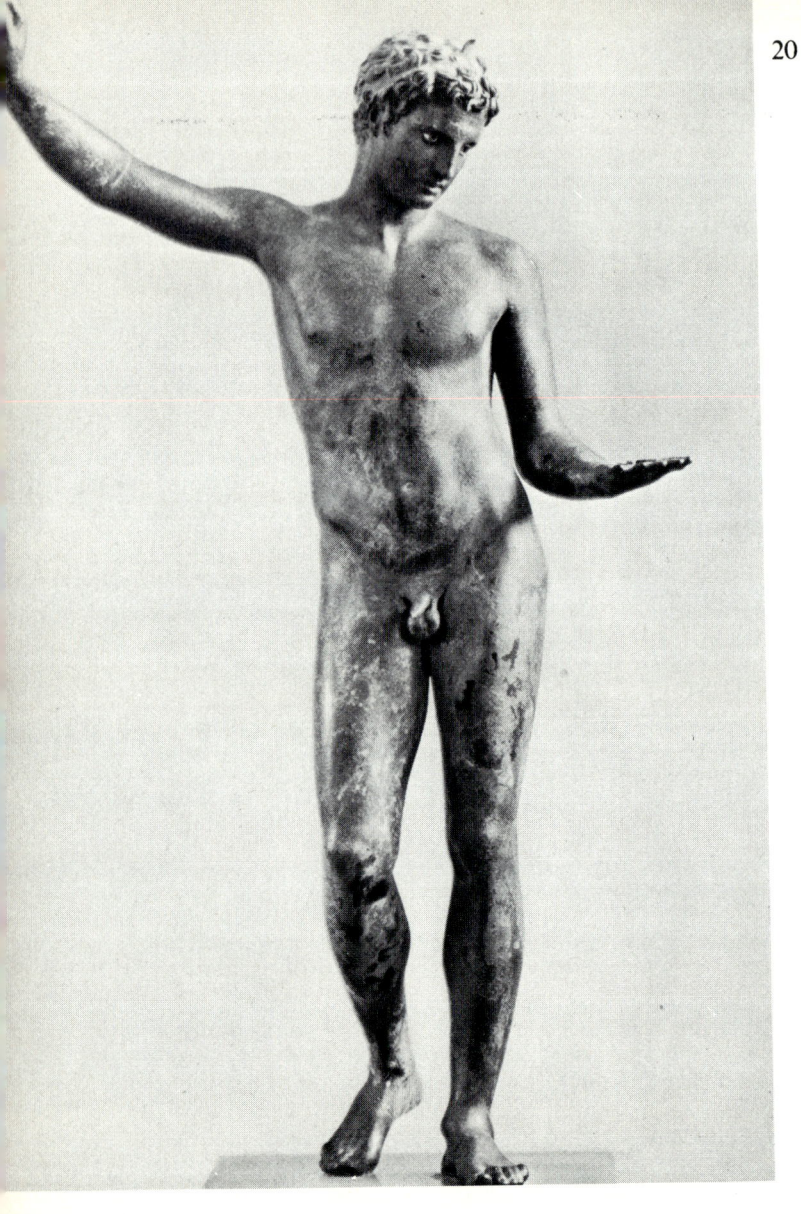

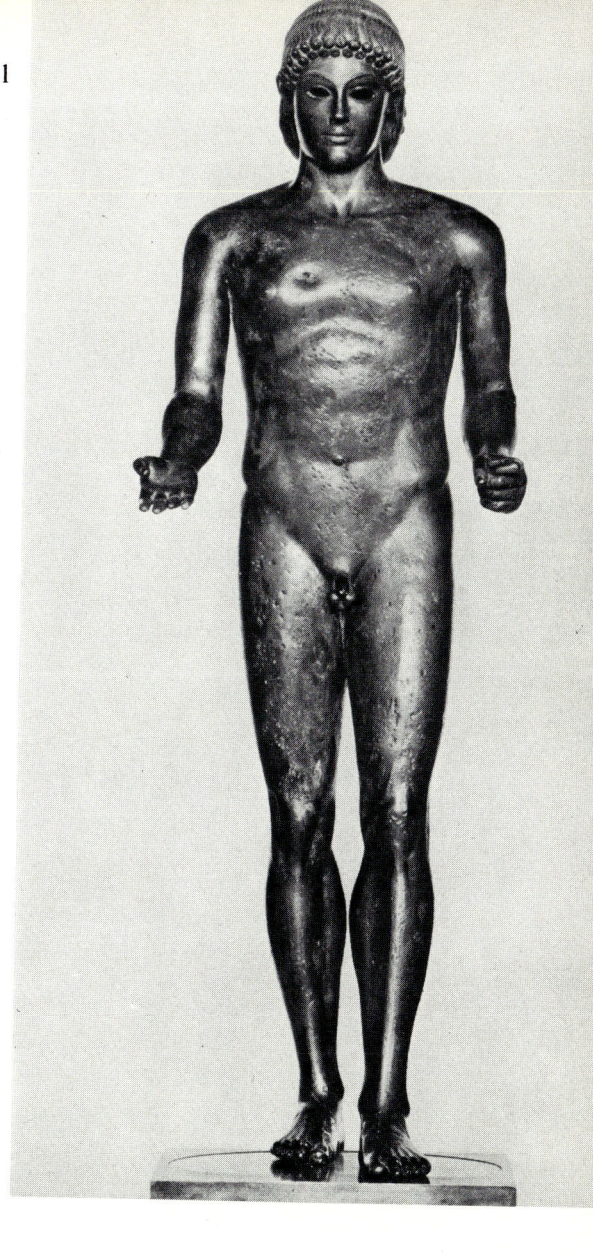

23

24

25

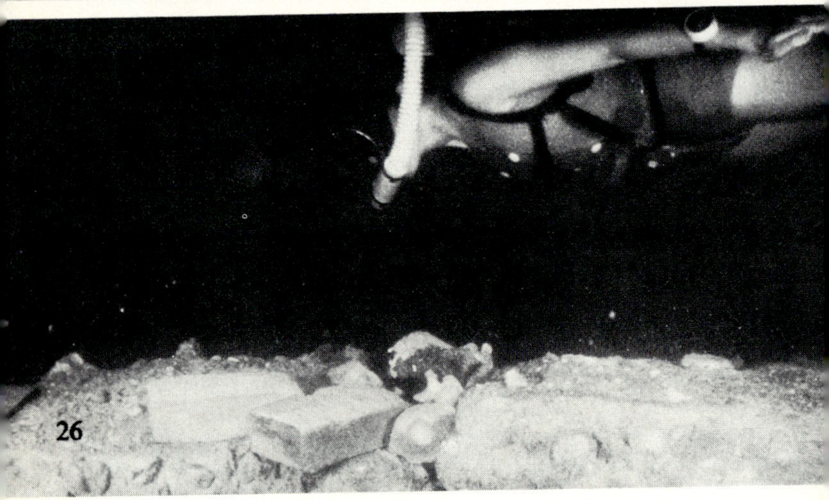

26

möglicherweise mit einer Ausnahme, noch nicht einmal eine römische Kopie, die ohne Zweifel seinem Werk zugeordnet werden könnte. Diese Ausnahme ist vielleicht der berühmte Jüngling von Antikythera, den George Lippold für die Kopie eines Lysippos-Originals hält und der nach seiner Restaurierung im Nationalmuseum Athen auch von Vagn Poulsen, dem Direktor der Kopenhagener Nys Carlsberg Glyptothek, dem jungen Lysippos, wenn auch mit Einschränkungen, zugeschrieben wurde. Dabei ist diese Statue die einzige vorhandene große Bronzeplastik aus dem ersten Quartal des vierten Jahrhunderts überhaupt. Dieser Jüngling war nur ein Teil einer antiken Fracht, die nahe dem winzigen Eiland von Antikythera, südlich des griechischen Festlandes, entdeckt wurde. Die Geschichte der Entdeckung und Erforschung dieses Fundortes verdient einen festen Platz in den Annalen der Unterwasser-Archäologie, denn hier geschah es zum erstenmal, daß Taucher im Mittelmeer zu einem antiken Schiff hinabtauchten und mit den Problemen seiner Ausgrabung konfrontiert wurden.

Im Frühjahr des Jahres 1900 suchte ein griechisches Schwammboot auf der Rückkehr von Nordafrika in der Nähe von Antikythera Zuflucht vor einem Sturm. In der Hoffnung, den Zwangsaufenthalt gut zu nutzen, stieg einer der mit Helmen arbeitenden Taucher nach unten und suchte nach Schwämmen. Statt der erhofften Beute fand er eine Reihe vom Sand teilweise begrabener Bronze- und Marmorstatuen. Als Beweis für seine Entdeckung förderte er zunächst einen überlebensgroßen Bronzearm an die Oberfläche. Demetrios Kondos, der Kapitän des Schwammbootes, tauchte daraufhin ebenfalls, um sich von dem Fund zu überzeugen. Wieder an Bord beschloß er, zurück ins heimische Syme zu segeln, um sich dort mit anderen Schwammtauchern über den weiteren Verlauf der Dinge zu beraten. Man kam überein, die griechischen Behörden zu unterrichten (wobei der Bronzearm wieder als Beweis diente), und bald war eine offizielle Bergungsexpedition organisiert.

Durch ungünstiges Wetter behindert, tauchten die Männer nur zweimal am Tag für fünf Minuten bis in die gefährliche Tiefe von 54 Metern. Dennoch starb ein Taucher, und zwei andere wurden durch die Caissonkrankheit für immer gelähmt. Noch waren die Methoden dieser Amateur-Taucher sehr primitiv. Ungelenk bewegten sie sich über den Meeresgrund und wühlten in Sand und Schlamm nach Gegenständen, die sie zum Transport an die Oberfläche an Seile banden. Mehr als einmal rissen die Seile, und die Funde torkelten in noch tieferes Wasser, wo man sie überhaupt nicht mehr erreichen konnte. Natürlich wurde auch gar nicht versucht, Lagepläne anzufertigen, und keiner der die Arbeiten überwachenden Archäologen tauchte selbst. Da keine Fotografien oder Zeichnungen existieren, können wir uns leider keine Vorstellung von der Beschaffenheit der Fundstellen mehr machen. Trotz allem aber war die Bedeutung dieser Funde unabsehbar.

Der Jüngling war nicht die einzige Originalbronze. Ein bärtiger Kopf, vermutlich das Porträt eines Philosophen aus dem 3. Jahrhundert vor Christus, wurde neben kleinen Plastiken aus dem 5. vorchristlichen Jahrhundert und einem mit Tierköpfen verzierten Bronzebett an die Oberfläche gebracht. Andere Fragmente bronzener Statuen, darunter wahrscheinlich der mit einem faltigen Gewand bekleidete Körper des »Philosophen«, wurden zwar von den Leuten des Kapitäns Kondos gesichtet, konnten aber nicht geborgen werden. Weniger gut erhalten, ja, im Grunde genommen von Seelebewesen fast völlig zerfressen, waren 36 Statuen, 33

Fragmente von Armen und Beinen sowie vier Pferde, alle aus Marmor. Diese Reste befinden sich heute im Hof des Nationalen Archäologischen Museums von Athen, wo man viele als Kopien bekannter Originale identifizierte, darunter auch eine Kopie des Herakles. Besonders diese Funde verraten uns wichtige Details über die Anfänge der Kopiertechnik. Die Vorliebe der Römer für griechische Skulpturen und der Wunsch, diese auch zu besitzen, verringerte so schnell den Vorrat an Originalen, daß die Nachfrage nach Kopien sprunghaft anstieg. Die Marmorstatuen von Antikythera, die ursprünglich für irgendeine römische Stadt bestimmt gewesen waren, gehören nach G. Roger Edwards' Urteil »zu den ersten Kopien, die durch Punktierung hergestellt worden sind.« Edwards, ein Mitglied der University of Pennsylvania, führte ferner aus: »Mit diesen Methoden erreichte man eine überzeugende, naturgetreue Wiedergabe der Originale, die weniger werkgetreuen Kopien sind nach freiem Augenmaß entstanden.«

Nicht nur Kunsthistoriker haben vom Wrack bei Antikythera profitiert, sondern auch die Wissenschaftler, die sich mit der Geschichte der Technik befassen. Ein Mechanismus aus Zahnrädern, Skalen und Metallplatten ist in mehr oder minder verrostetem und verkrustetem Zustand geborgen worden. Nach vorsichtiger Restaurierung im Griechischen Nationalmuseum identifizierte Derek Price diesen Mechanismus als einen kompletten astronomischen Computer, mit dem man die Stellung der Sterne, der Sonne, des Mondes und anderer Planeten berechnen konnte. Price schrieb: »Es ist nicht nur das einzige wirklich wissenschaftliche Instrument aus klassischer Zeit, das uns jetzt bekanntgeworden ist (mit Ausnahme einfacher Meßgeräte natürlich, wie Maßstäbe und Waagen), sondern es gibt in der ganzen Literatur weder Berichte noch überhaupt irgendwelche Hinweise, die uns die Existenz eines derart komplizierten Mechanismus in dieser Zeit hätten vermuten lassen.«

Unter den kleinen Funden von Antikythera befanden sich herrliche Glasgefäße, ein goldener Ohrring in Form eines Leier spielenden Eros, das Tischgeschirr der Mannschaft, Vorratskrüge und Lampen. Die unabhängig vorgenommene Datierung der Funde hat ergeben, daß das Schiff zwischen den Jahren 80 und 65 vor Christus gesunken sein muß, und eine derart exakte Zeitbestimmung vergrößert natürlich den wissenschaftlichen Wert der aufgefundenen Fracht beträchtlich. Die Bürger von Syme erhielten als Entschädigung für ihre Bergungsanstrengungen von der Regierung die bedeutende Summe von 150 000 Drachmen.

Edwards führte weiter aus: »Allein die Bronzestatuen des ›Philosophen‹ und des Jünglings waren die Mühen der Bergung wert, aber meiner Meinung nach sind die Archäologen der verschiedensten Spezialgebiete, abgesehen vom allgemeinen Interesse an den Statuen, sicher mindestens ebenso für die kleineren Funde dankbar, denn der Nutzen selbst kleinster Objekte, die zeitlich bestimmbar sind, kann, wie jeder Altertumsforscher weiß, gar nicht hoch genug veranschlagt werden.«

Dem Meer verdanken wir auch ein anderes Original aus dem 4. Jahrhundert, nämlich die faltengeschmückte Büste der Demeter, die heute im Archäologischen Museum in Izmir aufgestellt ist. Dem Schwammfischer Ahmet Erbil geriet die Plastik in einer Tiefe von ungefähr 90 Metern ins Netz. Sie lag dann am Strand bei Bodrum, bis der Altertumswissenschaftler George Bean sie 1953 dort entdeckte. Dieses erlesene Kunstwerk zeigt nicht nur eine enge Verwandtschaft mit der vom nahe gelegenen Knidos stammenden marmornen Demeter des Britischen Museums, sondern der Stil des Faltenwurfs ihres Gewandes verleiht diesem Fund auch noch eine zusätzliche archäologische Bedeutung. Ein Überblick über die Entwicklung der Stile des Faltenwurfs ist für die richtige Datierung einer Statue von äußerster Wichtigkeit, und bisher basieren unsere spärlichen Kenntnisse über die Stilrichtungen des 4. vorchristlichen Jahrhunderts fast ausschließlich auf Reliefs oder römischen Kopien. Die meisten Bronzestatuen jener Zeit sind leider Darstellungen nackter männlicher Gestalten.

Peter Throckmorton und Mustafa Kapkin führten mit den Kapitänen einheimischer Schwammboote endlose Diskussionen über die Lage antiker Wracks an der türkischen Küste, und schließlich fanden sie heraus, daß etliche Holz- und Bronzefragmente von der gleichen Fundstelle stammen, an der früher die Demeter geborgen worden war. Mittlerweile plant das University of Pennsylvania Museum, das Wrack und seine Fracht mit einer Fernsehkamera zu suchen. Zur gleichen Zeit hofft man, eine auf einen Schlitten montierte Fernsehkamera über eine tiefer gelegene Fundstelle schleppen zu können, die erst kürzlich die Bronzestatuen eines frührömischen Negerjungen und einer Glücksgöttin preisgab. Die Statuette des Knaben war von Mehmet Imbat, einem Neffen Ahmet Erbils, aus dem Wasser gezogen worden, und zwar mit dem gleichen Schwammboot, mit dem auch die Demeter geborgen worden war. Imbat übergab den Fund dem neuen Museum für Unterwasser-Archäologie in Bodrum, wo er heute ausgestellt ist.

Eine andere Schiffsfracht mit hellenistischen Kunstwerken ging rund fünf Kilometer vor der tunesischen Küste in der Nähe von Mahdia verloren. Die Geschichte dieses Fundes ähnelt stark der der Bergungsaktion vor Antikythera. Beide Schiffe sanken in der ersten Hälfte des 1. vorchristlichen

Jahrhunderts (das Mahdia-Wrack ging etwas früher unter), beide wurden von griechischen Schwammtauchern im ersten Jahrzehnt unseres Jahrhunderts entdeckt, und beide lieferten riesige Mengen griechischer Kunstwerke. Im Bardo Museum von Tunis sind die Funde von Mahdia in fünf Räumen untergebracht. Die beiden Unglücksschiffe mögen nach Italien unterwegs gewesen sein, aber das Ziel des bei Mahdia gefundenen Schiffes bleibt ungewiß, und vielleicht lag der Bestimmungshafen auch in Nordafrika.

Ein großer Teil der Mahdia-Fracht ruht weiter unter den Wellen, denn sie bestand aus schweren Stücken wie Sockeln,

Abb. 19
Bronzestatuette
eines tanzenden Zwerges von Mahdia
(nach W. Fuchs).

Kapitellen und über 60 Marmorsäulen. Das schönste der geborgenen Stücke ist ein geflügelter Eros oder Agon aus Bronze. Aber man fand auch Bronzefigürchen tanzender Zwerge, verschiedene Hermen, einen eilenden Satyr sowie Bronzebeschläge zur Dekoration von Möbeln, riesige Bronzekannen und Kandelaber. Eine Herme aus Bronze, das Werk des griechischen Bildhauers Boëthos von Chalkedon, ist einer der wenigen signierten Kunstfunde aus hellenistischer Zeit. Wie üblich wurden auch Terrakottagefäße und Lampen im Überfluß aufgefunden. Da diese Gegenstände noch unangetastet waren, konnte man sie leicht datieren. Die gefundenen Marmorskulpturen gaben, ähnlich wie die von Antikythera, wertvolle Aufklärung über die Anfänge der Kopiertechnik mit der Punktiermethode. Einige Hinweise lassen sogar darauf schließen, daß manche Originale unmittelbar nach ihrer Fertigstellung kopiert worden sind, vielleicht sogar in der gleichen Werkstatt. Und der bronzene Agon, der sich in einer für Statuen typischen Haltung an eine Stütze lehnt, läßt zudem noch die Vermutung zu, daß zu jener Zeit bereits Marmorstatuen aus Bronze in Marmor und umgekehrt solche aus Marmor in Bronze kopiert wurden. An Bord des Schiffes fand man griechische Inschriften, die aus Tempeln des 4. vorchristlichen Jahrhunderts in Piräus stammten, und man kann annehmen, daß das Schiff von Athen aus seine Fahrt angetreten hatte. Deshalb glaubt Alfred Merlin, der Leiter der Bergungsarbeiten von Mahdia, auch, die Ansicht vertreten zu können, daß »die Hersteller solcher Kopien nicht, wie man immer angenommen hatte, nach Italien ausgewandert, sondern in Griechenland oder direkt in Athen geblieben waren, und daß von dort aus bis in das letzte Jahrhundert der römischen Republik Tausende von Schiffsladungen voll Statuen, Säulen, reich verziertem Mobiliar und erlesenem Schmuck zur italienischen Halbinsel exportiert wurden«.

Von 1908 bis 1913 wurden unter Leitung von Merlin vom Tunesischen Departement für Altertümer in fünf Bergungsetappen zu je drei Monaten die Arbeiten bei Mahdia durchgeführt. Trotz Unterstützung der Regierung und der französischen Marine sahen sich die griechisch-türkischen Schwammtaucher fast unlösbaren Problemen gegenüber, als sie auf offener See bis zu einer Tiefe von 33 Metern tauchen mußten. Aber mit der damaligen Aktion war die Erforschung des Wracks, das noch einmal eine wichtige Rolle in der Geschichte der Unterwasser-Archäologie spielen sollte, nicht beendet. 1948 unternahm eine französische Unterwasser-Forschungsgruppe (G.E.R.S.), unter der gemeinsamen Leitung von Tailliez und Cousteau, die ersten archäologischen Tauchversuche mit den gerade erst erfundenen Atemgeräten, den Aqualungen. Und noch 1954/55 vermaß der Tunesische Klub für Unterwasserstudien den Fundort, als Teile des Schiffsrumpfes untersucht und ausgegraben wurden.

Die Liste verlorengeglaubter klassischer Altertümer, die in allen Teilen des Mittelmeeres wiedergefunden wurden, ist lang. An dieser Stelle seien nur von vielen repräsentativen Funden einige wenige erwähnt. Eine Marmor-Aphrodite aus dem 2. Jahrhundert vor Christus wurde 1929 in der Nähe von Rhodos der See entrissen. Vier Bronzeporträts, darunter die von Homer und Sophokles, waren im 18. Jahrhundert bei Livorno aufgefunden und später dem Archäologischen Museum in Florenz übergeben worden. Einen einhundertzwanzig Zentimeter hohen bronzenen Poseidon aus den Anfängen des 5. vorchristlichen Jahrhunderts entdeckte man im seichten Wasser bei Kreusis in Böotien. Er war von einem Altar herabgefallen. Im flachen Wasser nahe Eleusis barg man die Bronzeplastik eines Knaben. Er steht heute in Berlin. Ein hellenistischer Bronzepanther wurde 1949 bei Monaco im Rumpf eines Schiffes gefunden, das aus dem 1. Jahrhundert vor Christus stammte. Der bronzene Rammsporn eines kleinen Kriegsschiffes kam kürzlich vor der nordafrikanischen Küste zum Vorschein. Griechische Helme sind mit Netzen vor der türkischen Südküste aufgefischt worden. Ein römischer Sarkophag wurde vor der spanischen Küste gehoben, und Tonscherben und Ankerteile werden praktisch jeden Tag entdeckt.

Aber nicht nur unser Wissen über das klassische Zeitalter Griechenlands wurde durch solche Bergungsaktionen bereichert, auch dem Studium der Bronze- und Eisenzeit im Mittelmeer wie in Nordeuropa haben solche zufälligen Funde genützt.

1923 war eine Ladung bronzener Gegenstände, darunter Schwerter, Speer- und Pfeilspitzen sowie Fibeln, aus den

Überresten geborgen worden, die vermutlich zu einem in der Flußmündung bei Huelva gesunkenen Schiff gehörten. Diese Stücke schienen im 7. Jahrhundert vor Christus verlorengegangen zu sein, obgleich viele Metallgegenstände seit langem nicht mehr benutzt worden waren und wohl verschrottet werden sollten. Die Bedeutung des umfangreichen Fundes liegt in der Verschiedenartigkeit der Gegenstände und in der Tatsache, daß in anderen Gebieten die gleichen Gegenstände gefunden worden sind: die Schwerter ähneln denen, die in der späten Bronzezeit an der ganzen Atlantikküste bis nach England üblich waren, die Äxte gleichen sardinischen Mustern, und die Fibeln könnten aus dem östlichen Mittelmeer stammen. So haben wir nicht nur den Beweis für die weitausgedehnten Handelsbeziehungen dieser Epoche, sondern wir können die einzelnen Epochen in den verschiedensten Regionen zeitlich einander zuordnen. Die Vermutung, daß sich damals eine Handelsroute vom Mittelmeer bis zum Atlantik hin erstreckte, wird nach Meinung des bekannten britischen Experten C. F. C. Hawkes auch durch den Fund einer Bronzeaxt sizilianischen Ursprungs, die 1937 bei Hamshire von einem Fischer an Land gezogen wurde, gestützt.

Wenn wir den Blick nach Norden richten und ein wenig in den Seiten der *Proceedings of the Prehistoric Society* blättern, dann sind wir überrascht, wie viele Unterlagen für J. D. Cowens Studien »Die Schwerter der Bronzezeit in Nordeuropa und England« aus Flüssen stammen: aus der Themse, dem Rhein, der Saône, Weser, Nahe, Schelde und Seine. Das gleiche trifft auch für die Untersuchung von Sir Cyril Fox »Die Verbreitung bronzener Sicheln auf den britischen Inseln« und in geringerem Maße für seine Forschungen über dekorative Verzierungen an Bronzeäxten und für die Klingen der Bronzezeit zu.

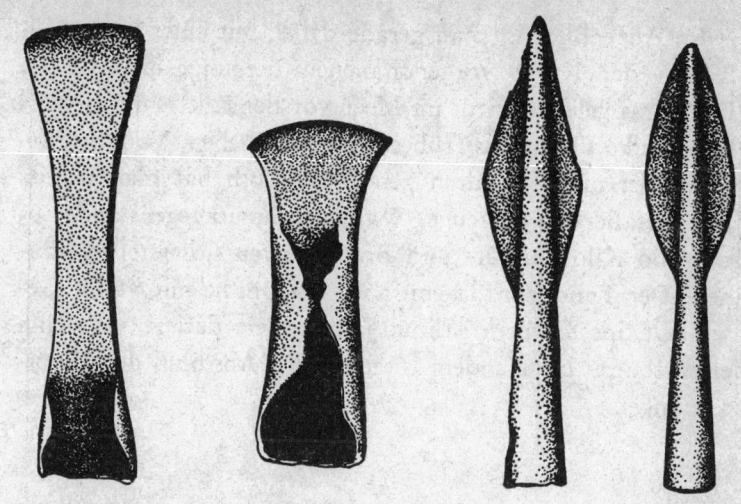

Abb. 21 Bronzegeräte aus dem Wrack von Béziers (nach Fotografien von A. Bouscaras).

Man kann nur vermuten, welchen Aufgaben sich die vorgeschichtliche Archäologie bei der Suche nach Unterwasser-Funden gegenübergestellt sehen wird. Töpfereiwaren aus der frühen Bronzezeit bis hin zur Eisenzeit sind in den letzten Jahren in Fischernetzen vor der israelischen Küste gefunden worden. Zu Beginn dieses Jahrhunderts stolperten griechische Schwammtaucher über eine Fracht aus Kupferbarren in der Bucht von Antalya vor der türkischen Südküste, und andere Taucher entdeckten in Euböa einen ähnlichen Fund bei den Bauarbeiten für den neuen Hafen von Kyme. Die Form der Barren ließ vermuten, daß die beiden Funde aus einer früheren Zeit stammten als die bei Kap Gelidonya geborgenen Kupferbarren. Sie sind wohl in das 5. Jahrhundert einzuordnen. Alle diese neuen Fundplätze aber dürften bei intensiver Untersuchung unsere Kenntnisse über den Seehandel der Antike erweitern.

Im Augenblick ist man gerade dabei, mit einer nach allen Regeln der Kunst vorgenommenen Bergung, die von A. Bouscaras geleitet wird, im Meer vor der Küste von Béziers eine antike Fracht aus frühester Zeit zu heben. Vom Schiffsrumpf ist nichts erhalten geblieben. Doch hat man bereits 760 metallene Werkzeuge, Waffen, Schmuckgegenstände sowie 600 Kilo Kupfer- und Bronzebarren sicherstellen können. Der Fund wird, wenn auch noch nicht mit voller Gewißheit, ins 8. vorchristliche Jahrhundert datiert, und man erwartet mit brennendem Interesse den Abschluß der Untersuchungen.

Karten und Skizzen versunkener Stätten

Die wichtigste Aufgabe des auf dem Land arbeitenden Archäologen ist die Aufzeichnung aller Details vor und während der Ausgrabungsarbeiten. Nur so kann seine Analyse der Funde auch von anderen Wissenschaftlern beurteilt werden, die den Fundort nur auf Grund von Veröffentlichungen kennenlernen, und ohne solche Aufzeichnungen ist eine Ausgrabung nichts anderes als ein Suchen und Sammeln von Altertümern. Die Techniken der Fundaufzeichnung sind natürlich je nach Art des Fundortes verschieden. Bei der Kartierung einer römischen Oasenstadt, die sich über ein weites Wüstengebiet erstreckt, kann man nicht mit der gleichen Ausrüstung arbeiten wie bei der Ausgrabung eines Etruskergrabes oder einer altsteinzeitlichen Felsenhöhle. Gleichermaßen unterschiedlich sind die Methoden bei allen unter Wasser gelegenen Fundplätzen: Größe, Klarheit des Wassers und die Tiefe sind wichtige Faktoren, die berücksichtigt werden müssen.

Viel läßt sich bei weiträumigen Fundstellen in Erfahrung bringen, wenn man all das, was der Wüstensand oder der Meeresschlamm nicht zugedeckt haben, kartiert, bevor man mit der Ausgrabung beginnt. Als Père Poidebard zwischen 1935 und 1937 die Hafenanlagen von Tyrus untersuchte, waren Lage, Größe und Konstruktion dieses berühmten phönizischen Hafens völlig unbekannt. Obwohl der französische Jesuit noch ohne Aqualunge, die erst noch erfunden werden mußte, arbeitete, benutzte er sonst alle anderen Hilfsmittel, die ihm seine Regierung zur Verfügung stellen konnte. Luftaufnahmen enthüllten die Ruinen im seichten Wasser. Mit Taucherhelmen ausgerüstete Forscher, die hin und wieder von einem ortsansässigen Nackttaucher geführt wurden, vermaßen die Hafenmolen und machten zum erstenmal in der Geschichte der Archäologie Unterwasser-Fotografien vom Mauerwerk. Die geringe Tiefe erlaubte eine Markierung der wichtigsten Punkte mit Bojen, die man dann sehr einfach über Wasser vermessen konnte. Bemerkenswerterweise machte Poidebard auch durch einen Eimer, in den er einen Glasboden eingebaut hatte, von der Wasseroberfläche aus Stereofotografien und konnte so die Maueranlagen dreidimensional aufzeichnen und analysieren.

Apollonia, der Hafen der großen griechischen Kolonie Cyrene an der libyschen Küste, wurde 1958 und 1959 von einer Expedition der Universität Cambridge unter Führung von Nicholas Flemming untersucht. Zu dieser Zeit waren in England schon seit rund acht Jahren Aqualungen auf dem Markt, und so konnten sich die Taucher, meist Studenten, frei über den Mauerresten bewegen. Mit Bandmaßen, deren Spulen sie vor der Brust befestigt hatten, nahmen sie Messungen vor, Skizzen und Notizen trugen sie auf einem Plastik-Zeichenbrett ein. Die endgültige Karte aber wurde auf dem nahe gelegenen Festland mit Hilfe der Triangulationsvermessung auf einem Meßtisch gezeichnet. Mit Kopien der Rohskizzen versehen, schwammen die Taucher zu den Hafenanlagen hinunter und stellten an vorherbestimmten Punkten Meßlatten auf. Von seinem Meßtisch aus konnte der Partner an Land durch sein Visier die aus dem Wasser ragenden Stäbe sehen und den Vektor notieren. So wurden bis zu 30 Triangulationspunkte in einer einzigen Tauchaktion nacheinander ermittelt. Mauerdetails wurden unter Wasser vermessen und aufgezeichnet. Als die Meßarbeiten beendet waren, hatte Flemmings Gruppe erstmals einen großen Seehafen, der heute durch eine Senkung des Festlandes oder einen Anstieg des Meeresspiegels halb unter Wasser liegt, kartographisch aufgenommen.

Caesarea in Israel, Sidon im Libanon, Chersonesos auf Kreta und Cherchel in Algerien gehören mit zu den Häfen, die seit der Einführung der Aqualunge mehr oder weniger ins Detail gehend untersucht worden sind. Fast durchweg haben die Vermessungsarbeiten gezeigt, daß frühere Pläne, die oft auf Grund von schriftlichen Überlieferungen angefertigt worden waren, unvollständig oder falsch sind. Der französische Taucher und Schriftsteller Philippe Diolé, der mit seinen Ausführungen über die Möglichkeiten der Aqualunge in der Archäologie große Voraussicht bewiesen hatte, kommentierte die Bedeutung der Arbeiten Poidebards in Sidon und Tyrus, indem er schrieb: »Heute wissen wir, wie groß der Hafen einer römischen Kolonialprovinz rund 200 Jahre vor Christus wirklich war. Jetzt können wir abschätzen, welch riesige Wellenbrecher, oft weit ins Meer hinaus, zum Schutz der Ankerplätze errichtet werden mußten. Wir wissen jetzt, wie der Schiffsverkehr zwischen den einzelnen Hafenbecken aufeinander abgestimmt und nach ausgeklügelten Erfahrungswerten geregelt wurde: verschiedene Kanäle waren verschiedenen Windrichtungen angepaßt, die Anlage der Warendepots, der Wasserbehälter und Arsenale sowie die Installation der Ladegeschirre auf den verschiedenen Kais war genau durchdacht. Manchmal war, wie in Sidon, ein Spülsystem vorhanden, das das Verschlicken des Hafens verhindern sollte. Diese Anlage war von den Phöniziern erbaut worden und wurde später von deren Erben übernommen.«

Die Teile antiker Städte, die einst auf sicherem Festland standen und nach einer Bodensenkung oder einem Anstieg des Wasserspiegels teilweise überschwemmt wurden, sind deswegen nicht weniger wichtig geworden, weil sie heute unter Wasser liegen. Noch vor kurzer Zeit aber wurden die überfluteten Mauern, Türme und Straßen von Archäologen vollkommen ignoriert. Und erst jetzt, nachdem das Tauchen relativ einfacher geworden ist, werden kombinierte Land- und Unterwasserausgrabungen immer häufiger durchgeführt. Bei Kenchreai, dem antiken Hafen von Korinth, hatte eine Expedition der Universitäten Chikago und Indiana versunkene Mauern kartiert. Bei ihrer Arbeit stieß sie auf äußerst ausdrucksvoll gestaltete Mosaiken, die ausgezeichnet erhalten waren, sie fand außerdem Möbel, Elfenbeinarbeiten und Reste von Häuserdekorationen. Eine russische Forschergruppe hat im Schwarzen Meer einen Turm und Mauerreste aufgezeichnet, die höchstwahrscheinlich zu der antiken griechischen Stadt Dioskurias gehörten, deren Überreste heute auf dem Grund der Bucht von Suchumi im östlichen Teil des Schwarzen Meeres liegen müßten. Joan du Plat Taylor vom Archäologischen Institut der Londoner Universität leitet zur Zeit eine Gruppe von Altertumswissenschaftlern bei der Ausgrabung des überfluteten phönizischen Hafens Motya auf Sizilien. Und Michael Jameson hat mittlerweile die Kartierung der peloponnesischen Stadt Halieis auf den Hafen ausgedehnt. Denn nur, wenn auch die versunkenen Teile einer antiken Stadtanlage erfaßt werden, erhalten wir ein vollständiges, der einstigen Wirklichkeit entsprechendes Bild.

Manchmal sind auch ganze Städte bei einem plötzlichen Einbruch der Erdkruste von den Wellen verschlungen worden. So verlief das Schicksal von Helike, das 373/372 v. Chr.

während eines Erdbebens im Golf von Korinth versank. Noch Jahrhunderte später beschrieben Reisende die Statuen und andere Spuren der Stadt, die man im Wasser deutlich erkennen konnte. Heute haben höchstwahrscheinlich die Ablagerungen eines nahe gelegenen Flusses die versunkene Stadt unter Sand und Schlamm begraben. Selbst wenn der sich immer weiter hinausschiebende Küstenstreifen die Stadt oder einen Teil von ihr noch nicht erreicht hat, wäre sie von so dicken Schlamm- und Sandschichten bedeckt, daß die Kartierung, die jeder Ausgrabung vorangehen muß, nur mit Techniken, die den Schlamm durchdringen, bewerkstelligt werden könnte. Bodenprobenbohrer könnten nur bedingt eingesetzt werden, und selbst das nur auf die Gefahr hin, wertvolle, ja einzigartige Kunstwerke zu beschädigen. Die fast sichere Gewißheit, daß in Helike mehr Original-Kunstschätze aus dem 4. Jahrhundert vor Christus gefunden werden können, als bisher jemals überhaupt ausgegraben worden sind, empfiehlt daher den Einsatz von ungefährlichen den Schlamm durchdringenden Schallortungsgeräten, die man im Augenblick noch ständig verbessert.

Elisha Linder von der Gesellschaft für Unterwasser-Archäologie in Israel und Olivier Leenhardt vom Museum für Ozeanographie in Monaco arbeiteten mit dem Edgerton-Schallgerät 1963 im Hafen von Caesarea und beurteilten das Gerät sehr positiv; sie waren aber der Meinung, daß es am günstigsten zusammen mit anderen Suchgeräten, die den Schlamm physisch durchdringen, eingesetzt werden sollte. Ein Schallsuchgerät ist bereits bei der Kartierung der Überreste einer anderen Stadt eingesetzt worden, die bei einem Erdbeben versank. Port Royal, einst Piratenhochburg auf Jamaica und bedeutender Umschlagplatz für den westindischen Handel, wurde am 7. Juni 1692 von einem verheerenden Erdbeben heimgesucht und versank zu zwei Dritteln im Meer. Edwin A. Link, der berühmte Flugtechniker, kam 1956 nach Port Royal, um die Ruinen zu suchen. Links Frau Marion beschrieb ihre Enttäuschung in einem Artikel in der Zeitschrift der National Geographic Society, die später ihre Nachforschungen finanziell unterstützte:

»Zu unserer Überraschung fanden wir an der Stelle, wo einst Gebäude standen, in sechs bis zwölf Meter Tiefe nur flachen Schlammboden, auf dem keine Erhebung die Umrisse einer alten Stadtanlage zeigte. Als wir in der Nähe von Church Beacon mit einem unverhältnismäßig kleinen Bagger den Boden aufgruben, mußten wir eineinhalb Meter tief gehen, bevor wir die ersten Spuren der versunkenen Stadt fanden. Und selbst die unter Schlamm begrabenen dicken Ziegelmauern von Fort James waren schwer auszumachen. Ihr Verlauf deutete sich nur durch einen kaum sichtbaren Höhenunterschied an und wurde durch einen Korallendamm markiert.« Das Ehepaar Link war entschlossen, die alte Stadt zu erkunden, und kehrte 1959 mit einem sorgfältig ausgerüsteten Boot zurück, mit dem 27 Meter langen »Sea Diver«, den man speziell für archäologische Unterwasserforschungen konstruiert hatte. Um einen Überblick zu erhalten, aus welchen Häusern man Gegenstände bergen wollte, zeichnete man mit Hilfe von Echolotmessungen eine vorläufige Karte. Die entdeckten Mauern kennzeichnete man durch Bojen und trug die danach genauer vermessenen Punkte auf einer alten Karte der Stadt ein. Anhand des so gewonnenen Plans brachten Taucher aus dem Fort, aus einem Küchengebäude und einem Schiffsausrüstungsgeschäft zahlreiche Funde ans Tageslicht. Hunderte von Gegenständen aus Kupfer, Messing, Zinn, Eisen, Glas oder Ton wurden

zwischen den zusammengestürzten Ziegelmauern ausgegraben, selbst Holzgegenstände wurden gut erhalten unter der
Schlammschicht, die die Stadt nach dem Untergang sehr
schnell begraben zu haben schien, geborgen. Am meisten
Aufsehen erregte der Fund einer verkrusteten Uhr, die, wie
eine Röntgenuntersuchung bewies, unmittelbar bei Ausbruch
des Erdbebens stehen geblieben war.

Port Royal und andere versunkene Städte und Hafenanlagen bedecken jeweils eine Grundfläche von mehreren
hundert Quadratmetern. Die Methoden, die man zu ihrer
Kartierung benutzte, eignen sich natürlich nicht zur Anfertigung von Plänen kleinerer, häufig sehr flacher Ausgrabungsstätten, die man leicht mit Gitternetzen abdecken kann.

Generationenlang, ja vielleicht über Jahrhunderte hinweg,
haben Menschen die Holzpfähle bemerkt, die aus dem seichten Boden der Seen Süddeutschlands und der Schweiz her-
vorragten. Die Abmessungen wie auch der Zweck einiger
dieser Pfahlansammlungen blieben bis zur Entwicklung der
Tauchtechnik unbekannt. Im Jahre 1957 kam Gerhard
Kapitän in das kleine Dorf Altenhof am Werbellin See, wo
Wissenschaftler vor 50 Jahren die Überreste irgendwelcher
Pfahlbauten gesehen haben wollten. Kapitän hatte vor, das
Geheimnis dieser angeblichen Siedlung zu ergründen. Mit
dürftiger Ausrüstung und ohne Schutz gegen das kalte Wasser
mußte er häufig selbst ohne Atemgerät tauchen, aber dennoch
gelang es ihm und seinen Freunden, einen genauen Lageplan
der Pfahlreste anzufertigen. Sie legten ein Gitterquadrat von
25 Meter Seitenlänge aus, das in 25 Quadrate zu je 5 Meter
Seitenlänge unterteilt war, und befestigten das Gitter mit
Pflöcken auf dem Seeboden. Jeder Pfahlrest wurde nun in
das entsprechende Planquadrat eingetragen, nachdem man
seine exakte Position mit einer Aluminiummeßlatte bestimmt

hatte. Die so unter Wasser gezeichneten Lagepläne wurden nach dem Tauchen maßstabsgerecht auf eine Karte übertragen. Der vollständige Grundriß ließ eine fast viereckige Anlage im See erkennen, die auf einer Seite von einer gekrümmten Pfahlreihe umschlossen wurde, während sich weiter draußen im See noch drei weitere Doppelreihen von Pfählen befanden, die ein anderes Gebäude getragen hatten.

Professor P. Grimms hielt Kapitäns Pläne für den Grundriß einer mittelalterlichen Befestigung, und tatsächlich wurden bei einer von ihm empfohlenen Versuchsgrabung am nächstgelegenen Ufer zahlreiche Tonscherben aus dem 13. und 14. Jahrhundert gefunden. Weitere Tauchaktionen in den Jahren 1958 und 1959 brachten ähnliche Tonwaren aus der gleichen Epoche ans Tageslicht, darunter das Bruchstück eines Silberbechers, das man zwischen den Pfählen fand. Alles deutete darauf hin, daß die Siedlung die Fluchtburg eines Raubritters gewesen ist. Auch zeitgenössische Dokumente erwähnen derartige Wehranlagen im Wasser, und in den örtlichen Legenden, die von Schlössern, die in Seen untergehen, berichten, spiegelt sich vermutlich die Zerstörung von Pfahlbaufestungen durch Truppen, die man gegen die Raubritter ausgesandt hatte.

1960 fertigte Gerhard Kapitän im Auftrag der Deutschen Akademie der Wissenschaften in Berlin einen Plan von den Überresten einer ähnlichen Pfahlbausiedlung an. Diese Anlage befand sich in nur rund zwei Meter Tiefe im Cambser See bei Schwerin. Im vorangegangenen Jahr war Kapitän von einem Fischer auf die Fundstelle aufmerksam gemacht worden, und er hatte ihre Ausdehnung, nachdem mehr als 50 Pfähle durch Behelfsbojen markiert worden waren, vom Boot aus untersucht. Jetzt entfernten er und seine Assistenten die überall wuchernden Wasserpflanzen und kennzeich-

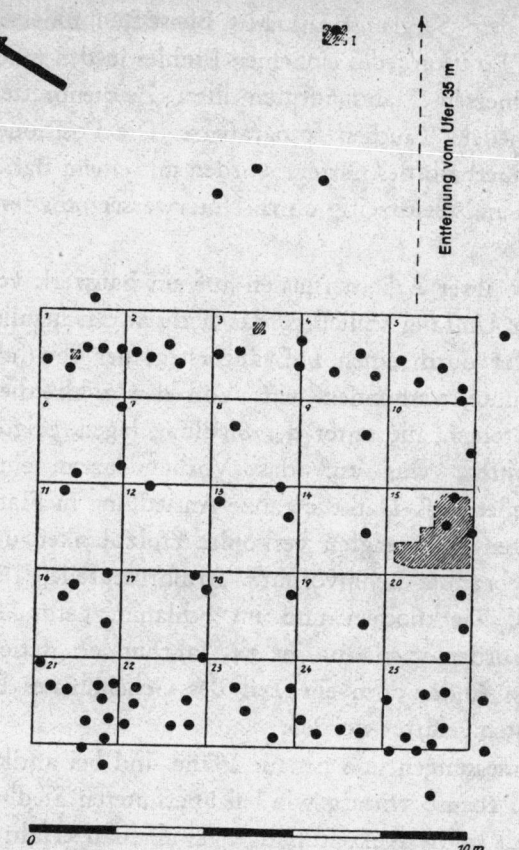

Entfernung vom Ufer 35 m

0   10 m

Abb. 22   Pläne der Holzpfähle im Cambser See (aus dem Buch von Gerhard Kapitän).

neten die Ecken der Fundstellen mit Bojen, um das Gitternetz zu plazieren. Bei dieser Fundstelle arbeitete er mit einem kleineren Gitter von nur 10 Meter Seitenlänge, das im Abstand von je zwei Metern mit Kupferdrähten unterteilt war. Ein vorher ausgemessener Diagonaldraht sorgte dafür, daß das Drahtgitter auch wirklich ein Quadrat bildete, als es schließlich auf dem Seegrund lag. Mit Bleistiften fixierten die Taucher die Position jedes einzelnen Pfahles in den maßstäblich verkleinerten Planquadraten ihrer Zeichenbretter, die man nach jedem Tauchen fotografierte. Die Positionen von Pfählen außerhalb des Gitters wurden mit einem Bandmaß vermessen und gleichzeitig durch Unterwasserfotos festgehalten.

Die Resultate ihrer Arbeiten lassen auf ein Bauwerk von 9 x 9,50 Meter Umfang schließen, das höchstwahrscheinlich mit dem Seeufer durch einen Fußgängersteg, der ebenfalls auf Pfählen ruhte, verbunden war. Von den zahlreichen, meist flachen Steinen, die unter der Siedlung lagen, zeigten viele Brandspuren, was auf das Vorhandensein einer Schmiede schließen ließ. Daß die ganze Ansiedlung in Flammen aufgegangen war, zeigten verkohlte Holzplanken und der zu Ton gebrannte Lehmverputz. Armbrustpfeile, Türangeln, Nägel, Tierknochen und im Schlamm gefundene Tonscherben wurden wiederum ins 14. Jahrhundert datiert. So war letzten Endes doch ein Teil des Geheimnisses um diese Pfahlbauten gelüftet worden.

Exakte Vermessungen und genaue Pläne sind bei antiken Schiffsrümpfen ebenso wichtig wie bei überfluteten Siedlungen. Nur durch solche Aufzeichnungen kann man erfahren, wie Schiffe in den verschiedenen Epochen der Antike konstruiert und wie sie beladen wurden. Selbst die Schichtung einer Fracht kann Aufschlüsse vermitteln, ähnlich wie bei Landfunden, wo »oben« im allgemeinen »später« bedeutet. Wenn ein Wrack syrische Ware geladen hatte, die auf ägyptische Güter gestapelt worden war, dann kann man daraus schließen, daß der Frachter nach einem Hafenaufenthalt in Ägypten Syrien angelaufen hatte. Auf diese Weise erfahren wir etwas über den Kurs des Schiffes, und das führt unter Umständen zu einer Erweiterung unserer Kenntnisse über die Handelswege der Antike.

Manchmal kommt es auch vor, daß mehr als ein Schiff an einem Fundort entdeckt wird, eins über dem anderen, und nur eine peinlich genaue Analyse kann die durcheinandergeworfenen Frachten der einzelnen Schiffe bestimmen. Auf dem schon erwähnten tückischen Riff bei Yassi Ada fanden sich türkische Kanonenkugeln im bunten Durcheinander mit römischen Amphoren, während einige hundert Meter weiter in Tiefen von 36 bis 45 Metern drei gut erhaltene Schiffswracks aus verschiedenen Epochen nur wenige Meter voneinander entfernt lagen. Nicht weit vor der sizilischen Küste, in der Nähe von Syrakus, hat Piero Gargalo einen modernen Tanker, einen Segler aus dem 19. Jahrhundert, ein mittelalterliches Schiff und einen römischen Frachter unmittelbar nebeneinander entdeckt.

Es ist offensichtlich, daß die tückische Stelle einer Küste, die einem Schiff zum Schicksal wurde, meist auch noch mehrere Opfer findet. Ein anderes Beispiel, das diese Regel bestätigt, ist auch Grand Congloué in der Nähe von Marseille. Diese berühmte Bergung eines römischen Handelsschiffes, bei der zum erstenmal mit Aqualungen gearbeitet wurde, war ein Meilenstein für die wissenschaftliche Unterwasser-Archäologie. Brauchbare Methoden zur kartographischen Aufzeinung archäologischer Unterwasser-Funde wurden jedoch während der fünf Jahre dauernden Ausgrabungsarbeiten nicht entwickelt, so daß die Lage des Schiffes und der Fracht in wissenschaftlichen Veröffentlichungen nur als gepunktete Linie aufgezeichnet werden konnte. Aus diesem nur vage umgrenzten Fundort wurden Tausende von Tonscherben geborgen, und einige Experten vertreten die Meinung, daß eine Anzahl Tonscherben aus den oberen Schichten des Fundes von Grand Congloué ein Jahrhundert jünger sind als die in tieferen Lagen gefundenen Überreste. Das würde bedeuten, daß man auf die Fragmente zweier Wracks gestoßen ist, die übereinander liegen. Der Holzrumpf des oberen Schiffes, das aus dem schützenden Schlamm und Sand herausragte, wäre demnach bald zersetzt worden, wobei sich die Töpfereiwaren der einen Ladung mit denen der darunter liegenden Fracht vermengt hätten. Die Taucher sprachen sich gegen diese Theorie aus, aber da es keine Aufzeichnungen und Pläne gab, konnte der Disput weder zugunsten der einen noch der anderen Seite entschieden werden. Und so hat dieser Fund, dessen Ladung eine geschlossene und zeitlich datierbare Einheit bildete – und gerade das zeichnet antike Schiffsfunde in den Augen der Archäologen aus –, seinen wissenschaftlichen Wert fast völlig verloren.

Seit der Bergungsaktion bei Grand Congloué sind viele Techniken archäologischer Kartierung angewandt worden. Unter den planimetrischen Aufzeichnungsmethoden von Schiffswracks hat sich die Triangulation mit Bandmaßen als billigste und unkomplizierteste erwiesen, wenn der Fundort zu groß ist, um mit einem Gitternetz zu arbeiten. Zuerst wählt man auf dem Meeresboden außerhalb der Fundstelle verschiedene Kontrollpunkte aus, die markiert und deren Entfernung voneinander genau bestimmt werden. Horizontale Messungen, die von zweien dieser Markierungen aus ein bestimmtes Objekt des Fundortes erfassen, geben die Meßdaten, die notwendig sind, um die exakte Lage dieses Gegenstandes auf einer Zeichnung festzuhalten. Der Vorteil solcher Triangulationsvermessungen liegt darin, daß sie mit einem Minimum an Ausrüstung sehr erfolgreich auch von kleinen Tauchergruppen durchgeführt werden können, solange der Fundort halbwegs eben und übersichtlich ist. Außerdem sind durchschnittliche Sichtverhältnisse im Wasser völlig ausreichend. Auf der anderen Seite ist die Methode allerdings ziemlich zeitraubend und erweist sich bei tiefergelegenen Fundstellen als völlig unpraktisch, weil die Zeitspanne, die ein Taucher am Fundort zubringen kann, begrenzt ist. Bei dem Wrack von Kap Spitha in Griechenland zum Beispiel notierten Peter Throckmortons Taucher mehr als 1400 Meßdaten. Zum Glück lag der Fundort hier aber nur neun Meter unter Wasser.

Die bei Kap Spitha in der Nähe von Methone im Südwesten des Peloponnes gefundene Schiffsfracht bestand aus riesigen Granitsäulen und Säulenfragmenten, die über ein Gebiet von 30 mal 20 Quadratmetern verstreut lagen. Alle Teile des Schiffsrumpfes waren, wie das bei starkem Wellengang in seichten Gewässern meist der Fall ist, völlig zerstört worden. Und selbst die schwere Ladung hatten die Wellen hin und her geworfen. Throckmorton und seine Gruppe entschieden, daß der einzig praktische Weg, den Fundort aufzunehmen und zu erforschen, die Anfertigung eines sorgfältig vermessenen Lageplans war. Das Fundgebiet erwies sich als zu groß, um es mit einer einzigen Fotoaufnahme erfassen zu können, und wegen der optischen Verzerrung wäre ein Fotomosaik zu ungenau ausgefallen. Die Länge und die Form der Granitblöcke aber wiesen Eigenheiten auf, die man nur mit einem exakt gezeichneten Plan hätte untersuchen und verstehen können.

Der zuletzt erwähnte Gesichtspunkt ist besonders wichtig, denn der Unterwasser-Archäologe kann seinen Fundort sehr häufig nur auf dem Papier »sehen«. Bei archäologischen Untersuchungen auf dem Land habe ich dagegen manchmal stundenlang von einem hohen Fototurm aus die Lage und den Verlauf von Mauern und Häusern studiert, die ich gerade

ausgegraben hatte. Um mich herum konnte ich die Ausschach-
tungen und die Reste eines prähistorischen Erdwalls erkennen. Und in der Ferne, greifbar nahe, waren die Berge
und das Meer, die die Landschaft geformt haben. Aus der
Luft kann man sogar die größte Ausgrabungsstätte als ein
Ganzes überblicken. Die Sicht eines Tauchers dagegen ist auf
einen sehr kleinen Bereich beschränkt, so daß er nie einen
Gesamteindruck von seiner Fundstelle gewinnt.

Der archäologische Plan des Fundes bei Kap Spitha war
der erste, der in Griechenland von einem unter Wasser gelegenen Fundort angefertigt wurde. Er erlaubte es den
Archäologen, das Gewicht der Ladung auf 131,5 Tonnen zu

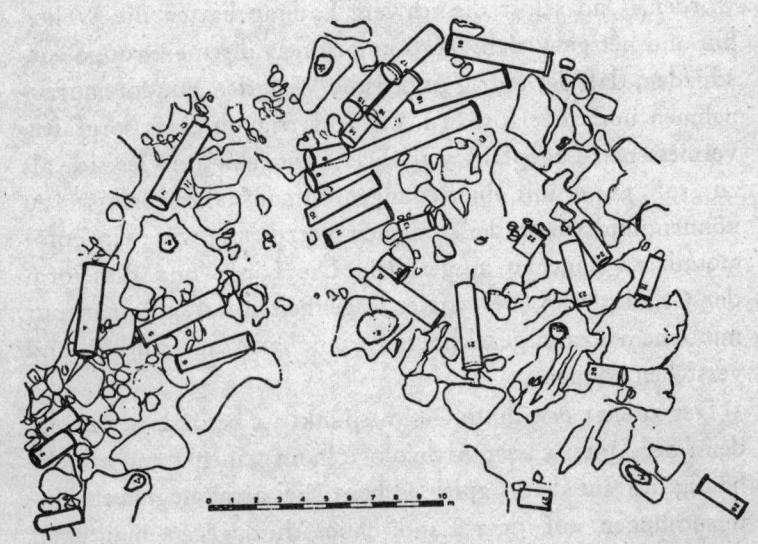

Abb. 23 Eine Ladung granitener Säulen bei Kap Spitha, in der Nähe
von Methone (aus dem Buch von Peter Throckmorton und John Bullit).

berechnen, die ein Segler von 30 bis 40 m Länge bequem hätte transportieren können. Der Plan enthüllte gleichfalls, daß die Säulen von einem Gebäude stammten, das bereits in der Antike zerstört worden war. Die Fragmente konnten nämlich nicht mehr zusammengesetzt werden, und das bewies, daß sie nicht beim Untergang des Schiffes geborsten waren. Die Säulen kamen also weder direkt aus dem Steinbruch, noch stammten sie von einem unbeschädigten Gebäude. Vermutlich befanden sich die fehlenden Stücke auf einem anderen Schiff. Eine Erklärung für diesen Transport spätrömischer Säulen im Mittelalter mögen unter Umständen weitere Nachforschungen am Fundort selbst ergeben.

Unweit der Säulenreste entdeckte Nikos Kartelias, einer der Expeditionsteilnehmer, zufällig vier Granitsarkophage mit Deckeln. Ebenso wie die Sarkophage bewiesen der steinerne Schiffsballast und Bruchstücke von Dachziegeln Throckmorton, daß hier ein weiteres Schiffswrack entdeckt worden war, obgleich bei der geringen Tiefe auch an dieser Stelle der Schiffsrumpf völlig zerstört worden war. Ein gefundenes Glasgefäß datierte das Wrack in das zweite oder dritte nachchristliche Jahrhundert.

Für die Untersuchungen des römischen Marmorhandels genügte es schon, diese Ladungen, ohne sie zu bergen, einfach aufzuzeichnen. Überhaupt bezeichnete John Ward-Perkins von der Britischen Schule in Rom in einem Brief an einen Direktor des Universitätsmuseums von Philadelphia das Studium des antiken Marmorhandels als »einen der verheißungsvollsten Bereiche innerhalb der Unterwasser-Archäologie«. Ward-Perkins' intensive Bemühung um die Erforschung des antiken Handels mit Baumaterialien – Marmor, Granit und Porphyr – verleiht seiner Behauptung einiges Gewicht: »Literarische Überlieferungen, Inschriften,

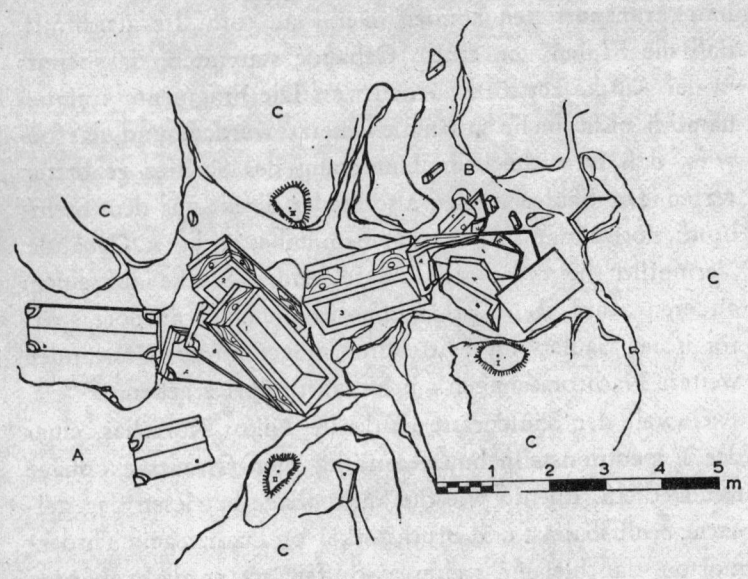

Abb. 24   Eine Ladung römischer Sarkophage bei Kap Spitha (aus dem Buch von Throckmorton und Bullit).

Steinbrüche und Marmorlager, die Gebäude selbst und natürlich auch Skulpturen geben uns zwar wichtigste Aufschlüsse über diesen damals bedeutenden Handel, aber viele wichtige Einzelheiten erfahren wir nur bei der Erforschung der Schiffstransporte. Wir wissen zum Beispiel, daß viele Güter wie Marmorsäulen und Sarkophage in halbfertigem Zustand verschifft wurden. War aber die Größe der Marmorsäulen standardisiert? Waren die Reliefs und der Schmuck attischer Sarkophage vor dem Versand schon herausgearbeitet? Sind Kapitelle und Sockel jemals im Rohzustand versandt worden? Welche Marmorarten wurden für eine Schiffsladung zusammengestellt? Das sind nur einige wenige Fragen, die vielleicht der Standort und die Untersuchungsergebnisse untergegangener Schiffsfrachten beantworten könnten. Und umgekehrt könnten, da die Herkunftsorte des Marmors fast alle bekannt sind und da der Markt, den man versorgte, sehr spezialisiert war, die Wracks der Marmorschiffe zu einer der wichtigsten Informationsquellen für die antike Handelsschifffahrt und ihre Schiffsrouten werden.«

Die Fotografien und Zeichnungen, die Throckmorton bei Kap Spitha angefertigt hat, zeigen, daß man die Reliefs der Girlanden, mit denen die Sarkophage gewöhnlich geschmückt waren, nur skizzenhaft angedeutet hatte. Die Detail-Arbeit, das Herausarbeiten der Blüten und Blätter, blieb einem Steinmetz am Bestimmungsort überlassen. Damit wurden bereits einige der Fragen, die Ward-Perkins stellte, beantwortet, und inzwischen haben er und Throckmorton in gemeinsamer Arbeit eine versunkene Fracht von Sarkophagen bei Tarent in Italien studiert.

Die Triangulationsmethode ermöglicht nur horizontale Messungen. Man muß dagegen auch Höhenmessungen vornehmen, wenn man Aufrisse des Wracks und der Ladung anfertigen möchte. Eine einfache Methode, relative Höhenunterschiede mit einem Fluchtstab und einem Nivellierinstrument festzustellen, wurde von Donald Rosencrantz entwickelt, und zwar bei der Bergung eines Wracks aus dem 6. Jahrhundert vor Christus, das bei Yassi Ada in 45 Meter Tiefe lag. Paul Merifield, der Geologe der Expedition, beschrieb die Arbeiten wie folgt:

»Ein 2 Meter langer leichter Metallmeßstab mit Zentimetereinteilung diente als Fluchtstab, der durch einen Schwimmer am oberen Ende im Wasser schwebend gehalten wurde. Und ein durchsichtiger, 10 Meter langer Plastikschlauch mit einem Durchmesser von 1 cm bildete das ideale

Nivellierinstrument. Das eine Schlauchende war auf dem höchsten Punkt des Wracks befestigt, und ein Taucher blies nun soviel Luft in den Schlauch, daß er sich füllte und in einem flachen Bogen hochgetrieben wurde. Das andere Ende des Schlauches wurde von einem zweiten Taucher an die Meßlatte gehalten, die auf einer Amphore oder irgendeinem anderen Gegenstand, dessen Höhe man bestimmen wollte, stand. Sobald am Schlauchende des höchsten Punktes Luftblasen auftraten, war die Niveaugleichheit hergestellt und der relative Höhenunterschied konnte abgelesen werden. Ein dritter Taucher notierte die Meßwerte und gab seinen

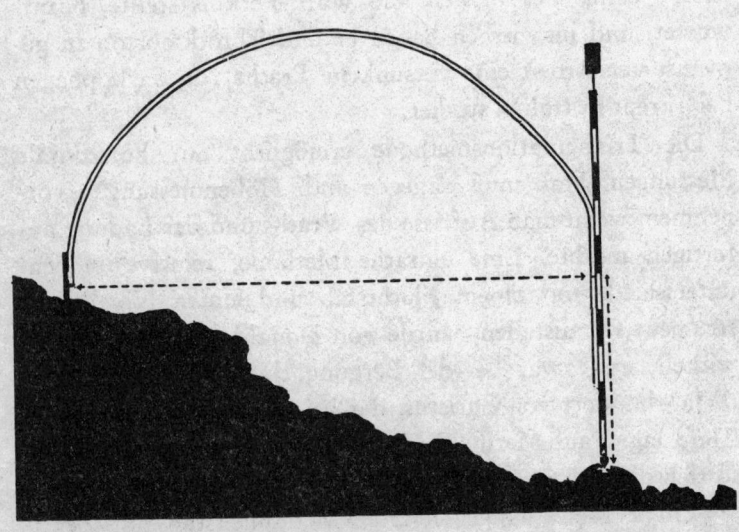

Abb. 25 a) Vermessungsmethode zur Bestimmung relativer Höhen mit einem Stück durchsichtigen Plastikschlauches; sobald an dem Schlauchende, das an der Ausgangsbasis befestigt ist, Luftblasen austreten, befindet sich die Luft-Wasser-Grenze innerhalb des an die Meßlatte gehaltenen anderen Schlauchendes auf gleicher Höhe.

Abb. 25 b) Arbeit mit der Luftschlauch-Vermessungsmethode (Zeichnung von Vince Malcolm).

beiden Kollegen Anweisungen. Jede Messung dauerte rund zwei Minuten. Nachdem jeder wichtige Punkt im unmittelbaren Bereich des Schlauches ausgemessen worden war, befestigte man den Schlauch an einem gerade erst bestimmten Punkt, der an einen unvermessenen Bereich grenzte, und ermittelte dort die Höhenwerte, die nun relativ zu dem neuen Fixpunkt gemessen wurden.«

Ein noch nicht sehr altes Instrument ist der Differential-Tiefenmesser, den der Marine-Ingenieur Robert Love erfand, um die Höhenunterschiede zwischen einzelnen Artefakten der »Ausgrabung X«, die bei den Galli Inseln vor der italienischen Küste liegt, zu ermitteln. Er beschreibt sein Instrument wie folgt:

»Die Kapsel eines kleinen Bourdon-Druckmessers wird

fest versiegelt und mit Öl gefüllt. Ein ebenfalls mit Öl gefüllter Ball oder etwas Ähnliches wird an diese Kapsel angeschlossen und mit dem Innern des Gehäuses verbunden, so daß der Außendruck, unter dem der Ball steht, auch auf die Außenseite der Bourdon-Meß-Röhre wirkt. Der gewöhnliche Meßeingang in das Innere des Bourdon-Rohres ist über einen Plastikschlauch von 4 mm Dicke und variabler Länge mit einer Referenzzelle verbunden. Diese Referenzzelle besteht aus einem Autoschlauch, der ebenfalls auf Wasserdruck reagiert. Auf diese Weise registriert der Bourdon-Druckmesser den Druckunterschied zwischen der Referenzzelle und dem ölgefüllten Ball.

Vor dem Vermessen verankert man den Autoschlauch über der Ausgrabungsstätte, während der mit ihm verbundene Plastikschlauch lose im Wasser schwebt und es dem Taucher ermöglicht, den Tiefenmesser zu den verschiedenen Stellen, die ihn interessieren, mitzunehmen. An jeder Stelle unterhalb der Referenzzelle zeigt das Instrument die relative Tiefe an, und der Taucher benötigt nur Sekunden, um bei jedem Objekt, an das er das Instrument hält, die Meßwerte abzulesen und zu notieren.

Der für den ›Fundplatz X‹ gebaute Differential-Tiefenmesser hatte einen Meßbereich von 1 Atmosphäre und damit einen Skalenbereich, der bis zu 10 Meter Tiefe unterhalb der Referenzzelle messen konnte (10 m Wassersäule = 1 at. Druck). Die relativen Höhenunterschiede, die dieses Gerät anzeigt, waren bis auf 12 Zentimeter genau und wurden von Ebbe und Flut an der Meeresoberfläche nicht beeinflußt. Der dünne 20 m lange Plastikschlauch hatte sich in keinem Fall in den Schlingpflanzen des Bodens verwickelt. Man nimmt an, daß man mit noch größeren Schlauchlängen arbeiten und noch exaktere Meßergebnisse gewinnen könnte, wenn man das Gerät unter Beibehaltung des Prinzips weiterentwickeln würde.«

Mit diesem Tiefenmesser haben Love und seine Leute den wohl besten Lageplan einer Unterwassergrabung angefertigt, den es bisher gab. Aus ihrer kartographischen Analyse konnten sie schließen, daß die 27 griechisch-römischen Anker, die sie am »Fundplatz X« entdeckten, von drei Schiffen der gleichen Epoche stammten. Eine weitere Untersuchung der Funde und der Fundstelle, die man bereits plant, wird hoffentlich die Datierung und Bestimmung dieser größten je gefundenen Ansammlung antiker Anker ermöglichen.

Bei seinen Ausgrabungen in der Karibischen See hat Mendel Petersen von der Smithonian Institution bei planimetrischen Vermessungen mit einer noch besseren als der Triangulationsmethode gearbeitet. Ein Rad, dessen Rand mit einer Gradeinteilung versehen war, wurde waagerecht auf ein Stativ aufgesetzt, das Petersen senkrecht in den Boden der Fundstelle getrieben hatte. Mit einem Bandmaß, dessen Ende an der Spitze des Stativs befestigt war, konnte man jede Entfernung zwischen Stativ und Objekt ausmessen, während der Richtungswinkel an der Stelle des Rades abgelesen werden konnte, wo das Bandmaß die Gradeinteilung schnitt. Mit einem größeren Rad, das zu dem ersten senkrecht stand und, horizontal drehbar, oberhalb des ersten befestigt war, konnte man gleichzeitig den Höhen- oder Tiefenwinkel ablesen und so die Größe jeder Erhebung berechnen. Inzwischen hat Petersen sogar eine Methode gefunden, die Kurvenform hölzerner Schiffsspanten zu berechnen, indem er durch einen waagerecht aufgebauten Träger zahlreiche senkrechte Meßstäbe steckt, die in verschiedenen Höhen auf den Fund stoßen.

Noch eine weitere Methode, Unterwasser-Funde dreidimen-

Abb. 26 Vermessungsmethode zur Bestimmung der Wölbung des Rumpfes eines Wracks in der Nähe von Bermuda (von James Mahoney, Smithsonian Institution).

sional zu kartieren, wurde zur gleichen Zeit von Frederic Dumas und italienischen Archäologen entwickelt. Dumas' Erfindung wurde, als die University of Pennsylvania bei Yassi Ada ein byzantinisches Wrack ausgrub, in der ersten Saison sehr erfogreich angewandt. Über einem Teil der Fundstelle wurde ein mit Zentimetereinteilung versehener Metallrahmen von 5 x 5 Metern aufgestellt, den vier Teleskopstützen exakt in der Horizontale hielten. Auf diesem Rahmen lief, gleichsam auf Schienen, ein Querbalken, der ebenfalls eine Zentimetereinteilung besaß. Ein senkrechter, beweglicher Meßstab war an ihm befestigt. Die untere Spitze dieses Meßstabes konnte auf jeden Gegenstand, der sich innerhalb des 5-Meter-Quadrats befand, aufgesetzt und die Koordinaten dieses Punktes konnten dann am Rahmen, am Querbalken und am Meßstab abgelesen werden. Diese Zahlen übertrug der Architekt der Expedition in Form von Hilfspunkten auf seine Karte, aber die Details mußten von den Zeichnern hinzugefügt werden, die auf über das Wrack gelegten tragbaren Gittergestellen arbeiteten.

Wie bei allen Methoden, die beschrieben wurden, war es auch hier notwendig, den Fundort zuerst von Wasserpflanzen zu säubern und jeden sichtbaren Gegenstand mit einer Markierung zu versehen – normalerweise ein numerierter Plastikanhänger –, bevor man mit den Vermessungsarbeiten begann.

Im klaren Wasser können – wie auf dem Festland – auch Meßtische, sowohl bei der Triangulation wie auch bei Höhenmessungen, verwendet werden. Dabei stellt man zwei Tische in einer bestimmten Entfernung voneinander auf den Meeresboden. Ein Taucher heftet einen matten Plastikbogen auf jede der horizontal eingestellten Tischplatten und stellt darauf sein Visier, das aus einem Stück Rohr, einem Fadenkreuz aus Draht und einer geradkantigen Bodenplatte, deren Linealkante genau unterhalb der Visierachse verläuft, zusammengebaut ist. Die Taucher richten das Visier auf einen Kontrollpunkt und ziehen dann entlang der Linealkante einen Strich auf den Plastikbogen. Ein dritter Taucher setzt dann die Meßlatte, die durch einen Schwimmkorken in senkrechter Schwebe gehalten wird, auf den ersten Fund. Auf seinem Notizbrett notiert er die Art des Objekts und gibt ihm die Nummer eins. Die Taucher an den Meßtischen vi-

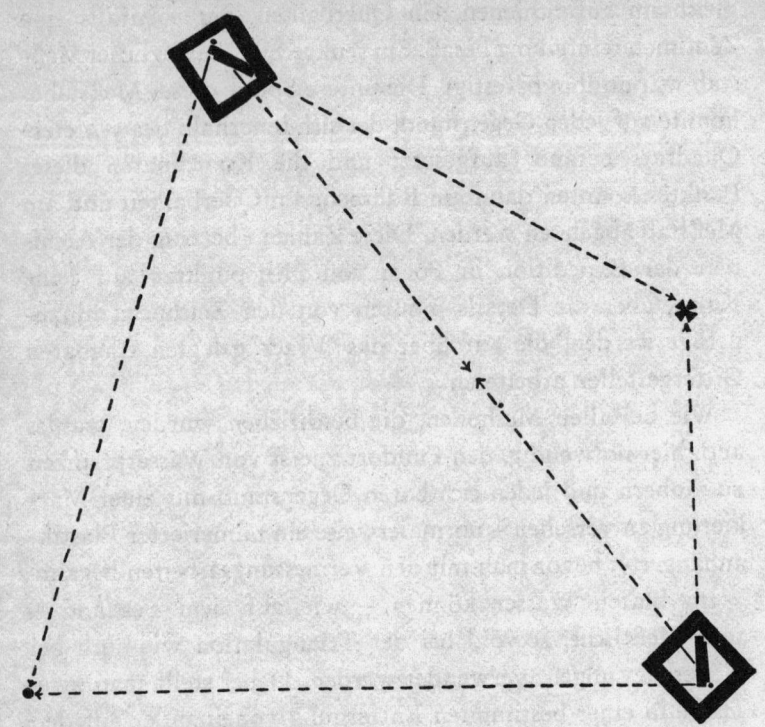

Abb. 27 Wie auf dem Lande können auch unter Wasser Meßtische zur Triangulation benutzt werden.

sieren die Meßlatte an, ziehen eine Linie entlang der Linealkante und geben auch ihr die Nummer eins. Dann bewegt
sich der Taucher mit der Meßlatte zum nächsten Objekt.

Einer der Tische mag auch als Ausgangsbasis für die Festlegung der Höhenunterschiede benutzt werden. Bei jeder
Messung dirigiert der Taucher am Meßtisch den Partner
an der Meßlatte: er muß mit seiner Hand an der Meßlatte
nach oben oder unten gehen bis die Hand im Fadenkreuz liegt.
Dann gibt er dem Mann an der Latte einen Wink, und dieser
liest die Höhe ab. Wenn das Wasser dunkel oder trübe ist,

kann auch eine Taschenlampe die Arbeit des Mannes am Meßtisch erleichtern.

Meßtische, die erstmals in Yassi Ada und später bei Methone in Griechenland benutzt wurden, haben den Vorteil, daß sie äußerst billig sind, denn ihre Bestandteile können aus einfachen Holz- oder Rohrresten an Ort und Stelle angefertigt werden. Sie sind auch auf unebenem Meeresboden zu gebrauchen, aber die Grundvoraussetzung ist klares Wasser, und ihr Nachteil liegt darin, daß die Messungen zeitraubend sind und mehrere Taucher erfordern.

Bis jetzt wurde dargestellt, wie man jeden einzelnen Punkt einer Grabungsstätte vermißt, aber ein Lageplan, der nur aus Punkten bestünde, wäre unbrauchbar. Die Details der Ladungen und Schiffsrümpfe kann man aber mit Hilfe von Fotomosaiken, die sich aus einander überlappenden, von oben aufgenommenen Fotos der Fundstelle zusammensetzen, zeichnen. Diese Methode hat man, seitdem Philipp Tailliez

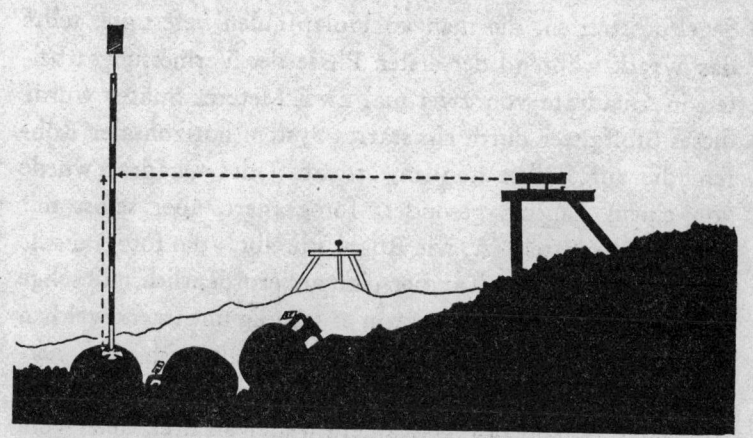

Abb. 28   Bestimmung relativer Höhen von einem Meßtisch aus.

sie beim Wrack von Titan in Frankreich zum erstenmal erprobte, auf vielen Fundstellen im Mittelmeer bei der Kartierung benutzt. Ein Bleilot von einer bestimmten Länge und eine Art kleiner Wasserwaage, die an die Kamera montiert waren, sorgten dafür, daß der Fotograf beim Schwimmen immer den gleichen Abstand zum Meeresboden hielt und daß die Kamera nicht verkantet gehalten wurde. Meßstäbe, die man vorher über die Fundstelle gelegt hat, ermöglichen es, die Negative maßstabsgetreu zu vergrößern. Leider erinnern viele Fotomosaiken, die man in Veröffentlichungen findet, an zerwühlte Steppdecken. Alles hängt nämlich davon ab, ob der Taucher beim Schwimmen selbst bei starker Strömung seine Richtung beibehält. So spannten Nino Lamboglia und Gianni Roghi auf ihrem Fundplatz bei Spargi, um gute Aufnahmen zu erhalten, sogar Leitfäden.

Spargi ist ein kleines Eiland vor der Nordküste Sardiniens, und dort war um 100 oder 120 v. Chr. ein Frachter mit einer Ladung Amphoren gesunken, die heute in einer Tiefe von 17 bis 18 Metern liegt. Ein Netz aus gelben Segeltuchstreifen, die man an Holzpfählen befestigte, teilte das Wrack während der ersten Phase der Vermessungsarbeiten in Quadrate von zwei mal zwei Metern. Später wurde dieses Stoffgitter durch ein starres System horizontaler Röhren, die auf Füßen standen, ersetzt. Jedes Quadrat wurde von einem Taucher gesondert fotografiert, aber selbst mit diesen Hilfsmitteln ist, wie Roghi schreibt, »die fotografische Vermessung für den Taucher eine außerordentlich mühselige Angelegenheit, besonders, wenn er ständig mit irgendwelchen Strömungen zu kämpfen hat«. Dazu stellte sich noch heraus, daß wichtige Details auf der Aufnahme nicht mehr sichtbar waren, sobald sich die Kamera weiter als drei Meter vom Wrack entfernt befand. Schließlich, fügte Lamboglia hinzu,

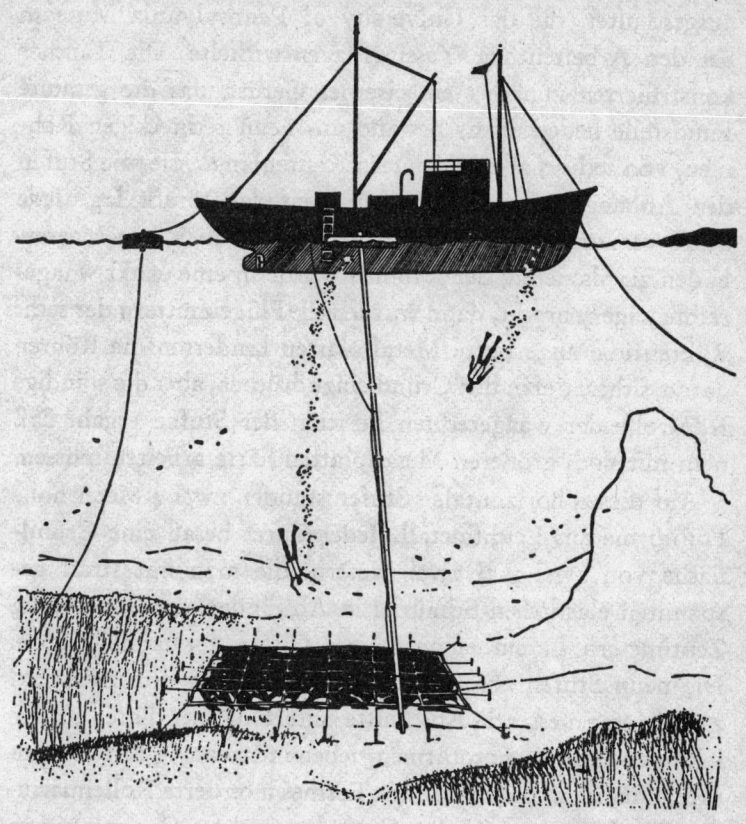

Abb. 29 Eine der frühesten Methoden zur systematischen Kartierung eines Wracks aus der Antike bei Spargi (nach Roghi).

habe man die Fotografien wohl zu einem Plan zusammengesetzt, dieser sei jedoch von zu geringem Informationswert gewesen, um Zeichnungen anfertigen zu können.

Später wurden diese von Roghi und Lamboglia erwähnten

Unzulänglichkeiten durch eine Verbesserung ihres Systems ausgeschaltet, die das University of Pennsylvania Museum bei den Arbeiten vor Yassi Ada entwickelte. Die Taucher konstruierten zunächst ein eisernes Gerüst, das die gesamte Fundstelle bedeckte. Es bestand aus neun rechteckigen Rahmen, von sechs mal zwei Metern Kantenlänge, die wie Stufen den Abhang hinaufführten, auf dem das Wrack lag. Jede Stufe versuchte man so dicht wie möglich über dem Meeresboden zu plazieren, der Rahmen wurde in eine exakt waagerechte Lage gebracht, dann wurden die Flügelmuttern der sechs Röhrenfüße angezogen. Metallplatten hinderten die Röhren daran, sich zu tief in den Grund einzudrücken, aber die ständige Kontrolle der waagerechten Position der Stufen ergab, daß man mit noch größeren Metallplatten hätte arbeiten müssen.

Auf diesen horizontalen Stufen standen zwei 4 Meter hohe Fototürme aus Leichtmetall. Jeder Turm besaß eine Grundfläche von zwei mal zwei Metern, die man mit straff gespannten elastischen Schnüren in Abständen von je zwanzig Zentimetern in ein engmaschiges Gitter verwandelt hatte. Die neun Stufenrahmen, von denen jeder in drei zwei mal zwei Meter messende Abschnitte unterteilt war, boten so den leichtbeweglichen Fototürmen siebenundzwanzig feste Standorte, und die in der Spitze des Turmes montierte Rolleimarin-Kamera konnte von jeder Ausgrabungsphase eine mit einem unverrückbaren Koordinatensystem unterlegte Aufnahme machen.

Diese von einer festen Plattform aus aufgenommenen Fotos waren von hervorragender Qualität, aber man konnte sie nicht direkt auf die Gesamtkarte des Fundortes übertragen. Größenunterschiede zwischen höher und niedriger gelegenen Gegenständen mußten mit einem Projektor oder durch Berechnung korrigiert werden, nachdem die relative

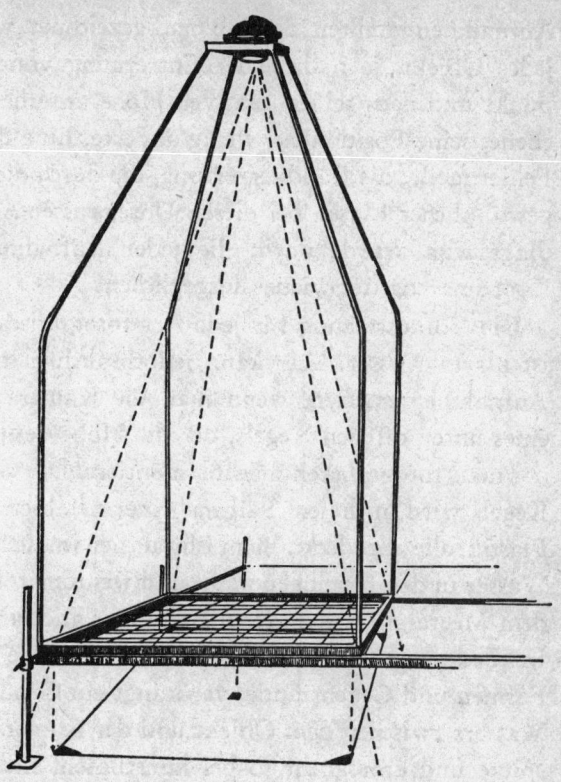

Abb. 30 Nur die Gegenstände im Zentrum eines Fotos, das vom Fototurm aus aufgenommen worden ist, sieht man im richtigen Verhältnis zum Meßgitter. Die Position der anderen Gegenstände muß korrigiert werden.

Höhe bekannt war. Diese Höhen maß man mit einem Bandmaß, das mit einem Bleigewicht beschwert durch das Gitter auf den betreffenden Gegenstand herabgelassen wurde.

Eine weitere Korrektur erwies sich als wesentlich zeitraubender. Auf jeder Fotografie befand sich nur der genau in der Mitte des Bildes liegende Gegenstand im richtigen Verhältnis zum Plangitter. Alle durch das Gitter gemachten

Aufnahmen mußten deshalb nachgezeichnet werden, wobei jedes Objekt, je nach seiner Entfernung vom Gittermittelpunkt und nach seiner relativen Höhe unterhalb der Gitterebene, seine Position ein wenig änderte. Eine dritte mögliche Fehlerquelle, die Randverzerrung, die durch die Verwendung gewöhnlicher Linsen bei diesen Unterwasser-Aufnahmen bedingt war, wurde durch die jeder Aufnahme unterlegten Koordinatengitter wieder ausgeglichen.

Die Voraussetzung für jede Art fotografischer Kartierung ist klares Wasser. Man kann jedoch auch in trübem Wasser Aufnahmen machen, wenn man die Kamera in die Spitze eines unten offenen Kegels, der die Höhe besitzen muß, von der man fotografieren möchte, montiert. Die Grundfläche des Kegels wird in diesem Fall mit einer flexiblen durchsichtigen Plastikfolie abgedeckt. Beim Eintauchen in die See wird klares Wasser in den Kegel gepumpt, und wenn man ihn danach auf dem Meeresgrund von einer Stelle zur anderen transportiert hat, schmiegt sich die weiche Folie an die verschiedenen Formen und Gegenstände, verdrängt ein Großteil des trüben Wassers zwischen dem Objekt und der Kamera in die Kegelspitze und ermöglicht so bei künstlichem Licht Aufnahmen in praktisch klarem Wasser.

Bei Yassi Ada wurden wir zum Glück nicht auch noch mit diesem Problem konfrontiert, und die Stufengerüste ermöglichten Aufzeichnungen, die so exakt waren, als hätte man sie von Landgrabungen angefertigt. Dafür besaß diese Methode andere, ernst zu nehmende Nachteile. Das bloße Aufstellen und Nivellieren solcher Stufengerüste in einer Tiefe von 30 bis 45 m erforderte Tage und fast Wochen den Einsatz vieler Taucher, und die Vermessung jeder einzelnen Erhebung mit dem bleibeschwerten Maßband war zeitraubend und anstrengend.

Das Team des University of Pennsylvania Museum stellte bei seinen Arbeiten 1962 fest, daß der größte Teil ihrer Tauchzeit von kartographischen Arbeiten in Anspruch genommen wurde. Man benötigte also, um es simpel auszudrücken, bedeutend bessere Methoden zur Anfertigung der Ausgrabungspläne. Gelänge es zum Beispiel, Flächen- und Höhenmaße gleichzeitig aufzuzeichnen, dann könnte man bei jedem Schiffswrack die Tauchzeit erheblich verkürzen, besonders wenn für die Messungen nur ein einziger Taucher benötigt würde. Schon im Jahre 1958 hatte ein bekannter Spezialist für Unterwasser-Fotografie, Dimitri Rebikoff, in einer Fachzeitschrift vorgeschlagen, Schiffswracks photogrammetrisch mit Stereo-Aufnahmen zu kartieren, aber niemand hatte einen Versuch in dieser Richtung unternommen. Erst 1963 begann man bei Yassi Ada mit der Stereofoto-Vermessung zu experimentieren. Julian Whittlesey, dessen Stadtplanungsbüro bei zahlreichen Luftvermessungen Erfahrungen gesammelt hatte, stand der Expedition als Berater zur Verfügung.

Genau sechs Meter über dem einen Ende des byzantinischen Schiffswracks installierte man einen genau waagerecht im Wasser schwebenden Metallstab, der in Abständen von 1,20 m eingekerbt war. Daran hing eine Rolleimarin-Kamera, die dank einer kardanischen Aufhängung und verschiedener Bleigewichte ihre horizontale Lage genau beibehielt. Ein einziger Taucher führte die Kamera mühelos an der Stange entlang und machte an jeder Einkerbung eine Aufnahme. Ein Fernauslöser, den man aus dem Drosselklappenkabel eines Jeeps bastelte, sorgte dafür, daß sich die Kamera während des Fotografierens nicht bewegte, und erlaubte so Aufnahmen mit langer Belichtungszeit bei kleiner Blende. Donald Rosencrantz, der früher als Physiker für die

Abb. 31   Stereo-Aufnahmetechnik bei Yassi Ada.

Eastman Kodak Company geforscht hatte, arbeitete mit speziellen Entwicklungstechniken, und die fertigen Fotos zeigten, obwohl man sie bei natürlichem Licht aufgenommen hatte, deutlich lesbar sogar die Nummern auf den Plastikanhängern, die an den sieben Meter tiefer liegenden Amphoren befestigt waren.

Ein namhafter Ozeanforscher bezeichnete später diese Aufnahmen als die klarsten, die man je unter solchen Umständen gemacht habe, und brachte zum Ausdruck, daß die Grenzen der Unterwasser-Fotografie so, wie sie in den meisten Veröffentlichungen beschrieben würden, wohl etwas voreilig abgesteckt worden seien. Die in dieser Art gewonnenen Bilder bildeten Paare von Stereo-Fotos, die das Wrack dreidimensional darstellten, wenn man sie unter einem Stereoskop betrachtete. Wichtiger war noch, daß man die Parallaxe der Bildpaare mit einem Mikrometer messen konnte, und damit waren die Höhen der einzelnen Funde nach folgender Formel leicht berechenbar:

$$\frac{p}{f \times b} = H$$

Dabei steht f für die Brennweite der Linse, b für die Entfernung zwischen den Kameras, p für die Parallaxe und H (die Höhe) für die Entfernung zwischen Kamera und Objekt. Letztere ist der einzige unbekannte Faktor und kann leicht berechnet werden. Bei Yassi Ada wurde nur mit einer Kamera gearbeitet, so daß die Entfernung zwischen den Kameras genau den 120 Zentimetern zwischen jeder Aufnahmekerbe entsprach.

Die Meßresultate waren ermutigend, wenn auch längst noch nicht exakt. Die Verzerrung, die der Unterschied zwischen den Brechungswerten des Wassers und der Luft (leicht an einem Stock nachzuweisen, der sich halb innerhalb und halb außerhalb des Wassers befindet) verursacht, führte zu Fehlern, wenn man die Maße direkt von den Fotos abnahm. Sobald ein Punkt nur einen Millimeter auf den Aufnahmen verschoben war, wurde daraus bei der Höhenberechnung ein Fehler von 7 Zentimetern. Aber das Problem wurde später gelöst, indem man eine Iwanow-Linse auf die Kamera setzte, die die Brechung im Wasser korrigierte.

Diese Experimente im Jahre 1963 waren nur der erste Schritt auf dem Wege, Wracks von einem Kleinst-U-Boot aus stereo-photogrammetrisch zu kartieren, obgleich praktisch alle Marinespezialisten, Ozeanographen und Kartographen, die wir um ihre Meinung fragten, uns belehrten, daß unser Vorhaben nicht zu verwirklichen sei. Am 28. Mai 1964 lief das Zwei-Mann-U-Boot *Asherah* vom Stapel, das von der General Dynamics in Groton, Connecticut, im Auftrag des University of Pennsylvania Museum erbaut worden war. Finanziell wurde das Projekt von der National Geographic

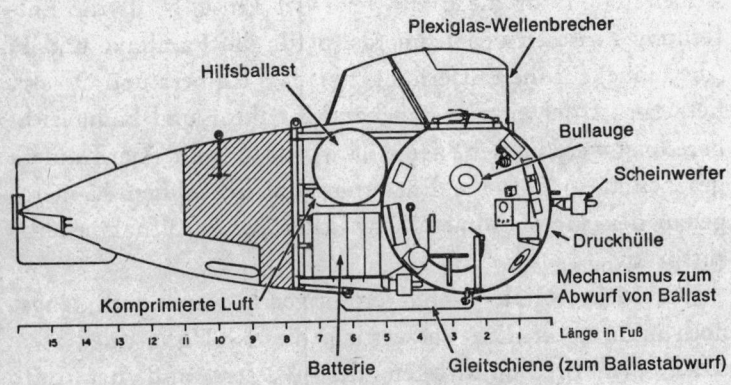

Abb. 32 Längsschnitt der »Asherah«.

Society und von der National Science Foundation unterstützt. Die *Asherah* war in der 60jährigen Geschichte der General Dynamics nicht nur das erste U-Boot, das sie für Archäologen bauten, sondern es war das erste nicht-militärische Fahrzeug überhaupt, das man dort je vom Stapel ließ.

Die *Asherah* – sie trägt den Namen einer phönizischen Seegottheit – wurde so konstruiert, daß sie mit einem Piloten und einem Beobachter bis zu einer Tiefe von 180 Metern ohne Risiko tauchen kann. Die beiden Männer sitzen innerhalb der Druckhülle des Rumpfes, einer Kugel von 150 Zentimetern Durchmesser, die sechs Bullaugen besitzt. Um die Sitze herum ist eine Reihe wichtiger Instrumente angebracht, wie Geschwindigkeits-, Tiefen- und Druckmesser, dazu Geräte, die den Gehalt von Sauerstoff und Kohlendioxyd anzeigen. Voltmesser, ein Kreiselkompaß, eine Anlage, die die Verbindung zu anderen Tauchern und zur Oberfläche aufrechterhält, ein Atemluftregenerator und ein Geschwindigkeitskontrollgerät. Ein Paneel mit zahllosen elektrischen Schaltern für die Innenbeleuchtung, die Außenscheinwerfer und die Kameras vervollständigt die Ausrüstung der Kapsel.

Batterien im Gewicht von einer Tonne, die zusammen mit Ballasttanks und Preßlufttanks im konisch zugespitzten Heck des Bootes untergebracht sind, versorgen die Seitenmotoren für zehn Stunden mit Kraftstrom. Die beiden Seitenmotoren und ihre Propeller sind drehbar angebracht und erlauben der *Asherah*, sich auf und nieder, vorwärts und rückwärts zu bewegen, wie ein Hubschrauber unbeweglich zu schweben oder sich zentimeterweise über den Meeresboden vorwärts zu tasten. Die *Asherah* ist 4,80 m lang, 4½ t schwer und kann eine Geschwindigkeit von 4 Knoten entwickeln. Bei Fahrten an der Wasseroberfläche sorgt eine Haube aus Plexiglas dafür, daß keine Wellen durch die geöffnete Luke schlagen können.

Abb. 33 Die »Asherah« bei der photogrammetrischen Vermessung eines spätrömischen Wracks.

Ein paar abgeänderte FB-1-Luftaufnahmekameras sind, in wasserdichten Gehäusen, 1,80 m voneinander entfernt am Bug montiert. Spezial-Vorsatzlinsen schalten die Verzerrungswerte aus, die normalerweise durch die Brechung des Wassers entstehen. Die Kameras sind über elektrische Leitungen mit dem Innern der Druckhülle verbunden und erlauben dem Piloten, mittels Fernsteuerung beliebig viele Aufnahmen zu machen. Die Kameras transportieren den Film automatisch nach jeder Aufnahme, während der Kameraverschluß sich selbsttätig öffnet und schließt.

Bei einer Tauchfahrt steuerte Yüksel Eğdemir die *Asherah* zweimal über ein spätrömisches Wrack, das in 42 bis 45 Meter Tiefe lag; währenddessen nahm Donald Rosencrantz als Ko-Pilot bei jedem »Überflug« eine Reihe sich überschneidender Stereofotos auf, die einen vollständigen Überblick über die Fundstelle gaben. Das Fotografieren hatte weniger als eine Stunde gedauert, aber bevor man mit dem Fotomaterial einen exakten Plan, der jede Erhebung zeigte, anfertigen konnte, mußte man 56 Stunden mühsamer Arbeit mit den Instrumenten des International Training Centre for Aerial Surveys aufwenden, um die Aufnahmen auszuwerten. Aber selbst bei Einsatz von Aqualungen und mit den modernsten Kartierungsmethoden hätte ein Dutzend Archäologen für das gleiche Unternehmen viele Wochen benötigt.

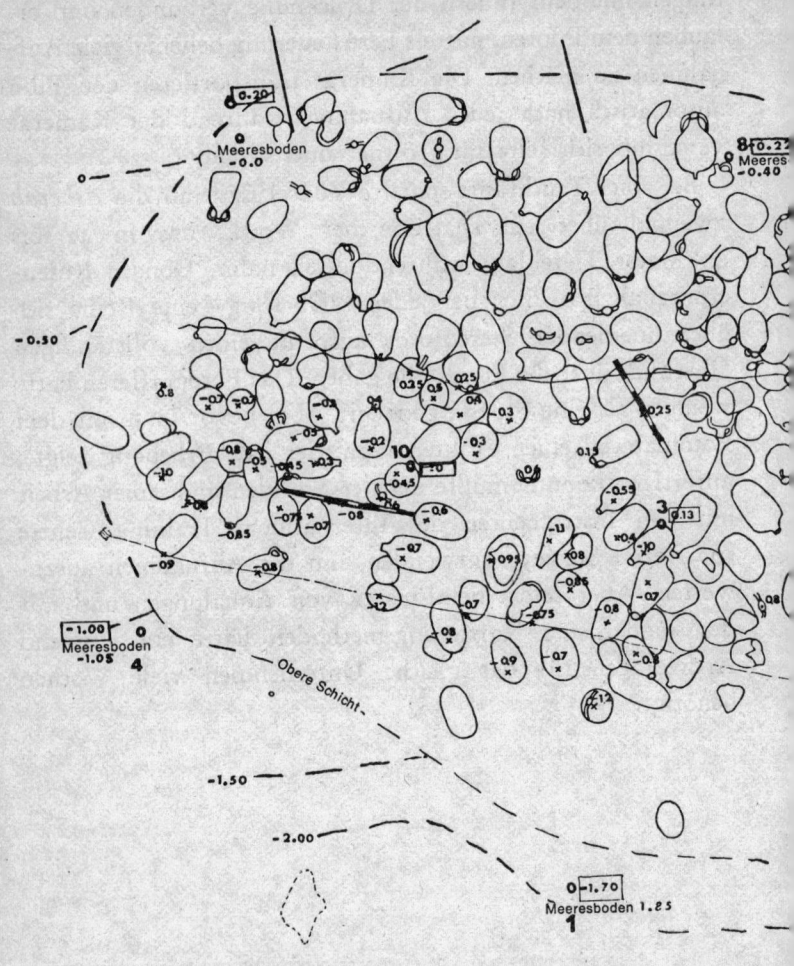

Abb. 34 Karte eines spätrömischen, in 45 Meter Tiefe liegenden Wracks, die mit einer einzigen Tauchfahrt der »Asherah« aufgenommen wurde.

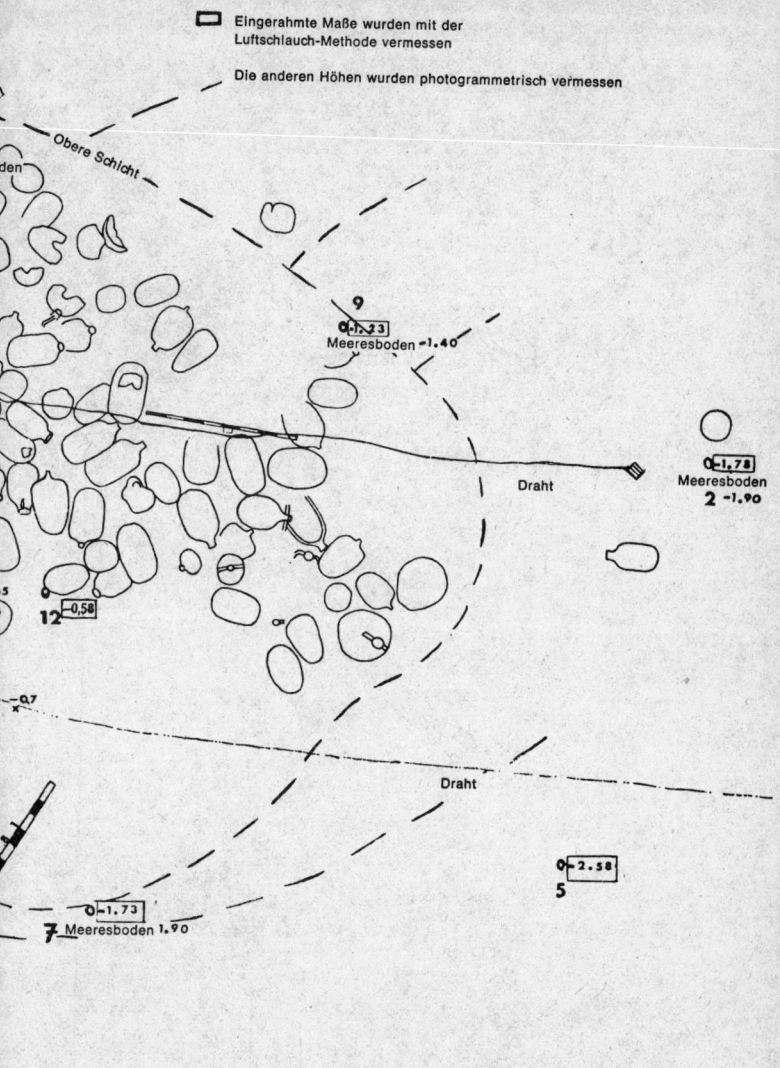

Eingerahmte Maße wurden mit der
Luftschlauch-Methode vermessen

Die anderen Höhen wurden photogrammetrisch vermessen

Obere Schicht

den

9
0 -1,23
Meeresboden -1,40

Draht

0 -1,78
Meeresboden
2 -1,90

35

12 0,58

0,7
x

Draht

0 -2,58
5

0 -1,73
7 Meeresboden 1,90

Neue Werkzeuge

Nachdem die erste Phase, die Kartierung einer Fundstelle, beendet ist, beginnt die eigentliche Ausgrabung. Jeden der nun folgenden Arbeitsgänge muß man jedoch auch mit den bereits beschriebenen Mitteln und Methoden aufzeichnen, denn der Fundort verliert unwiederbringlich seine Charakteristika, sobald die Erde und nacheinander jedes einzelne Artefakt entfernt werden.

Bei einer normalen Landgrabung wird der Boden mit einer Spitzhacke aufgebrochen und mit Schaufeln beiseite geräumt. Messer und Bürsten gebraucht man bei den feineren Grabungs- und Säuberungsarbeiten. Wenn die ausgehobene Erde untersucht und unter Umständen sogar gesiebt worden ist, wird sie vom Ausgrabungsort in Körben, Schubkarren oder Kipploren weggeschafft. Natürlich unterscheidet sich eine Fundstelle von der anderen durch Lage und Beschaffenheit, und in einigen wenigen Fällen konnte man sogar, wenn auch sehr vorsichtig, mit Bulldozern arbeiten, häufig genug zum Entsetzen von Archäologen, die mit der besonderen Situation nicht vertraut waren.

Von all diesen Werkzeugen ist nur das Messer bei Unterwasser-Ausgrabungen zu verwenden, wenn auch an kleinen Fundstellen, die nur zentimeterdick vom Sand bedeckt sind, Eimer zum Transport des abgehobenen Bodens benutzt werden. Die Entwicklung von Spezialwerkzeugen zum Graben und Bergen von Funden im seichten Wasser begann im 19.

Jahrhundert, und wenn diese ersten Versuche heute auch reichlich primitiv anmuten, so muß man sich dabei vor Augen führen, daß erst im letzten Viertel des 19. Jahrhunderts Männer wie General Pitt Rivers für Ausgrabetechniken plädierten, die auch die Fundformationen berücksichtigten.

Das Aufsehen, das die ersten wissenschaftlichen Arbeiten an den vorgeschichtlichen Seesiedlungen in der Schweiz erregten, kann man sich heutzutage nur schwer vorstellen. Samuel Byers schrieb 1890 in der Februar-Ausgabe der *Harper's New Monthly:* »Die Touristen geben sich kaum noch damit zufrieden, durch die Schweiz zu reisen, ohne eines der Museen zu besichtigen, in denen die Funde der ausgegrabenen Seedörfer ausgestellt sind ... Dort zeigt man Hunderte von den Tausenden von Steinwerkzeugen, Holzteilen und Stoffproben, von Waffen und Schmuckgegenständen eines Volkes, dessen Ansiedlungen schon einige tausend Jahre alt waren, bevor man an das uralte, ausgegrabene Pompeji auch nur dachte.«

Die frühesten Berichte über diese Seesiedlungen gehen bis ins Jahr 1472 zurück, doch es dauerte bis zum 19. Jahrhundert, bevor man daranging, sie ernsthaft zu untersuchen. Damals, während des außergewöhnlich schnee- und regenarmen Winters 1853/54, senkte sich der Wasserspiegel vieler Schweizer Seen beträchtlich. Die Bauern wollten das neu gewonnene Land urbar machen und legten Staumauern auf dem Seeboden an, die sie mit Seesand füllten. Dabei stießen sie auf vorgeschichtliche Überreste und unterrichteten den Verein für Altertümer in Zürich, der damals von Ferdinand Keller geleitet wurde. Ein Dutzend Jahre später beschrieb Keller seinen ersten Besuch am Fundort: »Im Januar 1854 informierte Herr Äppli aus Ober-Meilen den Verein in Zürich davon, daß Überbleibsel menschlicher Ansiedlungen, die sicherlich ein neues Licht auf die prähistorischen Einwohner unseres Landes werfen würden, in der Nähe seines Hauses auf ausgetrocknetem Seegrund gefunden wurden.«

Es dauerte nicht allzulange, bis die Fischer, deren Netze sich oft in den Holzpfählen verfangen hatten, entdeckten, daß diese Überreste nicht grundsätzlich ein Fluch sein müßten. Das Verlangen, solche Funde aus der Stein-, Bronze- und Eisenzeit zu besitzen, entstand von heute auf morgen, und die Fischer fingen an, diese Gegenstände zu Tausenden zu bergen und zu verkaufen.

Zur gleichen Zeit versuchte man, Fundstellen, die in den meisten Seen der europäischen Länder nördlich des Mittelmeers entdeckt wurden, mit wissenschaftlichen Methoden auszugraben. Obgleich diese Arbeiten sich nicht mit modernen Ausgrabungen vergleichen lassen, versuchte man, Aufrisse der Fundstellen anzufertigen, und veröffentlichte auch Lagepläne.

In einigen dieser Fälle wurden die Arbeiten auf trockenem Boden durchgeführt, das heißt, teilweise auf ausgetrockneten und teilweise auf künstlich entwässerten Flächen des Seebodens.

»Im Normalfall jedoch«, so schrieb Keller 1890, »liegt der Fall komplizierter, und die Forscher müssen die Funde im See suchen, manchmal sogar in beträchtlicher Tiefe, wo sie auf dem Grund oder oft im Schlamm begraben liegen. An den Stellen, wo das erstere vorkommt, wo seltsamerweise diese prähistorischen Funde noch immer offen auf dem Seeboden liegen, nachdem sie Tausende von Jahren jeder Schiffer, der über sie hinwegfuhr, sehen konnte, braucht man nur gute Augen und ruhiges Wasser sowie ein paar Suchgeräte wie die abgebildete Zange. Dieses einfache Gerät wird an die Spitze einer langen Stange montiert und kann mit einer Schnur auf- und zugeklappt werden.

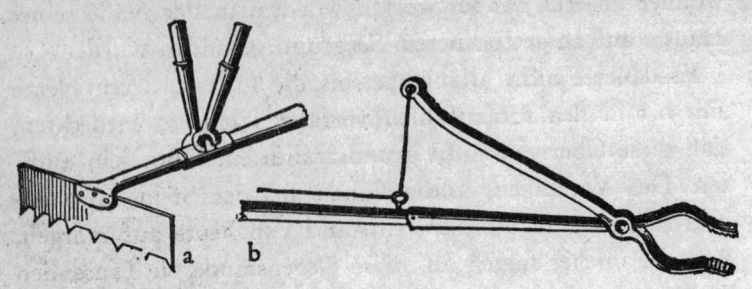

Abb. 35 a) Kratzer und b) Zange.

Wenn die Funde aber im Schlamm versteckt sind, ist die Bergung erheblich schwieriger, in solchen Fällen wird ein Werkzeug verwendet, das, wie die Darstellung zeigt, zum Wegkratzen des Sandes geeignet ist. Dieser Kratzer ist an einer kräftigen Stange befestigt und wird mit Hilfe zweier anderer Holzstangen in den Schlamm gedrückt. Selbst beim Arbeiten vom Boot aus erweist sich der Kratzer als ein sehr nützliches Instrument, mit dem man tiefe Gräben ausheben, oder besser gesagt, herauskratzen kann. So können große Schlamm-Mengen an die Oberfläche gefördert und dann gesichtet werden. Es liegt auch auf der Hand, daß diese Arbeitsmethode sehr erschwert wird, wenn der Seeboden mit Holzpfählen oder Steinhaufen bedeckt ist, und es ist nur gerecht, daß man solche Hindernisse erwähnt, die die Schweizer Archäologen bei ihren Forschungen behindern.«

Natürlich waren diese Arbeiten in den Seen im Grunde genommen nichts weiter als ein Einsammeln von Altertümern. Aber die Bemühungen haben immerhin zu der Erkenntnis geführt, daß die meisten Schweizer Seen, wie auch die in den angrenzenden Gebieten Italiens, Österreichs und Ungarns, von einem Volk besiedelt wurden, das in auf Holzpfählen gebauten Häusern, deren Wände aus einem mit Lehm beworfenen Reisiggeflecht bestanden, lebte. Mehr als hundert solcher Siedlungen, die mehrere Morgen umfaßten und auf Tausenden von angespitzten Baumstümpfen ruhten, fanden sich in einem einzigen See. Diese Siedlungen wurden zuerst in der Neusteinzeit gegründet, aber manche waren noch während der Bronze- und Eisenzeit, ja sogar bis in die Römerzeit hinein bewohnt. Die Frage, ob die Dörfer im Wasser oder nur in sumpfigen Niederungen standen, kann man nicht beantworten, bevor man sich nicht über die Höhe des alten Wasserspiegels der Seen einig geworden ist. Zumindest wissen wir, daß einige der Siedlungen mit dem Festland durch Stege, die auch auf Pfählen ruhten, verbunden waren. Das Fehlen solcher Brücken in anderen Fällen führt zu der Vermutung, daß die Verbindung zum Festland nur mit ausgehöhlten Einbäumen aufrechterhalten wurde, die man aus einigen dieser Seen auch geborgen hat.

An dieser Stelle sollte auch die Arbeit von Oberst Friedrich Schwab gewürdigt werden, denn bei der Erforschung der Seesiedlungen und der dort entdeckten Artefakte machte er eine für die europäische Vorgeschichte äußerst wichtige Entdeckung. Der prähistorische Erdwall von La Tène am Ostende des Neuenburger Sees ist nur zum Teil im Wasser gelegen. Dort barg Schwab aus einer Tiefe von einem Meter eine eindrucksvolle Zahl von Speerspitzen und Schwertern. Drei Jahre lang ruderte er danach an ruhigen Tagen auf dem See und erkundete von seinem Boot aus, in dessen Boden man ein Fenster eingebaut hatte, den Seegrund und holte mit einem von ihm konstruierten Greifer Artefakte ans Tageslicht. Das Instrument griff dabei in den Schlamm, der den Fund umgab, und barg ihn so unbeschädigt.

Der größte Teil der Ausgrabungen von La Tène wurde dann auf dem Trockenen vorgenommen, nachdem man 1868 mit Entwässerungsarbeiten begonnen hatte. Aber es waren Schwabs erste Untersuchungen gewesen, die jene Funde zutage förderten, welche heute die während der zweiten Hälfte der Eisenzeit in West- und Mitteleuropa dominierende Kultur, die La-Tène-Kultur, charakterisieren.

Die plumpen Werkzeuge, mit denen man auf dem Seeboden herumgrub, wurden von der Oberfläche aus gehandhabt, und die seichten Gewässer ermöglichten es normalerweise den Forschern, ihre Arbeit zu überwachen. Um so schwieriger waren natürlich Bergungsversuche in tiefem Wasser, die von der Oberfläche aus vorgenommen wurden, aber auch das hat man versucht. Zweimal unternahm man es, Schiffe, die zu verschiedenen Zeiten und an verschiedenen Orten gesunken waren, mit Greifern von der Oberfläche her auszugraben, bevor man diesen Weg aufgab. Beide Projekte sollte man eher als Bergungsversuche, denn als wissenschaftliche Ausgrabungen klassifizieren, aber weil sie immerhin eine Phase in der Entwicklung der Werkzeuge für Unterwasser-Ausgrabungen darstellen, wurde ihre Beschreibung hier mit aufgenommen. Jedes der Unternehmen würde man auf der anderen Seite wohl kaum in Angriff genommen haben, hätte es bessere Möglichkeiten gegeben, aber immerhin gewann man bei diesen beiden Aktionen wertvolle Erkenntnisse.

Kurz bevor 1781 General Cornwallis sich General Washington ergab und damit den amerikanischen Unabhängigkeitskrieg beendete, wurden mehrere britische Kriegsschiffe im York River versenkt, teils absichtlich, um die gefürchtete französische Flotte zu blockieren, teils im Verlauf von Kampfhandlungen. Kurz darauf und auch noch im folgenden Jahrhundert unternahm man Bergungsaktionen, aber zerbrochene Zangen der Austernfischer und verhedderte Angelschnüre ließen die Vermutung zu, daß selbst 1934 noch irgendwo unter Wasser Wracks zu finden sein mußten.

Um diese Zeit beschlossen das Mariner's Museum von Newport News, Virginia, und der Colonial National Historical Park, gemeinsam den Fluß zu untersuchen und die Lage der gesunkenen Schiffe festzustellen. Berufstaucher nahmen vielversprechende Lageplätze in Augenschein. Sie entdeckten auch eine Anzahl von Wracks, die aber schon zu sehr zerfallen waren, um geborgen, ja selbst um noch identifiziert zu werden, aber glücklicherweise kann man ihre Konstruktion an Hand von Plänen der Britischen Admiralität studieren.

Immerhin holten die Taucher und die Zangen eines von der Oberfläche aus bedienten Greifbaggers eine ausgezeichnet erhaltene und ziemlich vollständige Sammlung der Waffen und Ausrüstungen des 18. Jahrhunderts ans Tageslicht. Zwischen den Kanonen, Ankern, Werkzeugen, Seilen, Steingutgeschirren, Gewichten und Zinngeräten fanden sich auch zahlreiche Rumflaschen. Die Flaschen, ursprünglich aus dunklem, olivgrünem Glas, veranlaßten Homer Ferguson, den Präsidenten des Mariner's Museum, sich eingehend über den »wunderschönen farbigen Belag« auszulassen, mit dem die Oberflächen der Flaschen überzogen waren. Aber niemand erkannte die Bedeutung dieser irisierenden Schichten.

Robert Brill vom Corning Museum of Glass fand heraus, daß die Zahl der abgelagerten Schichten auf dem Flaschenglas in direktem Zusammenhang mit der Zeitspanne stand, während derer diese Funde unter Wasser lagen oder im Boden begraben waren. Die eigentliche Ursache dieser »Verwitterungsschichten« ist nicht bekannt, aber jedes Jahr scheint sich eine neue Schicht gebildet zu haben. Vielleicht wirkten sich Temperaturveränderungen oder ein Wechsel zwischen trockenen und feuchten Jahreszeiten aus.

Zählungen verschiedener Schichten unter dem Mikroskop zeigen deshalb an, wie lange eine Flasche im Erdboden oder im Wasser gelegen hat. Brill verglich diese Methode mit dem Auszählen von Baumringen, »nur, daß hier ein Zersetzungsprozeß im Spiel ist und nicht ein Wachstumsprozeß«.

Eine Flasche aus dem York River brachte den Beweis der Brill'schen Theorie. 156 Schichten wurden gezählt, und wenn diese Zahl vom Datum 1935, dem Zeitpunkt der Ausgrabung, abgezogen wird, so kommt man auf das Jahr 1779; diese Jahreszahl entspricht fast exakt dem richtigen Datum, dem Jahre 1781. Leider finden sich solche Beweisstücke, von denen bekannt ist, wann sie verlorengingen, sehr selten, aber in unserem Falle bestätigte noch eine andere Flasche die Richtigkeit der Theorie. Sie stammte aus Port Royal, das 1692 während eines Erdbebens von Wassermassen verschlungen worden war. Verschiedene Zählungen ergaben, daß sich die Katastrophe 1685, 1691 oder 1701 ereignet haben mußte. Somit war die Unterwasser-Archäologie indirekt daran beteiligt, eine weitere Datierungsmethode für die allgemeine Archäologie zu entwickeln.

Der zweite Versuch, ein antikes Kriegsschiff mit einem Greifbagger zu heben, wurde 1950 in Albenga in Italien unternommen, wo man seit dem Jahre 1925, als Fischer mit ihren Netzen Funde ans Tageslicht gebracht hatten, ein Wrack aus dem ersten vorchristlichen Jahrhundert vermutete. Der Archäologe Nino Lamboglia arbeitete mit Unterstützung des berühmten Bergungsschiffes Artiglio II, nachdem er vergeblich versucht hatte, sowohl Taucher als auch finanzielle Hilfe von der Regierung zu bekommen.

Die Helmtaucher bargen einige Amphoren, aber den Löwenanteil der Arbeit leistete der Greifbagger. Seine Stahlklauen fraßen sich in das Wrack und faßten Holz, Amphoren und Metallteile. Von einer Unterwasserkammer aus beobachtete ein Mann, der mit dem Bergungsschiff in Telefonverbindung stand, die Bergungsarbeiten, es wurde jedoch überhaupt kein Versuch unternommen, die Fundstelle zu kartieren. Die Expedition scheiterte. Lamboglia war der erste, der es zugab, und mit seiner Selbstkritik wurde er zu einem der Pioniere in der Entwicklung wissenschaftlicher Kartierungsmethoden für unter Wasser gelegene Fundstellen. Und erst solche Methoden haben aus simplen Bergungsaktionen eine Disziplin der Archäologie werden lassen.

Bagger waren offensichtlich weder für Ausgrabungen noch zur Entfernung von Sand und Schlamm über den Fundstellen geeignet. Andererseits konnten Taucher auch nicht wie die Arbeitskolonnen auf dem Land vorgehen und die Erde in Schubkarren oder Loren schaufeln. Irgend etwas Neues mußte geschaffen werden. Und man fand es. Die »Schaufel« der Unterwasser-Archäologie, nämlich der Airlift, wurde von Jaques-Yves Cousteau, dem Vater der modernen Tauchtechnik, während der Ausgrabung eines römischen Wracks bei Grand Congloué in der Nähe von Marseille zum erstenmal benutzt. Seitdem ist er bei praktisch jeder großen Unterwasser-Aktion eingesetzt worden.

Der Airlift ist eine Art Saugpumpe. Es handelt sich einfach um ein senkrecht stehendes Rohr aus Metall, verstärktem Gummi oder Plastik, in dessen unteres Ende ein Kompressor mit einem Schlauch Luft zur Oberfläche pumpt. Wenn die Luft am unteren Ende in das Rohr tritt, dann steigt sie in Form von Blasen zur Wasseroberfläche. Die Luftblasen werden größer und steigen um so schneller aufwärts, je mehr sich der Druck von unten nach oben verringert. Dabei entsteht an der unteren Rohröffnung ein Sog, der Wasser, Sand sowie anderes Material, das klein genug ist, um das Rohr zu passieren, mit sich reißt. Solch ein Airlift kann überaus kräftig sein, und er muß vorsichtig gehandhabt werden. Außer bei Räumarbeiten in archäologisch unergiebigen Schichten arbeitet der Airlift am besten, wenn man die untere Rohröffnung nur wenige Zentimeter über den See- oder Meeresgrund hält, während man den Sand vorsichtig mit der Hand zu ihm hinfegt. Auf diese Weise wird kein zerbrechliches Holz beschädigt, und auch kleinere Fundstücke werden bemerkt und können in Sicherheit gebracht werden, ehe sie eine möglicherweise gefährliche Reise durch das Rohr antreten. Ferner ist zu bedenken, daß die ursprüngliche Position eines Gegenstandes verlorengeht, wenn ihn der Sog erfaßt, mag er auch selbst geborgen werden.

Ein Airlift kann entweder so hoch hinaufreichen, daß er Wasser, Schlamm und Muschelreste an die Oberfläche befördert, er kann seine Fracht aber auch unter Wasser ausspeien. In beiden Fällen muß eine Filtervorrichtung installiert werden, um die Funde abzufangen, die in den Schlauch geraten sein könnten. Der Durchmesser eines Saugrohres hängt von den Erfordernissen der Fundstelle ab, er beträgt in der Regel aber 8 bis 25 Zentimeter.

Bei Grand Congloué wurde der Airlift, der einen Durchmesser von 12 Zentimetern besaß, zuerst einfach von einem Schiff aus herabgelassen. Aber bald entdeckten die Taucher, daß der Wellengang selbst das untere Ende des Schlauches hin und her bewegte. Das biegsame Rohr des Airlifts wurde dann über einen 24 Meter langen, von der Insel Grand Congloué auf das Wasser hinausragenden Holzmast geführt, von dem er direkt ins Wasser gelassen und bis an das

Abb. 36   Der erste Einsatz eines Airlifts in der Archäologie bei Grand
Congloué.

Wrack in 33 Meter Tiefe geführt wurde. Sein oberes Ende
entleerte sich in einen Filterkorb auf der Insel, der den
Schlamm ins Meer zurückfließen ließ.

Die Erfahrung von Grand Congloué, daß nämlich ein
im Wellengang hin- und herschwankendes Schiff keine stabile
Plattform für einen Airlift sein kann, mußte auch woanders
gemacht werden. Aber in ruhigen Gewässern kann man einen
Airlift durchaus auf einem Floß installieren. Bei Port
Royal, wo unzählige Kubikmeter Schlamm zu entfernen
waren, hatte Edwin Link einen Airlift aus einem Metall-
rohr von 25 Zentimetern Durchmesser eingesetzt. Wie in
Grand Congloué ragte das obere Ende des Schlauches aus dem

Wasser, aber hier fiel der hochgespülte Schlamm auf einen kleinen Lastkahn. Das Wasser lief über das Deck ins Meer zurück und konnte auf Artefakte hin untersucht werden. Den gleichen Airlift benutzte Link in Israel, als er den römischen Hafen von Caesarea erforschte, und mit einer ähnlichen Anlage arbeitete man auch bei den Ausgrabungen im heiligen Brunnen von Chichen Itza. Dort trat das obere Rohrende des Airlifts durch ein Loch in der Mitte zweier Flöße, die man so verbunden hatte, daß sie das hervorsprudelnde Wasser und den Schlamm auffingen und filterten.

So sind die primitiven Kratzeisen und Haken, mit denen die Schweizer Seen im 19. Jahrhundert abgesucht worden waren, durch den Airlift ersetzt worden. 1961 begannen Taucher vom Unterwasser-Sportklub Neuchâtel mit der Ausgrabung von Champréveyres, einem der über tausend Fundplätze unter der Oberfläche ihres Sees. Unter Anleitung des Klubvorsitzenden Willi Haag unterteilten die Taucher die Bronzezeitsiedlung mit Schnüren in hundert Quadrate von je einem Quadratmeter Grundfläche. Danach untersuchten sie mit einem biegsamen Airlift aus verstärktem Gummi, sein Durchmesser war 15 Zentimeter, jedes einzelne Quadrat. Die Knochen, Scherben und Samenkapseln jedes Quadrates wurden, nachdem sie in einem Sieb auf der Seeoberfläche aufgefangen worden waren, separat für die sich anschließenden Studien aufbewahrt. Haag und seine Gruppe bewiesen damit, daß man auch unter Wasser nach Formationen bergen kann. Ihre fotografischen Aufnahmen zeigen auf dem Seegrund die deutlich abgegrenzten Schichten dreitausend Jahre alter Siedlungsablagerungen.

Bislang haben wir nur spezielle Fälle erörtert, bei denen der Airlift zum Einsatz kam. Champréveyres liegt nur drei Meter tief, der Brunnen von Chichen Itza besitzt eine

27

28

29

30

39

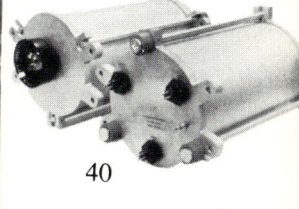

40

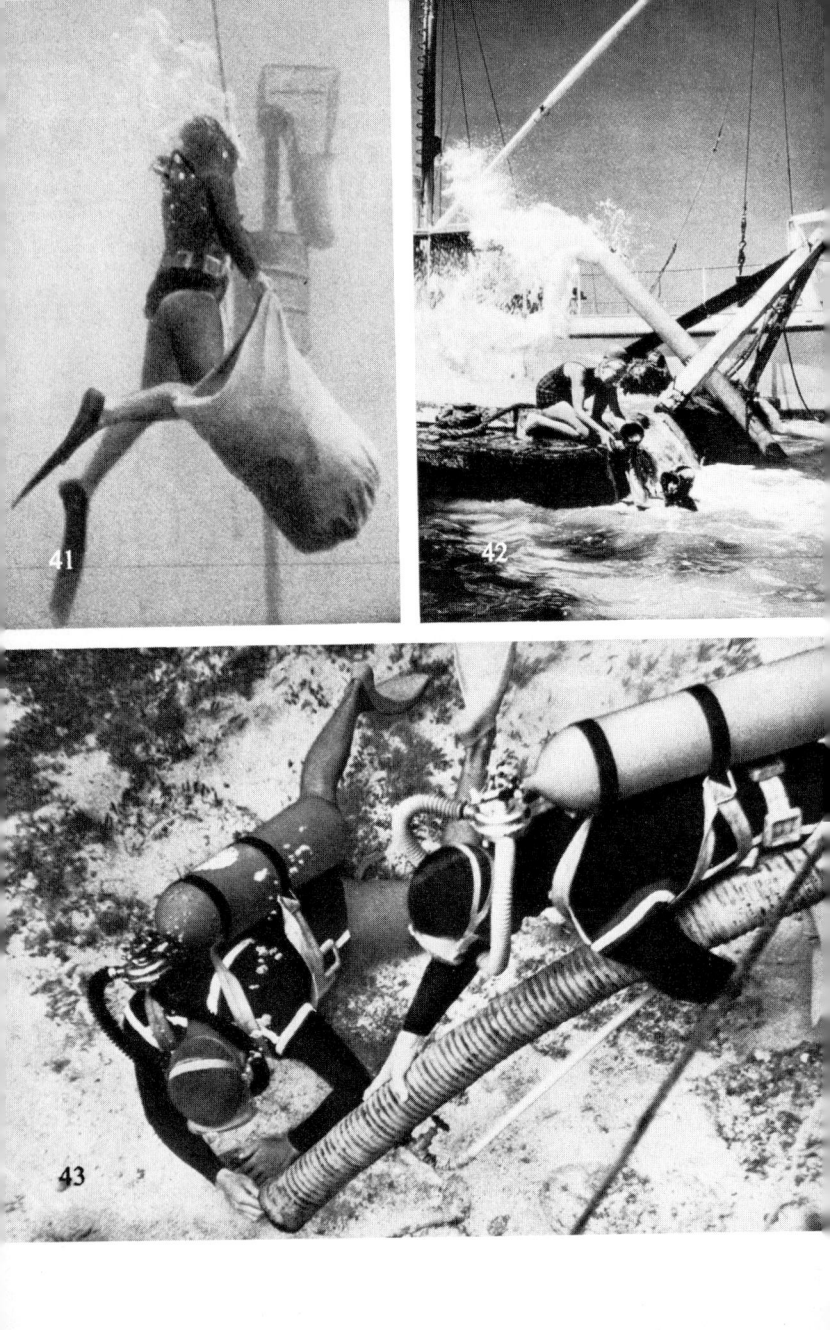

48

52

53

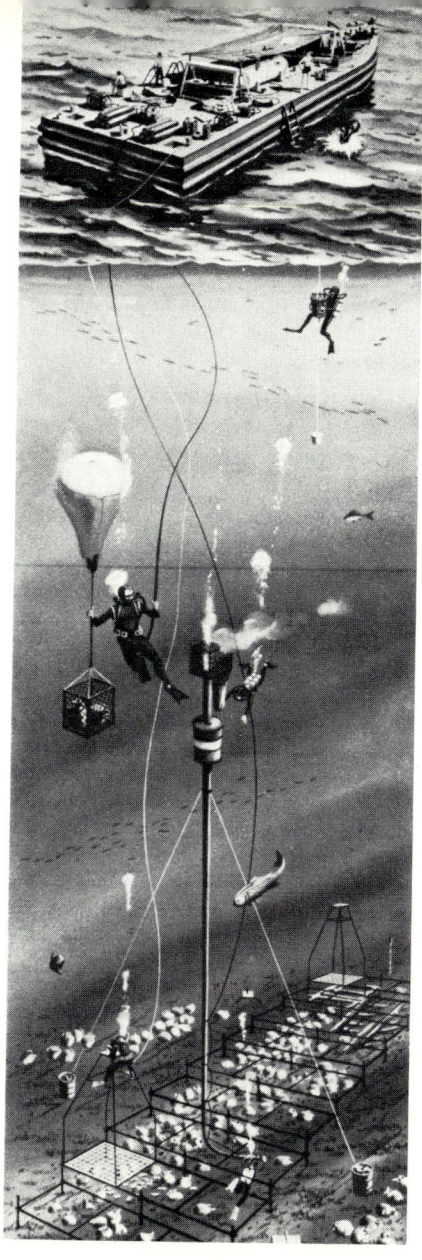

54

56

57

58

59

60

61

NO SMOKING

62

Abb. 37 Bronzearmband und Tonschüssel aus Champréveyres (nach Haag).

völlig ruhige Wasseroberfläche, bei Port Royal und Caesarea mußten ungewöhnlich große Schlamm-Mengen entfernt werden. Bei Grand Congloué schließlich bot die Insel selbst eine für Unterwasserarbeiten ungewöhnlich günstige Basis, die man nicht überall antrifft.

Der Airlift, den Robert Wheelers Gruppe von der Historical Society of Minnesota bei einem anderen Unternehmen einsetzte, ist vermutlich das Paradebeispiel für Ausnahmefälle, in denen die Ausrüstung den speziellen Umständen angepaßt wurde. Um den frühen Routen der Pelzhändler zu folgen, mußten Taucher und Archäologen in kleinen Booten reisen und oft die Stromschnellen, die so manches Kanu hatten zerschellen lassen, auf dem Land umgehen. Wheelers Mannschaft entwickelte deshalb einen Airlift, dessen Rohr, Trennsieb und Schwimmkörper aus leichten, zusammenlegbaren Aluminiumteilen angefertigt waren. Den ganzen Airlift konnte ein Mann ohne Mühe auf dem Rücken transportieren, und dennoch besaß man ein stabiles Gerät, wenn der neun Meter lange Airlift zusammengesetzt war.

Bei relativ tiefen und in der offenen See gelegenen Fundorten hat es sich als praktisch erwiesen, das obere Ende des Airlifts an Unterwasser-Bojen und nicht an auf der Oberfläche schwimmenden Flößen aufzuhängen. Das Saugrohr wird dann, selbst bei besonders rauhem Wetter, nie von den Bewegungen des Floßes oder Bootes beeinflußt, und Gegenstände, die unbeabsichtigt vom Sog erfaßt worden sind, werden nicht wild durch die Luft gewirbelt, wenn sie das obere Ende des Saugrohres ausspeit.

Während der Erforschung des Mahdia-Wracks im Jahre 1955, aus dem schon vorher viele Kunstwerke von Schwammtauchern geborgen worden waren, arbeitete der Tunesische Klub für Unterwasserstudien mit einem Airlift aus Metall, der mit zwei Kabeln auf dem Meeresgrund verankert war. Einige luftgefüllte Schwimmer waren mit dem oberen Rohrende verbunden und hielten ihn im Wasser senkrecht. Das obere Rohr endete in einem Korbfilter, durch den der Schlamm in 24 Meter Höhe über dem Wrack, aber immer noch 13 Meter unter der wellenbewegten Wasseroberfläche, wieder ins Meer zurückfloß. Das nur acht Zentimeter starke Rohr wurde leicht in jede Ecke des Fundplatzes geführt, indem man ein Ankerkabel verkürzte und das andere verlängerte. Zusätzliche Beweglichkeit ermöglichte ein flexibles Rohrzwischenstück am unteren Ende des Airlifts.

Ein weiteres Schiff aus der Zeit der römischen Republik war in der Nähe von Kap Dramont in Frankreich auf ein Riff gelaufen und schwerbeschädigt 34 Meter tief gesunken; es wurde von Souvenirjägern geplündert und, nach seiner Entdeckung und einer flüchtigen Überprüfung durch Claude Santamaria, zum Schluß noch mit Dynamit gesprengt. Dennoch blieb vom Wrack genug übrig, um Frederic Dumas und A. Sivirine 1959 zum weiteren Studium des Schiffs-rumpfes zu ermutigen. Die beiden französischen Taucher setzten den flexiblen, aber besonders schweren Airlift von Grand Congloué ein, um sich einen Weg durch das Wrack zu bahnen und die Rumpfkonstruktion zu erkunden. Wie bei Mahdia wurde der Airlift von einem Unterwasserfloß, das im Meeresgrund verankert war, herabgelassen. Diesmal befand sich der obere Teil des Schlauches nur sechs Meter unter der Wasseroberfläche. Tonscherben, für die man sich in diesem Fall nicht interessierte, ließ man mit durch den Filter entweichen, sie sickerten aber schnell auf den Fundplatz zu-rück, während Schlamm und Sand von der Strömung fort-getrieben wurden. Die Taucher sannen sogar auf Methoden, die Tonscherben abseits der Fundstelle niedersinken zu lassen, dabei wäre man aber das Risiko eingegangen, wertvolle Funde zu verlieren.

Während der Ausgrabung eines Schiffswracks aus der Bronzezeit bei Kap Gelidonya benutzte die Mannschaft des University of Pennsylvania Museum zwei Airlifts. Der eine, der abwechselnd aus steifen und biegsamen Rohrelementen sammengestzt war, besaß einen Durchmesser von acht Zen-timetern und reichte bis zur Wasseroberfläche, wo er sich in einen Filter an Deck des 30 Meter über der Ausgrabungs-stätte schwimmenden Schiffes entleerte. Und wie gewöhnlich waren es die Bewegungen des Schiffes, das Dümpeln im Wellengang, das den Wert dieses Airlifts minderte. Viel nützlicher war der zweite größere Airlift mit 15 Zentimetern Durchmesser, der aus starren Metallrohren zusammengesetzt war und dessen unteres Ende aus einem biegsamen, ver-stärkten Gummischlauch bestand. Sicher im Meeresgrund verankert, befand sich die Spitze des Rohres nur 15 Meter über der Fundstelle, wo ein leeres Benzinfaß ihm den nöti-

Abb. 38 Die bei Kap Gelidonya eingesetzten Airlifts.

gen Auftrieb gab. Über das obere Rohrende hatte man einen sehr grobmaschigen Sack gebunden, der größere Gegenstände, wie Tonscherben, zurückbehielt. Obwohl alles mehr oder weniger gut funktionierte, fehlte doch noch eine entscheidende Verbesserung.

Im Jahr darauf, es war 1961, als das Universitäts-Team mit der Ausgrabung eines byzantinischen Wracks bei Yassi Ada begann, bastelte Claude Duthuit einen großen Drahtkorb zusammen, den er auf das obere Rohrende des Airlifts montierte. Ein Teil des Korbbodens verjüngte sich, und an dem Stutzen hing, von vier Ringen getragen, ein Sack. Durch das Drahtgeflecht wurde fast der gesamte Sand und Schlamm vom Wasserstrom fortgespült, größere Gegenstände, wie Steine und Muscheln, wurden dagegen vom Drahtgeflecht abgefangen und fielen in den Sack. So rieselte, nachdem es einmal vom Sog des Airlifts erfaßt worden war, relativ wenig Material auf den Fundplatz zurück. Der gefüllte Sack wurde von einem Taucher an ein Seil gehängt und an die Oberfläche geholt. Dort leerte man den Inhalt auf das Deck des Schiffes und durchsuchte ihn mit der Hand gründlich nach Fundstücken. Zahlreiche Münzen und aufschlußreiche Tonscherben wurden so davor bewahrt, für immer verlorenzugehen. Sogar ein zerbrechliches Glasmedaillon überstand die Reise durch den Airlift, ohne Schaden zu nehmen.

Wie bereits erwähnt, sollte man aber einen Airlift bei den Ausgrabungsarbeiten an einem antiken Wrack nicht unmittelbar einsetzen, obwohl man bei Grand Congloué ein kurzes Schlauchstück von geringem Durchmesser über das Ausgangsrohr des Airlifts gestülpt hatte, um den Eingangsdurchmesser zu verringern, als man zwischen den Tonscherben der Ladung arbeitete. Frederic Dumas schlug für künftige Ber-

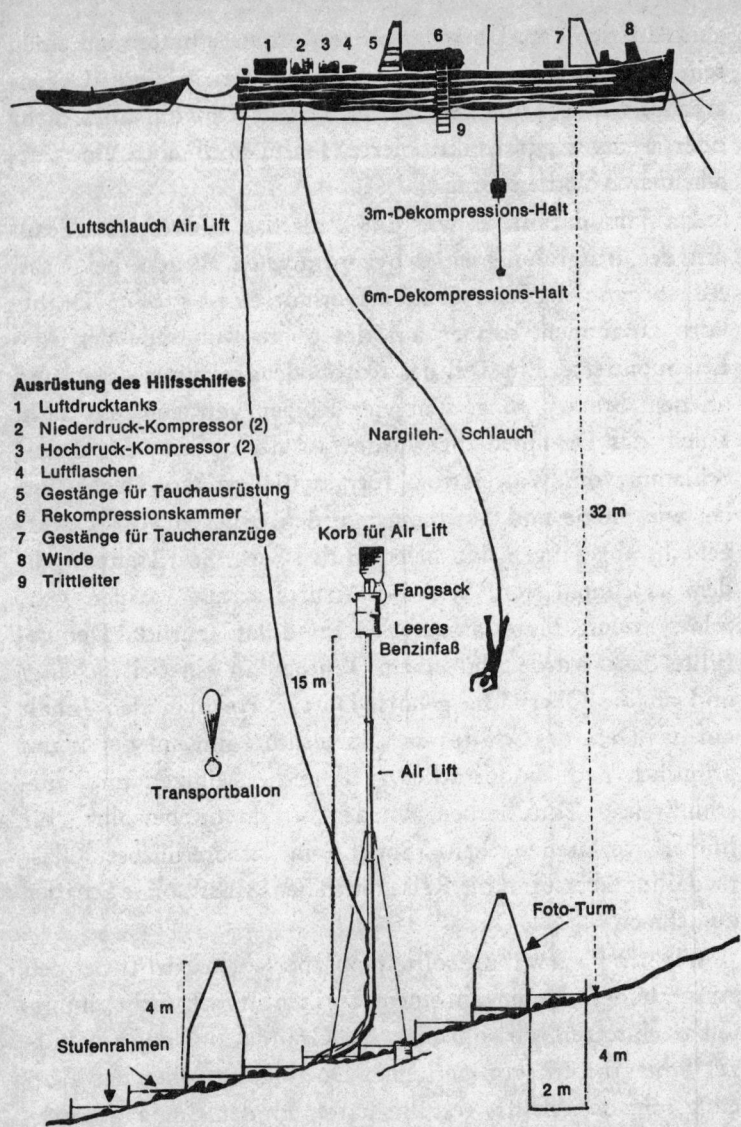

Ausrüstung des Hilfsschiffes
1 Luftdrucktanks
2 Niederdruck-Kompressor (2)
3 Hochdruck-Kompressor (2)
4 Luftflaschen
5 Gestänge für Tauchausrüstung
6 Rekompressionskammer
7 Gestänge für Taucheranzüge
8 Winde
9 Trittleiter

Luftschlauch Air Lift

3m-Dekompressions-Halt

6m-Dekompressions-Halt

Nargileh- Schlauch

32 m

Korb für Air Lift

Fangsack

Leeres Benzinfaß

15 m

Transportballon

← Air Lift

Foto-Turm

4 m

Stufenrahmen

4 m

2 m

Abb. 39 Der Airlift von Yassi Ada. Die Kabel zur Verankerung wurden später höher am Airlift befestigt, um dem unteren Teil des Rohres eine größere Beweglichkeit zu geben.

gungsarbeiten eine recht vernünftige Ausgrabungsmethode vor. Er empfiehlt, mit Hilfe eines starken Airlifts einen großen Graben um die Fundstelle herum zu ziehen. Aus dem Wrack kann man dann Sand in diesen Graben spülen, den man von Zeit zu Zeit, ohne besorgt zu sein, Artefakte mit anzusaugen und unter Umständen zu zerbrechen, mit dem Airlift wieder reinigt. Die eigentliche Ausgrabung wird mit der Hand vorgenommen. Der Archäologe lernt schnell, wie er mit ein paar wohlgezielten Handbewegungen den Schlamm von einem Stück Holz oder einer Tonscherbe fortspülen kann, ohne daß der Fund selbst aus seiner ursprünglichen Lage entfernt wird. Den mit solchen Handbewegungen aufgewirbelten Schlamm kann man dann mit großen, fegenden Armbewegungen vertreiben. In manchen Fällen, besonders wo das Wurzelwerk von Wasserpflanzen solches Arbeiten erschwert, kann man auch mit einem Messer ganze Schlammblöcke losschneiden und danach beiseite räumen. Auch Metallhacken, wie sie bei Sparghi und später bei Kap Gelidonya eingesetzt wurden, sind dabei recht nützlich.

Commandant Philipp Tailliez hatte, als er 1957 nachdrücklich unter Beweis stellte, daß auch Amateur-Archäologen außerordentlich sorgfältig arbeiten können, genaue Regeln für die Handhabung des Airlifts ausgearbeitet. Während der Bergung des Wracks bei Titan, in der Nähe der Ile du Levant, das aus der Mitte des ersten vorchristlichen Jahrhunderts stammt, wies er seine Marinetaucher an, jeden Gegenstand, den der Airlift bloßlegte, in seiner ursprünglichen Lage zu belassen und diese aufzuzeichnen. Selbst dann durfte er ohne Anweisung des Ausgrabungsleiters nicht geborgen werden. Während dieser äußerst disziplinierten Ausgrabung wurden die Marinetaucher nach und nach zu wahren Experten im Sortieren und Zusammensetzen der Scherben zerbrochener Tongefäße, die vom Airlift an Deck ihres Schiffes gespült worden waren. Man sollte allerdings auch nicht zu erwähnen vergessen, daß sowohl Tailliez in Frankreich wie auch später Haag in der Schweiz, deren beider Arbeiten die leuchtenden Beispiele in der Amateur-Archäologie darstellen, in ihren Ausgrabungsberichten am Schluß beide das Fehlen von Archäologen in ihrer Mannschaft bedauerten.

Alle Mittelmeerwracks, bei denen man mit dem Airlift gearbeitet hatte, waren mit Ausnahme der Schiffsrümpfe von Kap Gelidonya und Yassi Ada Handelsschiffe, die in den zwei letzten Jahrhunderten vor Christus sanken. Und außer den beiden erwähnten Ausnahmen wurde keines der Schiffe aus dem einen oder anderen Grund je vollständig ausgegraben. Bei vier Bergungsaktionen waren Teile der Schiffskiele an die Oberfläche befördert oder gezeichnet worden, aber in keinem Fall gelang es, abgesehen von den Kielen, Pläne von den miteinander verzapften Planken des Rumpfes anzufertigen. Dennoch waren es die Arbeiten von Grand Conglué, Mahdia, Titan (Ile du Levant), Kap Dramont und Sparghi, bei denen die Möglichkeit geboten wurde, die heute noch praktizierten Ausgrabungstechniken zu entwickeln. Darüber hinaus vermittelten, wie Fernand Benoît einmal bemerkte, die frühen Bergungsarbeiten von Grand Congloué und der Ile du Levant uns »erstmalig Einsicht in die Konstruktion und die Art der Ladung eines Handelsschiffes. Bis dahin waren Illustrationen (Bas-Reliefs, Mosaiken und Fresken) neben seltenen literarischen Zeugnissen und Inschriften die einzigen Quellen unseres Wissens, aber da diese keinen Maßstab zeigen, war man sich über die Form der Schiffsrümpfe unterhalb der Wasserlinie nicht im klaren.« Die späteren Arbeiten bei Mahdia und die Untersuchungen verschiedener Wracks, die Frederic Dumas vornahm, erweiterten unsere Kenntnisse über römische Schiffs-konstruktionen, und alle erwähnten Fundplätze lieferten wertvolle Mengen antiker Tonwaren und anderer Gegenstände.

Die mit dem umgekehrten Prinzip des Airlifts arbeitende Hochdruck-Wasserdüse wird ebenfalls zum Räumen von Schlamm und Sand eingesetzt. Um einen allzu starken Rückstoß, ähnlich wie bei Feuerwehrschläuchen, zu vermeiden, sollte die Wasserdüse mit einem Spezialmundstück versehen sein, das einen kleinen Teil des Wasserstromes zurückleitet und dadurch die Rückstoßkraft des Hauptstrahls ausgleicht. Die Wasserdüse wirbelt ganze Wolken von Schlamm auf und gefährdet zerbrechliche Fundgegenstände, dennoch ist sie in bestimmten Fällen von Nutzen: die Kommandobrücke der im amerikanischen Bürgerkrieg gesunkenen *Cairo* wurde mit ihrer Hilfe vom Sand gesäubert, ehe man das Wrack hob. Unter dem Rumpf der im Stockholmer Hafen wiederentdeckten *Vasa* wurden mit Wasserdüsen Tunnels gebohrt, wobei der gelockerte Schlamm von einem Airlift abgesogen wurde.

Wenn Wasser durch eine Röhre strömt, in die man auf bestimmte Weise seitliche Löcher gebohrt hat, dann kann durch diese Löcher Schlamm angesogen, vom Wasser mitgerissen und mit dem Strom fortgespült werden, vielleicht sogar zu einem Sieb. Mit solch einer Vorrichtung arbeitete Donald P. Jewell bei der Erforschung überfluteter indianischer Erdhügel in Kalifornien.

Man kann also entweder mit dem Airlift oder mit der Wasserdüse Versuchsgrabungen an einer Fundstelle vornehmen, daneben bedient man sich manchmal auch der Hilfe zweier anderer Suchgeräte. Bodenprobenbohrer können die Schichtungsformationen in verschiedenen Abschnitten der

Fundstelle enthüllen, aber gleichzeitig besteht die Gefahr, einmalige Artefakte zu beschädigen, deshalb sollte man sie nur im Notfall und dann mit größter Sorgfalt einsetzen. Ein sicheres Instrument ist der Unterwasser-Metalldetektor, der allerdings den Nachteil hat, nicht auf Holz und Tonscherben anzusprechen. Er hat jedoch mit großem Erfolg unter Schlamm- und Sandschichten Metallgegenstände aufgespürt.

Oft allerdings muß man mehr als Sand und Schlamm entfernen. Korallenablagerungen, hart wie Zement, bedecken häufig das Wrack oder Teile seiner Fracht. Bei dem antiken Schiffsrumpf von Kap Gelidonya war diese Korallenschicht bis zu 20 Zentimeter stark, und ihre Beseitigung stellte das Hauptproblem dieses einzigartigen Fundes dar.

Nach der aufsehenerregenden Entdeckung dieses aus der Bronzezeit stammenden Wracks an der türkischen Südküste wandte sich Peter Throckmorton an John Huston vom Council of Underwater Archaeology in San Francisco. Eine der Aufgaben des Councils ist es, Taucher und Archäologen miteinander bekannt zu machen. In diesem Fall gab man Throckmorton den Rat, sich an das University of Pennsylvania Museum zu wenden, das in der Türkei bereits Landgrabungen vornahm. Und es dauerte nicht lange, bis das Museum seine erste Unterwasserexpedition zusammengestellt hatte, in der Throckmorton als technischer Berater und Frederic Dumas als Tauchergruppenchef fungierten, während Joan du Plat Taylor, vom Londoner University Institute of Archaeology unterstützt, für die Konservierung und die Dokumentation der Funde verantwortlich war. Mich selbst sandte man zum örtlichen Y.M.C.A., um tauchen zu lernen.

Nachdem wir unser Lager auf einem schmalen Sandstreifen einige Kilometer vom Fundplatz entfernt aufgeschlagen hatten, fuhren wir jeden Tag in den Booten der einheimischen Schwammtaucher zu der Insel, an der das antike Schiff gescheitert sein mußte. Dort tauchten wir zweimal am Tag zu dem in 28 Meter Tiefe liegenden Schiffsrumpf hinab. Unter den steinharten Ablagerungen war der Fund praktisch unsichtbar, nur hier und da ragten Ecken und Kanten einzelner Metallteile hervor. Diese Anzeichen ließen darauf schließen, daß das Schiff zwischen dem Grundsockel der Insel und einem großen Felsblock lag. Ein Taucher fertigte eine erste Reihe von Fotos an, und die Positionen der sichtbaren Gegenstände wurden auf matten Plastikbogen eingezeichnet.

Da keiner der acht Taucher länger als eine Stunde pro Tag arbeiten konnte, wäre es kaum möglich gewesen, aus der Ablagerungsschicht jedes winzige Artefakt, darunter Tonscherben und Metallteilchen, herauszulösen, ohne es zu zerbrechen. Dumas kam auf den Einfall, die ganze Fracht in Blöcken zusammen mit der umhüllenden Ablagerung zu heben, die man später wie ein Riesen-Puzzle wieder zusammensetzen könnte, um dann die gehobene »Fundstelle« an Land in unserem kleinen Lager »auszugraben«. Die wichtigen Punkte der verschiedenen Blöcke wurden also markiert und auf Plänen festgehalten. Danach verbrachten die Taucher Wochen intensiver Arbeit, um die einzelnen Brocken mit Hammer und Meißel vom Meeresgrund loszubrechen. Eine starke Strömung behinderte die Männer, und sie mußten sich mit den Beinen gegen Felsbrocken stemmen, um während ihrer Arbeiten nicht weggespült zu werden. In Zukunft könnte man vielleicht mit einem Unterwasser-Preßlufthammer ähnliche Bergungsaktionen erleichtern.

Endlich war der erste Block der verkrusteten Fracht ringsum tief eingekerbt, aber es war nicht möglich, ihn vom Meeresgrund zu brechen. Throckmorton und Dumas nahmen den hydraulischen Wagenheber des Expeditions-Jeeps und setzten ihn unterhalb des Brockens ab. Der Dreizentnerblock wurde dann hochgedrückt, bis er vom Meeresboden losbrach und mit der Winde in eines der Schwammfischerboote gehievt werden konnte. Trotz dieser ziemlich gewalttätigen Methode wurde bei der Bergung nicht ein einziger Fund zerbrochen, während man beim Herausmeißeln der Funde unter Wasser garantiert die meisten Gegenstände beschädigt hätte.

Am Ufer wurden die Einzelstücke wieder zusammengesetzt und fotografiert, danach entfernte man die Ablagerungen mit verschiedenen Hämmern, Meißeln und einem elektrischen Vibrator. Außerdem fand man heraus, daß der Belag nach einigen vorsichtigen Hammerschlägen zerbrach und sich säuberlich vom Metall trennte. Die gesäuberten Funde wurden danach, noch immer in ihrer ursprünglichen Anordnung, im Detail gezeichnet und auf dem großen Ausgrabungsplan der Fundstätte, der bis dahin nur die vagen Umrisse großer Blöcke zeigte, eingetragen.

Unglücklicherweise war das Schiff auf nackten, felsigen Boden gesunken, so daß es zu wenig Sand gab, um den Schiffsrumpf zu begraben und damit zu konservieren. Deshalb waren wir ziemlich aufgeregt, als wir an einem Ende der Fundstelle unterhalb eines verkrusteten Blocks Holzfragmente herausragen sahen. Gleichzeitig aber gab uns die Bergung dieser Holztrümmer ein weiteres Problem auf, das mit Hilfe eines anderen Werkzeuges – heute gehört es zur Standardausrüstung jeder Unterwasser-Expedition – gelöst wurde. Es war nämlich zu befürchten, daß die steinerne Masse des Korallenblocks, wenn man sie mit der Winde des Schwammbootes hochziehen würde, schon beim geringsten Dümpeln des Bootes die Holzfragmente in unzählige Krümel zermahlen würde. Dumas hatte jedoch zwei Plastikballons mitgebracht, von denen jeder vier Zentner an die Oberfläche befördern konnte. Nachdem man jeden einzelnen Block über dem Holz mit Meißeln freigelegt hatte, verband man ihn mit einer leeren Ballonhülle und füllte diese mit einem Luftschlauch oder aus der Sauerstoffflasche einer Aqualunge. Danach trieben die Brocken sicher und sanft zur Oberfläche. Und als sich schließlich die Taucher in wochenlangem Mühen durch die feste Felsmasse gearbeitet hatten, auf der die Holzreste ruhten, wurden diese in einem Block, so wie sie auf dem Meeresboden gelegen hatten, mit Hilfe der Ballons an die Oberfläche geholt. Erst während dieser Bergungsphase setzte man mit Bleischuhen und Taucherhelmen ausgerüstete Schwammtaucher ein, denn sie konnten mit der Standfestigkeit, die ihnen ihre Ausrüstung verlieh, schwere Vorschlaghämmer schwingen, während ein Aqualunge-Taucher den Meißel hielt.

Das Holz bestand nur aus Resten, aber darunter waren Teile von Schiffsplanken, deren Dübel in die gebohrten Löcher anderer Planken paßten, genau wie Homer den Bau eines Schiffes in der Odyssee beschreibt. Die Innenseite des Rumpfes war mit Reisig abgedichtet, dessen Rinde noch gut erhalten war. Dieser Fund erklärte auch endlich, wozu Odysseus beim Bootsbau Reisig verwendet hatte, denn bis zu diesem Zeitpunkt hatte das Wort den Gelehrten bei der Übersetzung und der Interpretation der Odyssee einiges Kopfzerbrechen bereitet.

Gegen Ende der Ausgrabung bot sich uns das Bild eines kleinen Segelschiffes, das nach Lage der Funde ungefähr elf Meter lang gewesen sein mußte. Die Fracht hatte aus mehr als einer Tonne Metall bestanden. Durch die sorgfältige Aufzeichnung jedes einzelnen Fundes ließ sich auch feststellen,

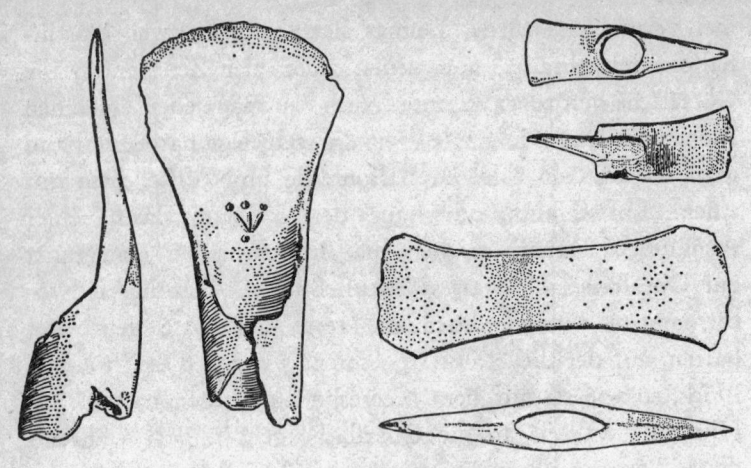

Abb. 40   Bronzegeräte von Kap Gelidonya (von Terry Ball).

daß alle persönlichen Gegenstände an Bord nur an einer
Stelle am Schiffsende gefunden worden waren. Darunter
befanden sich ein Zylindersiegel zum Abstempeln offizieller
Dokumente, fünf Skarabäen, Waagegewichte, Spuren von
Nahrungsmitteln (Olivenkerne und möglicherweise Vogel-
knochen oder Fischgräten), ein Paar steinerne Köpfe von
Kriegskeulen, mondsichelförmige Klingen, Wetzsteine zum
Schärfen von Werkzeug und die wohl einzige Öllampe an
Bord. Diese Fundstelle war vermutlich die Kajüte oder ein
Aufenthaltsraum gewesen, und die Gegenstände dürften dem
Kapitän oder der Mannschaft gehört haben. Ein Schafskno-
chen, den man ebenfalls in der Nähe der »Kajüte« fand,
diente entweder zum beliebten Zeitvertreib des »Knöchel-
spiels« oder zur Weissagung, auf die sich die alten Seefahrer
oft bei der Kursbestimmung verließen.

   Die Ergebnisse der Ausgrabungen von Kap Gelidonya

waren aufsehenerregend und von großer historischer Bedeutung. Die Fracht aus Metall stellte die größte Ansammlung von Kupfer- und Bronzegeräten dar, die man im ägäischen Raum bisher gefunden hat. Die Ladung bestand zum größten Teil aus Kupferbarren, die mit vier Griffen versehen waren. Jeder Barren wog rund 55 Pfund, und häufig waren sie mit Zeichen der noch immer nicht entzifferten cypro-minoischen Schrift gekennzeichnet. Sie, wie auch einige kleine scheibenförmige Bronzebarren, waren einst im Schiffsinnern sorgfältig verstaut worden und wurden von Matten eingehüllt und zusammengehalten. Zu den Geräten aus Bronze gehörten Hacken, Pickel, Äxte, Breitbeile, eine Schaufel, Messer, Meißel, Schalen, Nadeln, Speerspitzen und ein Spieß. Ein Großteil dieser Geräte war bereits damals zerbrochen und mit zerbröckelten Barren zusammen in Weidenkörbe gepackt worden. Außerdem entdeckten wir an Bord Gußabfälle und Werkzeug, das gegossen, aber nie geschmiedet oder geschärft worden war. Die Ladung bestand also mit einem Wort aus nichts anderem als Schrott, der wohl eingeschmolzen und zu neuen Waffen oder Werkzeugen gegossen werden sollte. Zu allem anderen beförderte das Schiff auch die zwei für die Bronzegewinnung benötigten Rohstoffe, nämlich Kupferbarren und Barren aus Zinn, die den ältesten bekannten Zinnfund darstellen.

Hatte das Kaufmannsschiff einen Kesselflicker an Bord gehabt? Ein bronzener Gesenkblock zum Nägelschmieden und zur Bearbeitung von Werkzeugen fand sich neben den Kriegskeulen oder Hämmern. Diese besaßen jene feingeglättete Oberfläche, die für das Treiben von Metall Voraussetzung ist.

Ein großer Stein von 160 Pfund Gewicht und damit bedeutend größer als die faustgroßen Steine des Ballasts wurde ebenfalls am Fundort entdeckt. Er lag auf Plankenresten ungefähr in der Mitte des Schiffes. Die eine, ziemlich flache Seite des harten, feinkörnigen Steins gab zu der Vermutung Anlaß, daß er als Amboß gedient hatte, da man vor der Entdeckung des Eisens immer Steine für diesen Zweck benutzte. Den vielleicht stichhaltigsten Beweis für die Tatsache, daß man an Bord des Schiffes Metalle bearbeitet hatte, lieferten jedoch die in der »Kajüte« gefundenen zahlreichen Wetz- und Poliersteine.

Miss Taylor und J. B. Hennessy untersuchten die Tonfunde und entdeckten, daß die meisten Gegenstände dem Zeitraum von 50 Jahren vor und nach dem Jahre 1200 vor Christus zuzuordnen waren. Unabhängig davon ergab eine Untersuchung des gefundenen Reisigs nach der Radiokarbon-Methode ungefähr das gleiche Datum. Entscheidend wichtig wurde die Bestimmung der Nationalität und Route des Schiffes, das zur Zeit der Helden Homers die Meere befuhr. Die Fracht aus Kupferbarren und Bronzegeräten war zypriotischen Ursprungs; das aber war noch kein Beweis, daß auch das Schiff aus Zypern stammte.

Eine Untersuchung der Waagegewichte ergab zuerst einmal, daß es sich um mehrere Gewichtssätze handelte, die viel genauer waren, als es die Archäologen, die bei Landgrabungen selten ganze Gewichtssätze aus einer Zeit zusammen finden, für möglich gehalten hatten. Die Gewichtssätze bewiesen, daß das Schiff mit Ägypten, Syrien, Palästina, Zypern, Troja, dem Hethiter-Reich, Kreta und vielleicht sogar mit dem griechischen Festland Handel getrieben haben könnte. Zwar ließen diese Resultate keinen Schluß auf die Route des Schiffes zu, aber sie gaben reichen Aufschluß über den Handel vor 3000 Jahren.

Die sorgfältige Kartierung jedes Gegenstandes hatte

die Unterscheidung zwischen dem persönlichen Eigentum der Besatzung und der Fracht ermöglicht, und sie erlaubte auch die Bestimmung der Herkunft des Schiffes. Das einzige Tongerät an Bord, das zumindest mit größerer Berechtigung als ein Wein- oder Ölkrug, der auch ein Teil der Ladung hätte sein können, zur eigentlichen Schiffsausrüstung gezählt werden konnte, war eine Lampe, und diese war syrisch-palästinensischen Ursprungs. Ebenfalls schienen die Keulen und zwei Steinmörser aus Syrien zu stammen. Auch die Skarabäen kamen nicht, wie ursprünglich angenommen, aus Ägypten, sondern waren syrisch-palästinensische Kopien ägyptischer Stücke. Das Zylindersiegel, das jeder Kaufmann des Nahen Ostens damals bei sich trug, war syrisch. Den Einwurf, daß die erwähnten Gegenstände von mykenisch-griechischen Matrosen als Souvenirs an Bord gebracht worden waren, kann man außer acht lassen, denn hätte sich in dem Fall nicht wenigstens ein Gegenstand griechischer Herkunft in der »Kajüte« gefunden?

Alles deutet also darauf hin, daß dieses Schiff in der Bronzezeit von Syrien nach Zypern gesegelt war, wo es eine Ladung Schrott aufnahm, bevor es seine letzte Reise gen Westen antrat.

Und doch schien das unmöglich. Syrische, kanaanäische oder phönizische Seefahrer hatten nach Ansicht der meisten Gelehrten noch nicht um 1200 vor Christus ihren berühmten Seehandel aufgenommen. So ist auch eines der wichtigsten Argumente dafür, daß Homer einer viel jüngeren Zeit zugeordnet wird als die Ereignisse, die er schildert, die häufige Erwähnung phönizischer Kaufleute in Homers Werk.

So wurde man sich der eigentlichen Sensation der Ausgrabung von Kap Gelidonya erst weit vom Fundort entfernt bewußt, nämlich in staubigen Museen und Bibliotheken.

Eine sorgfältige Untersuchung von viergriffigen Kupferbarren auf ägyptischen Grabmalereien zeigte, daß diese nicht, wie man allgemein angenommen hatte, in den meisten Fällen als Tribute der Ägäis, sondern fast immer als Tribute Syriens dargestellt waren. Merkwürdig ist ferner, daß solche Barren häufig bei Landgrabungen auf Sardinien und Zypern gefunden worden sind, zwei Inseln, die später von den Phöniziern kolonisiert wurden. Eine nochmalige Untersuchung der Bronzegeräte von Kap Gelidonya ergab zudem, daß deren Vorläufer in Syrien und Palästina früher vorkamen als in Griechenland. Damit schien ein noch sicherer Anhaltspunkt dafür gewonnen, daß Fracht und Schiff kanaanäischen oder phönizischen Kaufleuten gehörten. Da sich außerdem kein einziges Anzeichen dafür fand, daß das Schiff griechischen oder zyprischen Ursprungs war, müssen wir darauf schließen, daß phönizische Seefahrer bereits in der Zeit des Odysseus das Mittelmeer befuhren.

Die Ausgrabung von Yassi Ada VIII

Tauchmethoden, Methoden der Erkundung archäologischer Stätten und der kartographischen Bestandsaufnahme, der Bergung und der Restaurierung wirken zusammen bei der Lösung der Aufgabe, die jeder Archäologe sich stellt: der wissenschaftlichen Ausgrabung einer Fundstelle. Aber selbst noch im Jahre 1962 konnte Frederic Dumas, der an vielen Fundorten des Mittelmeeres, darunter Grand Conglué, Kap Dramont und Kap Gelidonya, gearbeitet hatte, völlig zutreffend schreiben: »Es sind zwar in der Presse verschiedene irreführende Berichte über sogenannte ›Bergungsaktionen unter Wasser‹ erschienen, aber die Tatsache bleibt, daß bis heute überhaupt noch kein einziges Wrack vollständig untersucht und kartiert worden ist.« Dieses Versäumnis wurde inzwischen nachgeholt.

1961 wandte sich das University of Pennsylvania Museum, jetzt auch von der National Geographic Society unterstützt, von der nicht eigentlich charakteristischen Fundstätte von Kap Gelidonya, wo man wenig mehr als eine Fracht gefunden hatte, einem anderen unter den vielen Wracks zu, die von Peter Throckmorton vor der türkischen Küste lokalisiert worden waren. Es handelte sich um ein byzantinisches Wrack, das an dem gefährlichen Riff von Yassi Ada gescheitert war.

Da das Wrack in 36 Meter Tiefe ruhte, gab es von Anfang an keine Zweifel, daß wir eine größere Mannschaft als bei Kap Gelidonya und auch eine größere Tauchplattform als ein Schwammtaucherboot benötigen würden. Deshalb trafen sich schließlich 15 Fachleute in Bodrum, wo man einen flachen 80-Tonnen-Lastkahn erwarb und ihn 16 Meilen weiter bis nach Yassi Ada schleppte. Der Kahn wurde an drei Stellen verankert, so daß man seine Position auch bei wechselnden Strömungsverhältnissen derart ändern konnte, daß er immer über der Ausgrabungsstätte schwamm. Dort lag er dann auch, gegen den rauhen Nordwind durch die niedrige, fast flache Insel nur unvollkommen geschützt, einen Sommer lang. Wegen der Hunderte von Ratten, die Peter Throckmorton und Mustafa Kapkin drei Jahre zuvor aus ihrem ersten Lager verjagt hatten, nahmen wir davon Abstand, unser Lager auf der Insel aufzuschlagen, aber gegen Ende des Sommers hatten es die Ratten schließlich doch geschafft, den 30 Meter vom Strand mitten im freien Wasser vertäuten Lastkahn zu erreichen, und mehr als ein Mann wurde im Schlaf gebissen. Selbst bei unserer zahlreichen Mannschaft ließ die begrenzte Zeit, die man in 36 Meter Tauchtiefe arbeiten kann, den Einsatz mechanischer Hilfsmittel bei der Kartierung ratsam erscheinen. So installierte man das Rahmengestell, das Dumas im vorangegangenen Jahr entwickelt hatte, über dem Teil der Fundstelle, der, nach den verstreuten Terrakotta-Ziegeln zu urteilen, die Kajüte gewesen sein mußte. An Ort und Stelle wurden auch Meßtische gezimmert und auf jeder Seite des Wracks zur allgemeinen Vermessung plaziert.

Zuerst mußten die Ausgräber das Wrack mit Drahtbürsten von Seepflanzen säubern, um die Ladung zum Fotografieren und zum Zeichnen freizulegen. Dann wurde jeder sichtbare Gegenstand mit einem numerierten Plastikkärtchen gekennzeichnet, damit man ihn auf den Fotos und Plänen wieder

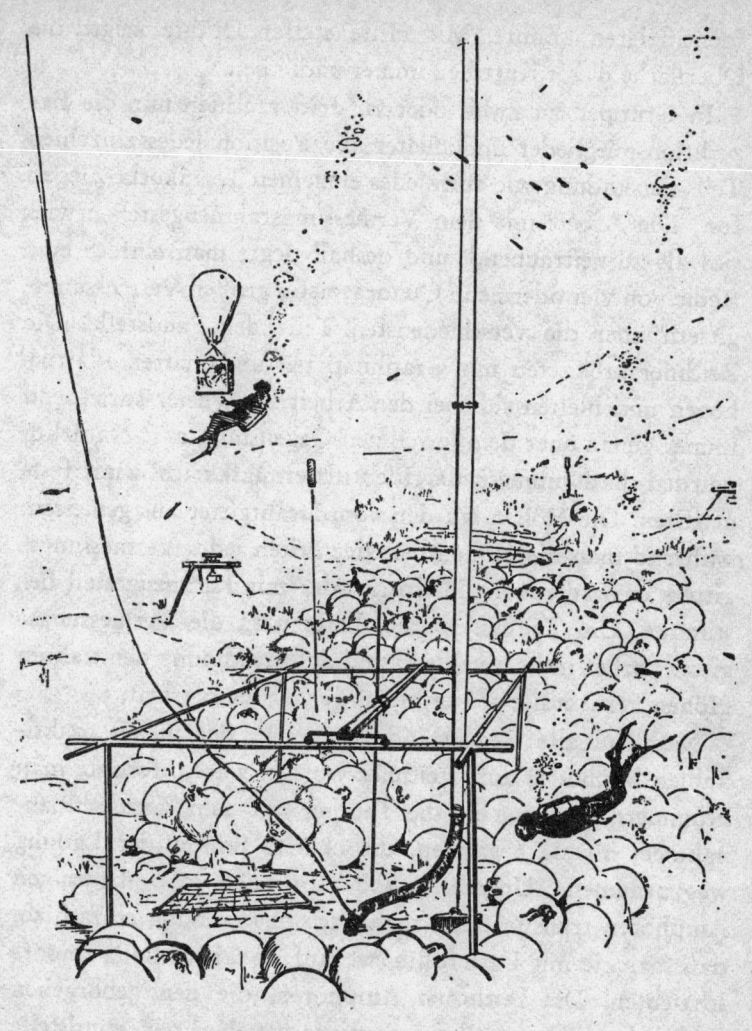

Abb. 41 Während der ersten Saison bei Yassi Ada benutzte Grabungsmethoden: Vermessungsrahmen, Meßtische, Vermessungsgitter, Airlift, Transportballon und Drahtkorb.

identifizieren konnte. Mit Hilfe steifer Drähte zeigte die Oberfläche dieser Kärtchen immer nach oben.

In Gruppen zu zweit oder zu dritt tauchten nun die Expeditionsmitglieder und hielten die Position jedes einzelnen Teils der Ladung wie auch jedes einzelnen Terrakotta-Ziegels fest. Die Arbeit mit dem Vermessungsrahmengestell erwies sich als zu zeitraubend, und deshalb legte man einfach eine Reihe von vier oder neun Quadratmeter großen Vermessungsgittern über die verschiedensten Teile der Fundstelle. Die Zeichner arbeiteten mit Graphitstiften und matten Plastikbogen und hielten sich bei der Arbeit im Wasser schwebend immer genau über dem jeweiligen Gegenstand auf. Natürlich wurden die Nummern der Identifizierungskärtchen mit festgehalten. Die Höhen wurden vom Drahtgitter aus gemessen, während man die Höhen der vier Ecken jedes Vermessungsgitters entweder vom Meßtisch oder mit Rahmengestell bestimmte. Um Zeit zu sparen, hatte man die Vermessungsgitter vorher nicht nivelliert, und die Errechnung der wahren Höhen verursachte später ziemlich viel Extraarbeit.

Nachdem alle Gegenstände mit einer der vielen praktikablen Methoden aufgezeichnet worden waren, fertigte man Nummernlisten an, die die Taucher mit zum Wrack hinabnahmen, als sie begannen, die oberste Schicht der Ladung wegzuräumen. Ungefähr 100 von den 900 bauchigen Amphoren transportierte man nach oben, häufig einfach so, daß man sie mit Luft füllte, worauf sie wie Ballons emporschwebten. Die restlichen Amphoren, die den geborgenen praktisch glichen, stellte man einfach neben der Fundstelle ab, wo sie gut geschützt liegen werden, bis sich irgendein Museum für sie interessiert. Natürlich wurde jede Amphore genau auf irgendwelche Besonderheiten hin untersucht, bevor man sie auf der Liste abhakte.

Wenn man eine Stelle exakt auf Plänen eingetragen und die Gegenstände entfernt hatte, zeigte sich häufig eine Schicht Sand über der nächsten Schicht von Gegenständen. Das war der Zeitpunkt, an dem der Airlift in Aktion trat. Seine Ankerkabel hatten wir ziemlich hoch angebracht, so daß das untere Rohrende frei über fast einem Drittel des Wracks hin- und herbewegt werden konnte, ohne daß es notwendig wurde, die Anker neu einzugraben oder die Länge der Haltetaue zu verändern.

Auch wenn die Taucher sich nicht im Wasser befanden, gab es genug Arbeit für sie. Sobald die Tongefäße an die Oberfläche kamen, entfernte man die gröbsten Meeresablagerungen, noch bevor sie austrockneten, mit Pickel und Meißel. Die Feinsäuberung nahm man später in einem Bad mit verdünnter Salzsäure in unserem Hauptquartier in Bodrum vor. Andere Taucher durchsuchten stundenlang die Haufen aus Sand und zerbrochenen Muscheln, die der Airlift meistens mehrmals am Tag hochförderte. Wieder andere waren die Zeitnehmer für die Taucher an der Fundstelle und signalisierten das Ende jedes Tauchganges, indem sie gegen ein kurzes Rohrstück, das vom Bord des Lastkahns herabging, hämmerten. Die Schläge waren an der Fundstätte deutlich zu hören. Einige Taucher tummelten sich fast ständig im Wasser, um die luftgefüllten Amphoren, die wie Ballons an die Oberfläche schossen, zu bergen oder um den Ballonlift einzuholen. Unter diesem Ballon hing jeweils ein großer Drahtkorb, in dem feste Gegenstände ihre sanfte Fahrt nach oben angetreten hatten. Dort angekommen, wurde der Korb von den mit Schnorcheln arbeitenden Schwimmern entleert. Und als wir mit der *Nargileh* tauchten, mußte jeder Taucher abwechselnd einmal die Kompressorwache übernehmen. In der Zwischenzeit war der Architekt damit beschäftigt, die

Detailzeichnungen und Meßdaten auf dem Generalplan der Ausgrabung einzutragen.

Die tägliche Zwei-Stunden-Fahrt zur Insel und zurück wurde ebenso wie das Tauchen allmählich zur Routine. Nachts blieben gewöhnlich zwei oder drei Taucher als Wache auf dem Kahn. Als Expeditionsleiter hatte ich häufig Geschäfte zu erledigen, die mich von der Grabungsstätte fernhielten. Die Verantwortung für die tägliche Überwachung der Ausgrabung übernahm dann Frederic van Doorninck, ebenfalls ein klassischer Archäologe. David Owen, damals noch Student der Brandeis University, wurde in solchen Fällen der Tauchleiter. Es war ein böser Schock im ruhigen Einerlei arbeitsreicher Tage, als Laurence Joline, ein Biologe und staatlich geprüfter Tauchlehrer, plötzlich ein Opfer der Caissonkrankheit wurde und von der Hüfte abwärts gelähmt war. Unbegreiflicherweise hatten wir uns auf den Rat eines bekannten Tauchexperten verlassen, der uns versichert hatte, bei unserer Methode der Über-Dekompression sei Caissonkrankheit praktisch ausgeschlossen, und waren deshalb für diesen Unglücksfall überhaupt nicht gerüstet. Stunden vergingen, bis wir Joline in eine kleine, zusammenlegbare Rekompressionskammer in Bodrum gebracht hatten. Aber die Kammer war nicht für den Überdruck, den man in einem so schweren Fall benötigt hätte, gebaut, und als wir Joline acht Stunden später wieder aus der Kammer holten, war sein Zustand unverändert. In der Zwischenzeit hatten wir das amerikanische Konsulat in Izmir alarmiert, und ein kleines Armeeflugzeug stand bereit, den verunglückten Taucher zu der großen Überdruck-Kammer in Istanbul zu fliegen. Man hatte den Kurs so gelegt, daß die Maschine die ganze Zeit tief über dem Meer fliegen konnte, denn da das Flugzeug keine Druckausgleichkabine besaß, hätte der verminderte

Luftdruck beim Überfliegen von Gebirgen Jolines Zustand noch verschlimmert. Nach 38 Stunden Aufenthalt in der Kammer in Istanbul und nach weiterer Krankenhausbehandlung kehrte Joline dann zur Expedition zurück, aber eine leichte Schwäche im linken Bein ist seither geblieben. Der fragliche Tauchgang war genau nach Plan abgelaufen, zusätzliche Dekompressionszeiten waren eingehalten worden, und die Ursache des Unglücks ist nie ausreichend geklärt worden. Bei mehr als 5000 einzelnen Tauchaktionen, die während dieser Expedition stattfanden, war Jolines Fall der einzige Unfall.

Gegen Ende der ersten Grabungssaison war ein Plan der sichtbaren Teile der Ladung angefertigt worden, der sechs eiserne Anker in der Nähe der Stelle, die wir für den Schiffsbug hielten, zeigte, während ein weiterer Anker seitlich des Wracks lag. Das Kajütenareal selbst war ausgegraben worden, und die Fliesen befanden sich an Land. Unter und zwischen den Fliesen fanden sich Gegenstände aus dem persönlichen Besitz des Kapitäns und der Mannschaft, und direkt hinter der Kajüte entdeckte man den großen Trinkwasserbehälter des Schiffes, der denen glich, die man noch heute in den Booten der Ägäis findet.

Zu den vielleicht wichtigsten Funden in der Kajüte gehören die Münzen. Gegen Ende der dreijährigen Ausgrabungsarbeiten waren es insgesamt 16 Gold- und 32 Kupfermünzen. Sie ermöglichten, das Wrack mit einiger Genauigkeit zu datieren. Fast alle trugen das Bildnis des Kaisers Herakleios, der von 610 bis 641 nach Christus regierte. Eine vollständige Untersuchung der Münzen ist zwar noch nicht abgeschlossen, aber auch die Töpferwaren und die anderen Artefakte scheinen in die erste Hälfte des 7. Jahrhunderts zu gehören.

Die aus der Kajüte geborgenen Töpferwaren stellen bei

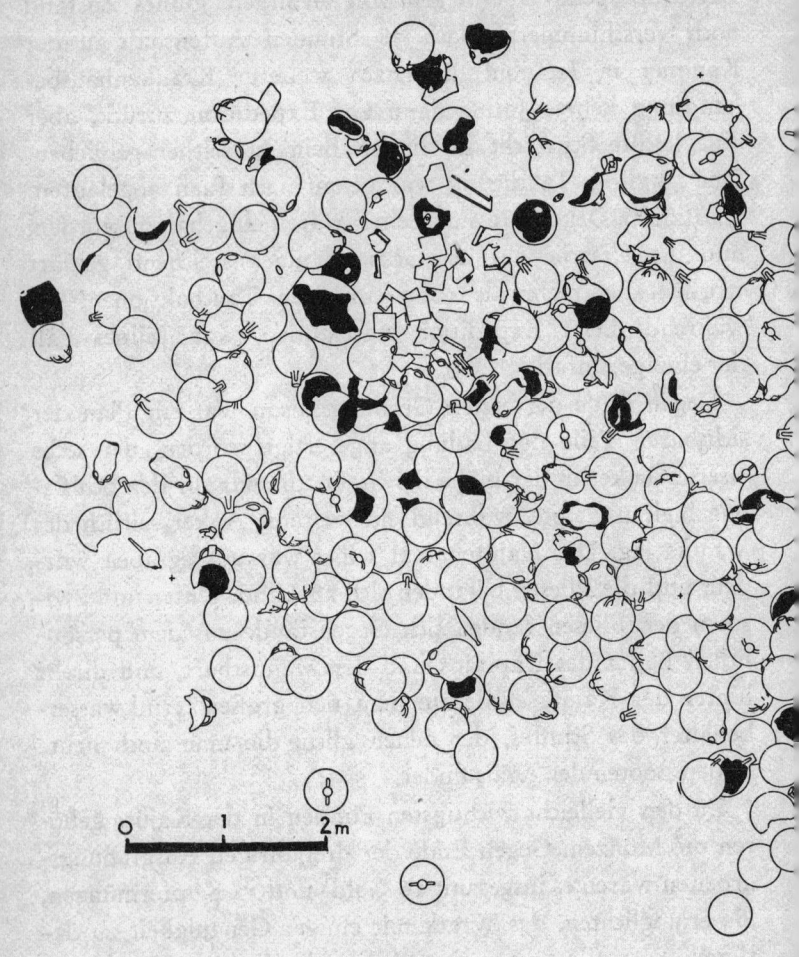

Abb. 45 Eine Karte der obersten sichtbaren Schicht der Ladung des byzantinischen Schiffes von Yassi Ada (von W. Wiener).

weitem den größten datierbaren Fund aus byzantinischer Zeit dar, den man bis heute entdeckt hat. Teller, Tassen, Schüsseln, Krüge und Kochtöpfe in den verschiedensten Formen kamen zusammen mit 20 Terrakotta-Öllampen ans Tageslicht. Allein die Lampen stellen die Bedeutung dieser Ausgrabung unter Beweis, denn obgleich ähnliche Lampen bereits zu Hunderten durch Landfunde bekannt waren, hatte man sie bis dahin gewöhnlich ins 5. oder 6. Jahrhundert datiert. Heute kann man sie ziemlich sicher ein Jahrhundert später einordnen, und wenn man künftig bei Landgrabungen in den Brandschichten einer Siedlung auf eine dieser Lampen

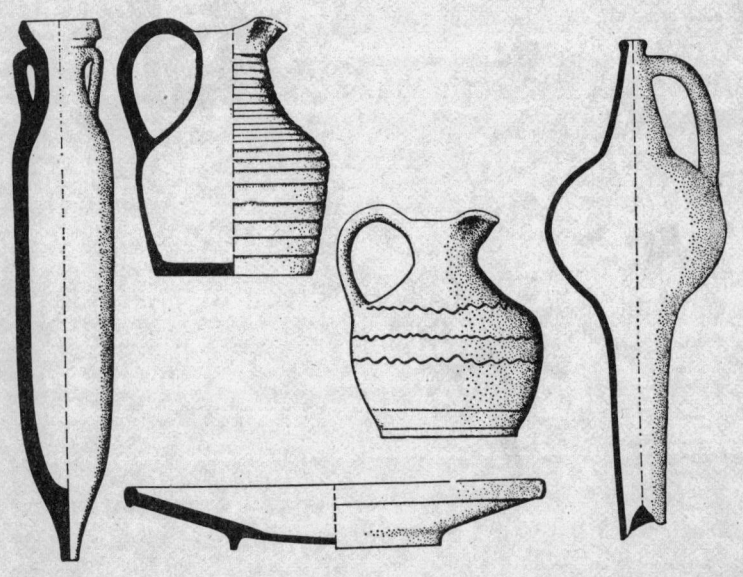

Abb. 42   Aus der »Kajüte« des byzantinischen Schiffes von Yassi Ada geborgene Töpferwaren.

Abb. 43 Weihrauchgefäße aus der »Kajüte« des byzantinischen Schiffes.

stößt, kann man mit Gewißheit die Schicht und damit die Zerstörung der Siedlung zeitlich bestimmen.

Auch andere Funde entdeckte man auf dem Boden der ehemaligen Kajüte. Ein Weihrauchgefäß aus Bronze und ein Bronzekreuz werfen Licht auf die religiösen Bräuche an Bord eines Schiffes jener Tage. Als professionelle Zeugnisse des Kauffarteifahrers fanden sich eine Anzahl Laufgewichtswaagen, von denen eine als Gegengewicht eine bleigefüllte Büste der Athene besaß. Da die Weinamphoren keine einheitliche Größe besitzen, erscheint es als möglich, daß auch Flüssigkeiten nach Gewicht verkauft wurden, wie es noch heute in der Türkei der Fall ist. Zum Ausiwegen leichterer Handelswaren diente offenbar ein Satz mit Silbereinlage versehener Bronzegewichte, in die die Maßeinheiten von einem Pfund bis zu einer Unze eingeprägt waren und die auf einem Holztablett in ausgehöhlten Löchern jeweils entsprechender Größe lagen. Unter den weiteren Funden in der Kajüte befanden sich ein kupferner Kochkessel, ein kupfernes Tablett mit aufgewölbtem Rand, ein Steinmörser und ein Topf mit Baumharz, das

197

dazu diente, die Innenseite der Terrakotta-Weinkrüge zu dichten. Die einzig sicheren Anzeichen für Nahrungsmittel an Bord waren sauber aufgeschichtete Stapel aus Muschelschalen, aus denen man vielleicht später auf den Kurs der Schiffe schließen kann. Eine Anzahl Tierknochen scheint erst vor nicht allzu langer Zeit auf die Fundstelle geregnet zu sein. Zuletzt fanden wir noch heraus, daß die Schiffsmannschaft mit den verschiedensten Arten von Bleigewichten gefischt hatte, die exakt denen glichen, die nach Aussage unseres türkischen Regierungsbeauftragten Yüksel Eğdemir noch heute am Bosporus verwendet werden.

Mit einigen Leuten der antiken Mannschaft wurden wir im Laufe unserer Arbeiten »bekannt«. Der Schiffskapitän hatte in griechischen Buchstaben an einem Ende der größten Laufgewichtswaage eingraviert: Georg der Ältere, Seekapitän. Ein Glasmedaillon trug das kreuzförmige Monogramm eines gewissen Theodor, und auf einem Bleisiegel war in ähnlicher Monogrammform der Name Johannes eingekratzt – alle Namen natürlich in ihrer griechischen Schreibweise.

Als die Ausgräber auf die ersten Überbleibsel des Holzrumpfes stießen, wurde uns klar, daß wir von jetzt an mit einer verbesserten Vermessungsmethode arbeiten müßten. Zu jenem Zeitpunkt entwickelten wir die im sechsten Kapitel beschriebenen Stufenrahmen und die Unterwasser-Fototürme. Als wir jedoch anfingen, das Holz für die Kartierung freizulegen, stellten wir fest, daß die Bruchstücke entweder von der Strömung fortgetrieben wurden oder schon durch die leichteste Bewegung eines Tauchers aus ihrer ursprünglichen Lage gerieten. Alle Eisennägel, die den Rumpf einst zusammengehalten hatten, waren schon seit langem vom Rost weggefressen worden. Aber durch Improvisation, dem Erfolgsgeheimnis aller Grabungen, lösten wir auch das Problem.

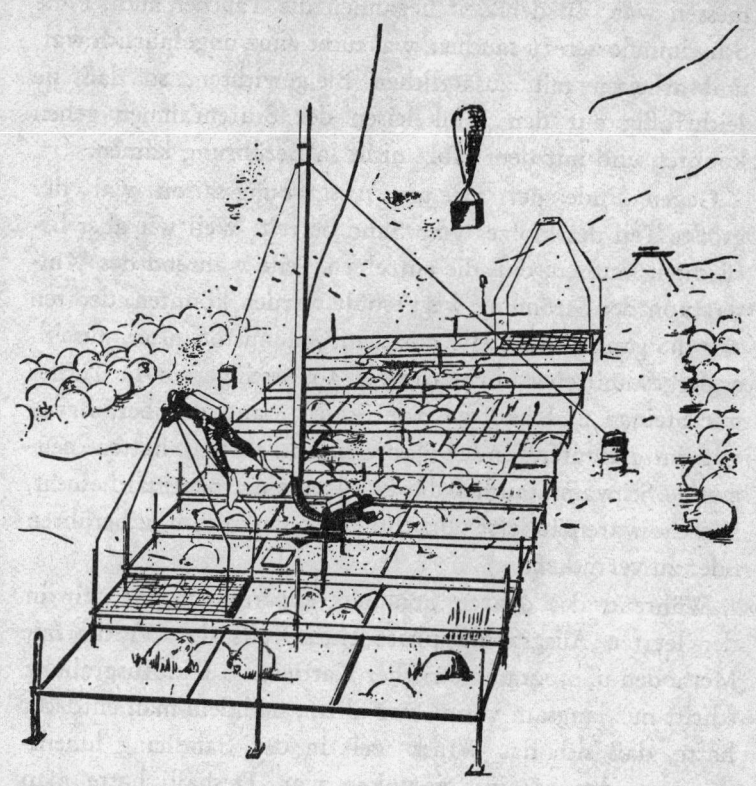

Abb. 44 Während der zweiten Grabungssaison bei Yassi Ada benutzte Methoden.

Wir kauften fast 2000 Fahrradspeichen und spitzten jede
von ihnen an. Dann spießten wir die Speichen durch jedes
Holzstückchen, mochte es selbst noch so klein sein, hefteten
so das ganze Wrack zusammen und hielten es am Meeresboden fest, bis es vollständig freigelegt, untersucht und ver-

messen war. Zu der Zeit begannen die Taucher auch, ohne Schwimmflossen zu tauchen, was nicht ganz ungefährlich war, und arbeiten mit zusätzlichen Bleigewichten, so daß sie leichtfüßig auf den Winkeleisen der Stufenrahmen gehen konnten und mit dem Holz nicht in Berührung kamen.

Gegen Ende der zweiten Ausgrabungssaison war der größte Teil des Holzes vom Sand befreit. Weil wir aber befürchten mußten, daß die einzelnen Teile während des Winters von der Strömung weggespült werden könnten, deckten wir die ganze Fundstelle mit dem Gummistoff alter, auseinandergeschnittener Luftmatratzen ab, beschwerten die Tücher mit Steinen und häuften eine Schicht Sand darüber. Bevor wir im darauffolgenden Jahr zurückkehrten, hatten neugierige Schwammtaucher die Fundstelle ein paarmal besucht, aber sie waren äußerst vorsichtig gewesen, nichts zu berühren oder zu verrücken.

Während des dritten Sommers experimentierten wir in der letzten Ausgrabungsphase eines Teils des Wracks mit Methoden photogrammetrischer Kartierung. Die Ausgrabung schritt nur langsam voran, vor allem, nachdem man entdeckt hatte, daß sich das Wrack weit in den Sandhang hineinzog, auf den es einst gesunken war. Deshalb hatte man einen tiefen Graben durch den Hang gezogen, um die tiefer gelegenen Wrackreste freizulegen. Jener Graben war selbst noch im nächsten Jahr trotz der regelmäßig auftretenden Strömungen nicht zugespült. Ein Beweis, daß die häufig geäußerte Meinung, unter Wasser sei es unmöglich, mit der Grabentechnik zu arbeiten, nicht den Tatsachen entspricht. In diesem Graben fanden sich noch vier weitere Anker, womit die Gesamtzahl auf elf stieg, eine im Altertum, selbst bei verhältnismäßig kleinen Schiffen, nicht ungewöhnlich große Zahl.

Zu der Zeit hatten wir auf Yassi Ada ein Lager eingerichtet, das teilweise gegen die Rattenplage gesichert war. Ein genauer Tagesplan wurde aufgestellt, so daß der Architekt zum Beispiel zum Lastkahn hinausschwamm oder hinausruderte, sofort tauchte und dann wieder zu seinem Zeichenbrett zurückkehrte. Ebenso wurde es auch dem Fotografen, dem Stereo-Spezialisten und dem Grafiker ermöglicht, ihren Arbeiten auf der Insel fast den ganzen Tag über nachzugehen. Der Arzt und der Aufsicht führende Archäologe blieben den ganzen Tag über auf dem Kahn, zusammen mit einer für alle Notfälle ausreichenden Anzahl von Tauchern. Inzwischen verfügten wir auch über eine stabile Rekompressionskammer, aber wir haben sie nie mehr benutzen müssen. Jeden Tag wurde ein anderes Expeditionsmitglied als »Kahnchef« eingeteilt. Seine Aufgabe war es, die Generatoren und Kompressoren zu versorgen und sie laufen zu lassen, die Druckmesser zu kontrollieren, die Kabel auf dem Kahn und die Tauchschläuche zu inspizieren, die Tauchhelfer-Gruppen zu überwachen; er war also, kurz ausgedrückt, für den glatten und planmäßigen Ablauf der Arbeiten verantwortlich. Auf diese Weise wurden alle Taucher, ob Archäologen, Architekten oder Fotografen, mit jedem Aspekt der Arbeiten vertraut, was natürlich das Unfallrisiko herabsetzte.

Ständig wurden Anstrengungen unternommen, unsere Arbeitsmethoden zu verbessern. Wir zogen es vor, mit der *Nargileh* zu tauchen, besaßen aber nur zwei Schläuche, die vom Kahn bis zum Wrack hinabreichten. Da die beiden Taucher sich am Schluß ihrer Arbeit am Fundort einem 21-minütigen Druckausgleich unterziehen mußten, verloren wir jedesmal 21 Tauchminuten, während derer die nächste Gruppe auf die Schläuche wartete. Deshalb führten wir kurze Schläuche von den Lufttanks auf dem Kahn zum Dekompressions-

Punkt hinab, so daß die Taucher sich während des Druckausgleichs aus den kurzen Schläuchen mit Luft versorgen konnten, während man die langen zum Kahn hochziehen und für das neue Team benutzen konnte. Ein Unterwasser-»Telefon«, eine Schreibtafel und ein Bleistift am Ende eines Stricks, der bis zum Dekompressionspunkt herabhing und an Bord des Kahns eine Kamelglocke in Bewegung setzen konnte, ermöglichte es den Tauchern, während sie den Druckausgleich abwarteten, die nächste Gruppe über den Arbeitsfortschritt auf der Fundstelle zu informieren. Mit solch simplen Methoden vermochten wir, die tägliche Arbeitsleistung fast zu verdoppeln.

Seit dem Beginn unserer Ausgrabungen hatten wir jeden versteinerten Brocken, der auf der Fundstelle entdeckt wurde, mit an die Oberfläche gebracht. George Barnier und andere hatten während ihrer Ausgrabungen älterer Wracks nachgewiesen, daß sich um verrostende Gegenstände auf dem Meeresboden Sand und Muschelreste anlagern, versteinern und dabei einen natürlichen Abdruck des eisernen Originals entstehen lassen. Solche Versteinerungen kann man mit einer Säge halbieren, danach wird das schwammige Eisenoxyd ausgewaschen und ein Gipsabguß hergestellt. Obwohl wir nicht wußten, was der jeweilige versteinerte Brocken enthalten würde, ob eine Waffe, ein Werkzeug oder einen Nagel, wurde er wie die anderen Gegenstände der Fundstelle mit einem numerierten Plastikanhänger versehen und seine ursprüngliche Lage genau aufgezeichnet. In unserem Lager in Bodrum sammelten sich dann 150 solcher versteinerten Brocken an, während wir nach besseren Methoden suchten, Abgüsse herzustellen.

Eine elektrische Stein-Kreissäge, deren Blatt eine Diamantschneide besaß, wurde besorgt, um uns die mühselige, zahl-

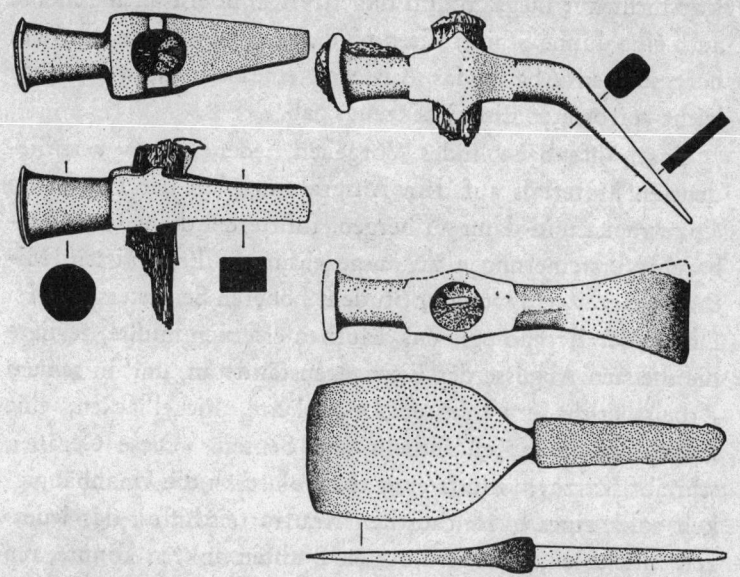

Abb. 46 Gummiabgüsse von Werkzeugen aus den durch Versteinerung entstandenen natürlichen Gußformen.

lose Stunden erfordernde Arbeit zu ersparen, diese felsharten Brocken mit der Hand zu zersägen. Natürlich ging bei dieser Prozedur, je nach Stärke des Sägeblattes, bei jedem Schnitt Material verloren, doch dieses wurde durch einen sorgfältig zugeschnittenen, zwischen die Hälften gelegten Pappkarton wieder ausgeglichen. Gleichzeitig experimentierten wir mit verschiedenen synthetischen Gummiverbindungen als Gußmaterial. Die zuletzt von Joline und van Doorninck ausgesuchte Verbindung erwies sich dem bis dahin benutzten spröden weißen Gips als weit überlegen. Diese Gummimasse war nicht nur biegsam und dabei fest, sondern an ihr klebte auch eine dünne Schicht Eisenoxyd aus der Gußform, die dem hergestellten Abguß das Aussehen eines echten, wenn auch leicht verrosteten Eisenwerkzeugs gab.

Unser offenbar blindes Vorgehen, jeden Fetzen verschiedensten Materials auf dem Ausgrabungsplan der Fundstelle einzutragen und dann zu bergen, führte bei diesen unscheinbaren Versteinerungen zu ausgezeichneten Ergebnissen. Michael Katzev, ein weiterer Student höheren Semesters, der im Dienst der Archäologie das Tauchen erlernen mußte, fertigte die meisten Abgüsse der Eisengegenstände an, und in seinem Arbeitsbericht erwähnt er Doppeläxte, Pickelhacken, eine Haue, eine Schaufel, Sicheln und Sensen. »Diese Geräte«, schreibt Katzev, »illustrieren recht plastisch die Unabhängigkeit solch eines byzantinischen Kauffarteischiffes, das jederzeit in kleinen, wohlgeschützten Buchten ankern konnte, um seinen Feuerholzvorrat zu ergänzen oder um Bauholz für die Reparatur von Sturmschäden zu schlagen.« Katzev brachte des weiteren eine Krummaxt, einen Splitthammer, Hämmer für die Metallbearbeitung, Messer, Hohleisen zur Holzbearbeitung, Lochstecher, Feilen, Stechzirkel, Meißel, einen Sack Nägel für Zimmermannsarbeiten, einen Satz Schaber und ein eisernes Kalfatmesser an den Tag, und auch mit diesen Werkzeugen wird noch einmal die Unabhängigkeit eines Schiffes im 7. Jahrhundert nach Christus demonstriert.

Zuletzt wurde das Holz des ehemaligen Schiffes gehoben. Bei dem äußerst zerbrechlichen Material war es allerdings unmöglich, wie üblich vorzugehen. Deshalb fertigten wir für diesen Zweck einen fast sechs Meter langen Drahtkorb an, der auch die längsten der erhaltenen Hölzer aufnehmen konnte. An den Seiten des Korbes befanden sich zahlreiche Griffe. Die Taucher ließen ihn dann vom Kahn zum Meeresboden herab, legten das Holz sehr vorsichtig hinein und kletterten dann, häufig in Tennisschuhen, mit dem Korb den Abhang zur Insel wieder empor, deren Ufer 30 Meter von der Fundstelle entfernt und 36 Meter höher lag.

Außer während der Untersuchung wurde das geborgene Holz in Wasserbassins aufbewahrt, wo es bis zur Behandlung mit Chemikalien blieb. Holz, das lange im Wasser gelegen hat, schrumpft nämlich, wird rissig und verwirft sich bis zur Unkenntlichkeit, wenn man es zu schnell trocknen läßt, es sei denn, eine andere Substanz nimmt den Platz der Wassermoleküle ein, die aus den Holzzellen heraus verdunsten. Das wirkungsvollste Konservierungsmittel scheint heute Polyaethylenglycol (PEG) zu sein, das sich im Wasser löst, in die Holzzellen dringt und dort den Platz des entweichenden Wassers einnimmt. Die *Vasa* wurde mit PEG konserviert, Robert Inverarity wandte es mit großem Erfolg bei den im Lake George entdeckten *Bateaux* an, und Holzteile spanischer Galeonen, die man in der Faust hätte zerkrümeln können, wurden von Alan Albright mit den Hilfsmitteln der Laboratorien der Smithonian Institution fast perfekt restauriert.

Die Ausgrabung und die Untersuchung des byzantinischen Schiffsrumpfes war die alleinige Aufgabe Frederick van Doornincks, der ihn erstaunlicherweise vom Kiel bis zu den tragenden Balken des Decks rekonstruieren konnte. Er entdeckte, daß der überwiegende Teil des Schiffsrumpfes in der normalen griechisch-römischen Manier gebaut worden war, das heißt, zuerst setzte man aus miteinander verzapften Planken die Außenhaut des Rumpfes zusammen und baute danach Spanten ein. Der obere Teil des Rumpfes aber war mit großer Gewißheit nach modernen Konstruktionsmethoden gebaut worden, indem man zuerst das Spantenskelett zimmerte und dieses mit Rumpfplanken überzog. So stellt das byzantinische Schiff von Yassi Ada unter Umständen den Übergang von antiken zu modernen Methoden, Holzschiffe zu bauen, dar.

Diese Rekonstruktion, die, außer der hypothetischen Wölbungskurve des Rumpfes, auf sicheren Füßen steht, könnte den Eindruck eines außerordentlich gut konservierten Schiffes erwecken, doch das war absolut nicht der Fall. Es war nicht besser erhalten als etliche andere Schiffe, die man auf dem Meeresboden gefunden hat, aber mit unvorstellbarer Geduld ist es van Doorninck gelungen, die Hunderte von manchmal winzigen Einzelteilen zusammenzusetzen. Selbst nachdem alles Holz ausgegraben war, hatte meiner Meinung nach kein Mitglied der Expedition die Hoffnung, daß uns dieser Haufen zerbrochener Holztrümmer irgendwelche wesentlichen Aufschlüsse vermitteln könnte.

Den Bug des Schiffes hatten die Felsen über die schützende Sandschicht hinausragen lassen, deshalb war nur das Heck erhalten geblieben. Aber selbst dort, schrieb van Doorninck, fanden sich nur kleine Teile guterhaltener Verplankung, und »die übriggebliebenen Reste der Spanten waren derart winzig, dünngeschliffen und so weit verstreut, daß sie unserer Aufmerksamkeit bei der ersten, flüchtigen Untersuchung praktisch entgangen waren«. Er war nur deshalb in der Lage, den Schiffsrumpf so weitgehend zu rekonstruieren, »weil wir gegen Ende der Ausgrabung einen exakten Lageplan dieses Teils des Fundortes auf unserem Zeichenbrett liegen hatten, auf dem jeder winzige Fetzen Holz, der seiner Größe nach überhaupt noch irgendwelche Bedeutung haben konnte, samt Nagellöchern, Bolzenlöchern, Nuten, Verzapfungen oder sonstigen Merkmalen eingezeichnet war«.

Zu diesem Zweck hatte man jedes Holzfragment mit einem Plastikanhänger numeriert, in seiner Lage auf dem Meeres-

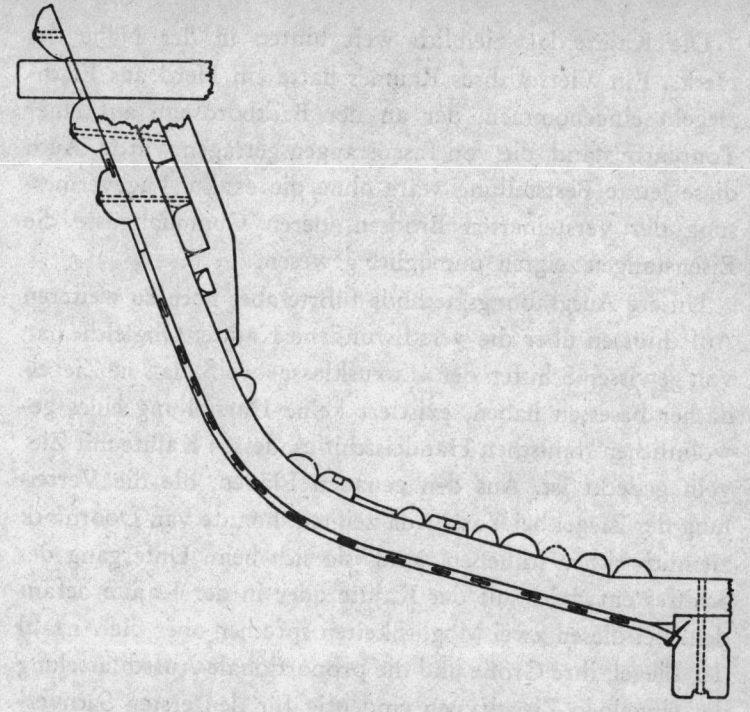

Abb. 47 Rekonstruierter Querschnitt des byzantinischen Schiffes von Yassi Ada; über die Kurvenform des Schiffsrumpfes herrscht noch keine volle Klarheit (von F. van Doorninck).

boden fotografiert und alle Holzteile mit ihren Anhängern zur Oberfläche gebracht. Dort hatte dann van Doorninck anhand der Fotografien und der Nummern jede einzelne Planke wieder zusammengesetzt und Detailzeichnungen angefertigt. Auf Grund der sorgfältigen Vermessung jedes einzelnen Gegenstandes im Laderaum und in der Kajüte war es van Doorninck sogar möglich, fast exakt die Lage der vorderen Wand der Holzkajüte, von der selbst nichts aufgefunden wurde, zu bestimmen.

Die Kajüte lag ziemlich weit hinten in der Nähe des Hecks. Ein Viertel ihres Raumes hatte ein Herd aus Flachziegeln eingenommen, der an der Backbordseite auf einer Tonplatte stand, die von Eisenstangen getragen wurde. Auch diese letzte Feststellung wäre ohne die exakte Lagevermessung der versteinerten Brocken, deren Gummiabgüsse die Eisenstangen zeigten, unmöglich gewesen.

Unsere Ausgrabungsmethode führte aber noch zu weiteren Aufschlüssen über die verschwundene Kajüte. Obgleich man von gewissen Schiffen der »Luxusklasse« weiß, daß sie Ziegeldächer besessen haben, existiert keine Darstellung eines gewöhnlichen römischen Handelsschiffes, dessen Kajüte mit Ziegeln gedeckt ist. Aus den genauen Plänen, die die Verteilung der Ziegel bei Yassi Ada zeigten, konnte van Doorninck ziemlich sicher schließen, »daß sie sich beim Untergang des Schiffes entweder auf der Kajüte oder in der Kajüte befanden. Bei diesen zwei Möglichkeiten sprechen aber die Anzahl der Ziegel, ihre Größe und die proportionale Aufschlüsselung der einzelnen Ziegeltypen eindeutig für den ersten Sachverhalt.« Ähnliche Ziegel hatte man bei fast jedem römischen Schiffswrack, das bisher im Mittelmeer untersucht wurde, gefunden, aber in keinem Fall war ihre ursprüngliche Lage aufgezeichnet worden, so daß es über ihren wirklichen Zweck zu den verschiedenartigsten Auffassungen unter Wissenschaftlern gekommen war.

Man hat uns gefragt, ob es wirklich notwendig war, jeden einzelnen Gegenstand mit einer Plastikmarkierung zu versehen und die Positionen der Hunderte von Weinamphoren der Ladung auf Zentimeter genau zu vermessen. Vielleicht war die exakte Markierung der Amphoren im Mittelteil des Wracks unwichtig, aber ob es sich so verhielt, konnte man während der Ausgrabung nicht wissen. Nicht nur die Lage und Größe der Kajüte, sondern auch die Länge des 21-Meter-Handelsschiffes konnten wir aus der Verteilung der Fracht erschließen, und nur durch Experimente an den weniger wichtigen Teilen des Wracks vermochten wir die Methoden zu entwickeln, die für die exakte Vermessung der Holzfragmente Voraussetzung waren.

Neben seinen einzigartigen Mengen von Töpfereiwaren, eisernen Werkzeugen und verschiedenen anderen Funden, »liefert«, so schreibt van Doorninck, »das bei Yassi Ada ausgegrabene byzantinische Schiff aus dem 7. Jahrhundert wertvolle Erkenntnisse zur Geschichte des Schiffsbaus, die man bei einer unvollständigen oder bei einer die Methoden der Land-Archäologie nicht beachtenden Ausgrabung niemals gewonnen hätte«.

Die Möglichkeiten der Zukunft

Die Unterwasser-Archäologie unterscheidet sich, wie in den vorangegangenen Ausführungen darzulegen versucht wurde, nur in ihren Methoden von der Archäologie auf dem Festland, und ihre Zukunft ist eng mit dem Fortschritt der Tauchtechniken und der Unterwasser-Technologie verbunden. Die Erfahrungen aber, die man bei den im Mittelmeer entdeckten Wracks sammelte, zeigen die gegenwärtigen Grenzen und die künftigen Möglichkeiten der Unterwasser-Archäologie auf.

Trotz der vielen Hinweise aus der Antike auf an bestimmten Stellen in Stürmen oder Schlachten untergegangene Schiffe wurde keines dieser antiken Wracks wie die *Vasa* und andere aus jüngerer Zeit stammende Wracks durch wissenschaftliche Suchaktionen gefunden. Sie alle sind durch Zufall von Fischern, Sport- und Schwammtauchern entdeckt worden. Das Meer ist einfach viel zu groß, um von schwimmenden Aqualunge-Tauchern nach alten Wracks durchkämmt zu werden. So brauchte die Expedition, die zuerst nach dem Wrack aus der Bronzezeit bei Kap Gelidonya suchte, trotz genauer Angaben des Schwammtauchers, der es gefunden hatte, Tage, um die unter Versteinerungen und Meerespflanzen fast unsichtbaren Überreste auszumachen. Relativ leicht zugängliche, oft zertrümmerte Artefakte sind wie die Funde von Yassi Ada manchmal über gefährliche Klippen verstreut, aber um die tiefer gelegenen und besser konservierten Schiffe in der

Nähe von Yassi Ada aufzuspüren, wird man Ausdauer und Glück brauchen.

Kleinere Tauchfahrzeuge, die dem suchenden Forscher einen größeren Bewegungsradius geben und einen längeren Aufenthalt unter Wasser gestatten, sollten auch seine Erfolgschancen verbessern. Unterwasser-Fernsehkameras, die von einem Schiff nach einem bestimmten Suchsystem durch das Wasser gezogen würden, könnte man, um sie in größeren Tiefen einzusetzen, dahin entwickeln, daß sie auch bei schwachem Licht die Umrisse von Formen erfassen.

Zwischen zwei gut erkennbaren Schiffsrümpfen lag bei Yassi Ada ein großes Wrack, von dem nur ein kleines Stück Metall aus dem Sand ragte, als man es entdeckte, und von nur wenigen Zentimetern Sand bedeckt liegen mit großer Wahrscheinlichkeit noch andere Wracks in allernächste Nähe. Unterwasser-Metalldetektoren, die man mit einem Boot durchs Wasser zieht, könnten, wie man hofft, in solchen Fällen sehr nützlich sein, ebenso wie wasserdichte Protonen-Magnetometer, die man vielleicht sogar so weit entwickeln könnte, daß sie nicht nur metallisches Eisen, sondern auch größere Mengen Tongefäße aufspürten. Die letzte Entwicklung der »Schlamm-Fühler« und anderer extrem empfindlicher Schallsuchgeräte läßt erwarten, daß auch sie bei der Suche nach ungewöhnlichen Konturen im Schlamm des Meeresbodens verwendet werden können.

Keines der im Mittelmeer erforschten Wracks lag in einer größeren Tiefe als 60 Meter, aber ständig fördern die Schwammfischer aus bedeutend größeren Tiefen Metallgegenstände und Tonscherben mit ihren Schleppnetzen zutage. Sobald einmal solche Fundstätten entdeckt und vielleicht sogar mit den vorher beschriebenen Methoden lokalisiert worden sind, wird ihre wissenschaftliche Erforschung wiederum von der modernen Technik abhängen. Unterseeboote könnten es den Archäologen ermöglichen, die sichtbaren Überreste mittels Stereofotografie zu kartieren, während der Sand durch leichte, im Wasser schwebende Airlifts, die ferngesteuerte, am Boot installierte Manipulatoren bewegen, abgesogen würde. Nachdem jedes Stück solch alter Frachten *in situ* kartiert worden wäre, würde es dann in Körbe gelegt und vom Boot an der Oberfläche eingeholt oder mit Ballons nach oben befördert werden.

Das ist nicht Science Fiction. Alle diese erwähnten Methoden können praktiziert werden und sind Teil des Planungsprogramms für Unterwasser-Forschungen der University of Pennsylvania. Nur etwas wird fehlen: Der Archäologe kommt nicht mehr in direkten Kontakt mit der Fundstätte. Die gegenwärtige wissenschaftliche Auseinandersetzung, ob bei der Erforschung des »Neuen Ozeans«, des Weltraums, bemannten oder unbemannten Flugkörpern der Vorzug gegeben werden soll, läßt sich für die archäologische Erforschung der »Alten Ozeane« leicht beantworten: Nur die denkbar komplizierteste Anordnung von Manipulatoren könnte die zerbrechlichen Bruchstücke aus Holz, die die Hand des menschlichen Tauchers so leicht und vorsichtig behandelt, säubern und zur Oberfläche befördern.

Auf der anderen Seite deutet der wissenschaftliche Fortschritt während der letzten Jahre darauf hin, daß der Tag nicht mehr fern ist, an dem Archäologen zu praktisch jeder Fundstelle des Mittelmeeres hinabtauchen können. Tauchen mit Gasgemischen, in dem der Stickstoff der Atemluft fast vollständig durch Helium ersetzt wird, ermöglicht bereits, ohne die Gefahr des Tiefenrausches, größere Tauchtiefen, und andere Gemische werden die Caissonkrankheit bannen. Hannes Keller, ein junger Schweizer Mathematiker, tauchte mit einer bislang geheimgehaltenen Gasmischung 300 Meter tief. Das Experiment endete, augenscheinlich auf Grund einer defekten Ausrüstung, mit dem tragischen Tod seines Tauchpartners Peter Small, aber Kellers Überleben beweist die grundsätzliche Anwendbarkeit seiner Theorien.

Am wichtigsten für die Zukunft der Unterwasser-Archäologie ist aber höchstwahrscheinlich die Entwicklung von Unterwasser-Häusern, an der man gegenwärtig arbeitet. Auf dem Grundsatz, daß komprimierte Gase (gewöhnlich eine Spezialmischung und keine normale Atemluft) harmlos sind, solange der Taucher unter dem gleichen Druck steht, besitzen diese Häuser ihre Öffnungen im Boden und halten die Luft wie eine eingesperrte Blase am Meeresboden fest. Ohne besondere Umstände können die Taucher ihre Häuser durch die Tür im Fußboden betreten und verlassen, während sie Tage oder Wochen ununterbrochen auf dem Meeresboden wohnen und arbeiten, und bis zum Tage der endlos langen Druckausgleichprozedur am Ende ihres Unterwasseraufenthalts riskieren sie keinerlei Gefahren der Caissonkrankheit. Jacques-Yves Cousteau hat bereits ein Experimentier-Dorf im Roten Meer aufgebaut, in dem verschiedene Männer einen Monat lang in 11 Meter Tiefe lebten, während zwei Männer sich in einem niedriger gelegenen Haus in 27 Meter Tiefe eine Woche lang aufhielten. Die zwei Männer im unteren Haus schwammen bis zu einer Tiefe von 50 Metern, arbeiteten dort und kehrten dann zum Essen und Schlafen in ihr »Heim« zurück. Selbst die Garage für Cousteaus Unterseeboot befand sich unter Wasser, so daß die zwei Mann Besatzung Ausflüge bis zu 300 Meter Tiefe unternehmen konnten, ohne danach zur Wartung ihres winzigen Bootes an die Wasseroberfläche kommen zu müssen. Seit diesem Versuch ließ Cousteau an der französischen Riviera Taucher in 100 Meter Tiefe wohnen, und er hofft, in diesem Jahr eine fünfköpfige Mannschaft in 180 Meter Tiefe leben und in 270 Meter Tiefe arbeiten lassen zu können. Noch tiefer errichtete Häuser und noch größere Tauchtiefen plant er für die Zukunft.

Edwin Link, dessen Arbeiten bei Port Royal und Caesarea schon früher behandelt wurden, richtete seine technische Begabung auf das gleiche Problem. Im Juni 1964 errichtete er bei den Bahamas in 130 Meter Tiefe ein aufblasbares Gummihaus, in dem der belgische Taucher Robert Stenuit und Jon Lindbergh, ein Sohn des berühmten Flugfahrt-Pioniers, sich zwei Tage aufhielten. Im folgenden Monat lebten U. S. Marine-Taucher unter der Leitung von Captain George Bond 11 Tage in einer Stahlkapsel in 60 Meter Tiefe und machten von dort aus weitere Tauchversuche. Der geplante Aufenthalt von drei Wochen wurde durch einen drohenden Sturm unterbrochen, der das Begleitschiff gefährdete, aber das Experiment bereitete den Weg für den einmonatigen Aufenhalt des Astronauten Scott Carpenter in 61 Meter Tiefe im Jahre 1965.

Der Tag ist nicht mehr fern, an dem Archäologen in solchen Behausungen leben werden und, indem sie in Schichten arbeiten, selbst nachts auf der durch Flutlicht erhellten Ausgrabungsstätte arbeiten können. Ein Wrack wie das von Yassi Ada würde dann nicht länger als einen Sommer zur vollständigen Erforschung erfordern, anstatt der vier Sommer mit gewöhnlichen Tauchern, deren Zeit so sehr begrenzt ist.

Noch größere Fortschritte in der Tauchtechnik kann man sich heutzutage kaum vorstellen, aber Cousteau hat bereits mit großem Ernst von den Ergebnissen gesprochen, die die Weltraumforschung mit ihren Versuchen, die Lunge von ihrer Arbeit zu entbinden, gemacht hat. Auf die Unterwasser-Archäologie angewendet, würde das Blut durch eine regenerierende Kapsel geleitet, die der Taucher bei sich trägt, und eines Tages könnte der *Homo aquaticus*, dessen Lungen mit einer nicht komprimierbaren Flüssigkeit gefüllt worden sind, in der Lage sein, Tausende von Metern zu tauchen ohne zu atmen und ohne den Gefahren des Tiefenrausches und der Caissonkrankheit ausgesetzt zu sein. Das mag phantastisch klingen, es sei aber daran erinnert, daß auch während der ersten Versuche mit der Dampflokomotive viele Menschen glaubten, der menschliche Körper könne der Beschleunigung einer Zugfahrt nicht widerstehen.

Unterwasser-Häuser und Unterseeboote für Archäologen erfordern relativ geringe Unkosten. Museen bezahlen mehr für ein klassisches Kunstwerk, als die *Asherah* insgesamt gekostet hat, und man hofft, daß diese der Welt noch ganze Ladungen solcher Kunstwerke entdecken hilft. Die Ausgaben für die Ausgrabung von Kap Gelidonya waren winzig, wenn man sie mit den Gehältern der Wissenschaftler vergleicht, die viele heute überholte Seiten über den Einfluß der Semiten in der Ägäis während der Bronzezeit geschrieben haben. Und eine *Vasa* würde man um keinen Preis an Land gefunden haben.

Viele historische Probleme könnten durch die Entdeckung und die Ausgrabung eines oder zweier Schiffswracks gelöst werden. Auf Fragen, die allein eine so begrenzte Epoche wie die griechische Vorgeschichte stellt, dürften überraschende Antworten gefunden werden. Noch vor Gebrauch von Töpfereiwaren im frühesten Neolithikum wurde Obsidian von der Insel Melos zum griechischen Festland gebracht. Auf was für Booten wurde das Obsidian verschifft und welches Volk stellte die Mannschaft? Die Antworten liegen unter den Wellen begraben. Mehr als einmal wechselten im Verlauf von

Jahrtausenden die Kulturen Griechenlands im Neolithikum, und die letzte Steinzeitkultur wurde von neuen Völkern zu Beginn der frühen Bronzezeit abgelöst. Wenn diese Stämme von See her eindrangen oder einwanderten, dann müssen einige ihrer Schiffe auf ihren Reisen verunglückt sein, und der Fund eines solchen Schiffes wird uns Hinweise über ihren Ursprung geben, die wir bei zahllosen Landgrabungen niemals finden könnten. Wenn die Völker der mittleren Bronzezeit nach Griechenland über See kamen, dann dürften wir auf die typischen grauen »minoischen« Töpferwaren in ihren Schiffen stoßen, die so charakteristisch für diese Kultur sind und die man vielleicht zusammen mit anderen Artefakten finden würde, deren Herkunft bestimmbar wäre. Beim Wrack von Gelidonya haben wir bereits erfahren, wie eine Fundstätte unerwartete Informationen über den Seehandel im Mittelmeer während der späten Bronzezeit preisgab, und von mindestens zwei ähnlichen Fundorten weiß man, daß sie existieren. Schließlich wären wir vielleicht auch in der Lage, die Schiffe der Eisenzeit zu identifizieren, welche die auf dem Land an verschiedenen Plätzen von der Türkei bis zu den etruskischen Gräbern gefundenen Greifenköpfe aus Bronze transportiert haben.

Für die späteren Epochen des Altertums liegt es auf der Hand, daß unser Wissen über den antiken Seehandel, über die Schiffswaffen, Schiffskonstruktionen, Hafenanlagen und das tägliche Leben an Bord der Schiffe im Wesentlichen von den Forschungen unter Wasser zu erwarten ist, aber gleich wichtige Erkenntnisse könnten uns selbst schon reine Schiffsfrachten vermitteln. Wenn zu einer Zeit, da die Unterwasser-Archäologie noch in den Kinderschuhen steckt, bereits die meisten der bekannten griechischen Monumentalbronzen aus der See geborgen worden sind, dann darf man darin ein verheißungsvolles Zeichen für die Zukunft dieser jungen Wissenschaft sehen. Seit der Mensch zum ersten Mal auf einem Floß einen Strom hinabfuhr, sind Jahr für Jahr Schiffe gesunken, und es ist sicher, daß man in nicht allzu ferner Zeit zumindest aus jeder Epoche des Altertums ein Schiff entdeckt haben wird. Solche Schiffe enthalten Frachten, die durch Münzen oder andere Dokumente datierbar sind; sie bieten mithin die Möglichkeit einer genauen zeitlichen Bestimmung gewisser Arten von Tonwaren und anderen Artefakte, die für die Datierung von Schichten bei Landgrabungen von größter Bedeutung sind. Neues Wissen über die antike Metallurgie, die Münzenkunde, die Maß- und Gewichtskunde ebenso wie über die Architektur und die Bildhauerkunst stammt bereits aus Unterwassergrabungen. Andere Disziplinen der Archäologie werden aus den Ergebnissen unserer Wissenschaft ebenso reichen Nutzen ziehen. Überdies beschränkt sich die Unterwasser-Archäologie, wie wir gesehen haben, nicht auf das Mittelmeer und das Klassische Altertum.

Die Zukunft jeder Wissenschaft hängt von den Menschen ab, die für sie arbeiten. Fortschritte in der Tauchtechnik werden von den erfinderischen Köpfen jeder Generation erzielt werden, aber die Zukunft der Unterwasser-Archäologie liegt genauso in den Händen der Archäologen, die ihre neuen Instrumente zu benutzen lernen müssen. Eines der wesentlichen Ziele der Ausgrabung von Yassi Ada war das Training von Archäologiestudenten, denen man nahelegte, ebenfalls an Landgrabungen teilzunehmen. Einer der jungen Archäologen von jener Grabungsstätte ist bereits mit der Leitung eines neuen Unterwasser-Projektes betraut worden, und hat inzwischen auch auf dem Lande gegraben. Solches Training muß intensiviert werden, und es ist zu hoffen, daß sich die auf die verschiedensten Bereiche der Archäologie spezialisierten

Wissenschaftler bald bereit finden, an Unterwassergrabungen beobachtend oder beratend teilzunehmen. Dann wird man, sobald eine Fundstätte entdeckt ist, gleichgültig welcher Art, an welchem Ort und aus welcher Epoche, über einen Spezialisten verfügen, der ihre Ausgrabung überwachen kann, und nicht nur über einen sogenannten »Unterwasser-Archäologen« mit vagen Interessen, obgleich bei jeder Expedition, um die Risiken klein zu halten, auch im Tauchen erfahrene Mitglieder beteiligt sein müssen. Von größter Wichtigkeit sind natürlich auch die Konservatoren, die sich mit dem Problem, wassergetränkte Funde zu erhalten, auseinanderzusetzen haben.

Das Tauchen und den Gebrauch der Unterwasserwerkzeuge kann man im Sommer bei Grabungen erlernen, aber die Ausgrabungstechniken an Land wie unter Wasser stellen nur ein kleines Teilgebiet der Archäologie dar. Der Archäologe, der eine Akropolis aus klassischer Zeit ausgräbt, wird Fachmann für Architektur, Epigraphik und Tongefäßtypen sowie für die Geschichte dieser Epoche sein. Der Ausgräber eines neolithischen Hügels wird ein hervorragender Kenner der Vorgeschichte und ihrer ungelösten Probleme sein. Dem heutigen Unterwasser-Archäologen aber fehlt gewöhnlich die akademische Ausbildung mit Richtung auf jene besonderen Probleme, die zu lösen Aufgabe seiner Forschungsarbeit ist. Deshalb sollten und werden die Universitäten in naher Zukunft Seminare über frühe Seegeschichte abhalten, die dem Studenten das Rüstzeug geben, um Aspekte der Seekriegsgeschichte, der Schiffskonstruktionen und der alten Handelsrouten zu diskutieren.

Die Verbindung von Forschungsdrang und technologischem Fortschritt wird die Unterwasser-Archäologie schnell weiterentwickeln. Aus den Ergebnissen des letzten Jahrzehnts mag man schließen, daß ihr eine große Zukunft gewiß ist.

Zeittafel

1446	Erster Bergungsversuch der im Nemi See versunkenen römischen Schiffe durch den Archäologen Leon Battista Alberti
1535	Francesco Demarchi taucht erstmalig mit einem Taucherhelm zu den Wracks im Nemi See
1812	Fund des Apoll von Piombino im Netz eines Fischers
1827	Mit einer Halys-Tauchglocke unternimmt Annesio Fusconi Bergungsversuche im Nemi See
1853	Entdeckung der Pfahlbau-Siedlungen in Schweizer Seen
1868	Ausgrabungen auf entwässertem Seeboden bei La Tène (Neuenburger See)
1895	Der römische Antiquitätenhändler Eliseo Borghi versucht, aus den Schiffen im Nemi See Altertümer zu bergen
1900	Entdeckung des Wracks von Antikythera, aus dem mehrere Bronzestatuen geborgen werden
1904	Edward H. Thompson untersucht den heiligen Brunnen von Chichen Itza
1908– 1913	Erste Bergungsarbeiten am Wrack von Mahdia
1923	Entdeckung einer Ladung »Schrott« in einem Schiff der Bronzezeit bei Huelva

1925	Fund einer bronzenen Knabenstatue in der Bucht von Marathon
1926	Entdeckung des Poseidon (oder Zeus) durch griechische Fischer vor Kap Artemision. Die Monumentalbronze wurde 1928 geborgen
1929	Fund einer marmornen Aphrodite vor Rhodos
1930	Im Hafen von Piräus wird der Marmorfries »Kampf mit den Amazonen« entdeckt
1932	Trockenlegung der römischen Schiffe im Nemi See
1932	Wiederentdeckung des 1776 versunkenen Kriegsschiffes *Royal Savage* im Lake Champlain durch L. F. Hagglund
1934	Untersuchungen an versunkenen Schiffen aus dem amerikanischen Unabhängigkeitskrieg im York River
1934	Bergung der Überreste der *Royal Savage*
1935	L. F. Hagglund entdeckt das Wrack der *Philadelphia*
1934–1936	Untersuchung der Hafenanlagen von Tyrus
1943	Jacques-Yves Cousteau erfindet die Aqualunge
1949	Fund eines Bronzepanthers aus dem ersten Jahrhundert v. Chr. an der Küste von Monaco
1950	Gescheiterter Versuch der Hebung eines antiken Wracks bei Albenga
1953	George Bean entdeckt am Strand von Bodrum die von Fischern an Land gezogene Statue der Göttin Demeter
1954	Ausgrabung bei Grand Congloué, bei der Cousteau den von ihm entwickelten Airlift zum ersten Mal einsetzt.

1955– 1957	Erforschung des Amatitlan Sees in Guatemala durch Manfred Töpke und Stephan de Borhegyi
1957	Ausgrabung eines Wracks bei Titan durch Commandant P. Tailliez
1957– 1959	Untersuchung der Pfahlbauten im Werbellin See durch Gerhard Kapitän
1958	Ausgrabung des Hafens Apollonia
1958	Untersuchungen im Cenote von Dzibilchaltun durch Luis Marden
1959	Untersuchung eines römischen Wracks bei Kap Dramont durch A. Sivirine
1959	Untersuchung der bei einem Erdbeben 1692 im Meer versunkenen Stadt Port Royal
1960	Ausgrabung des bisher ältesten gefundenen Schiffes bei Kap Gelidonya
1960	Untersuchung der Pfahlbauten im Cambser See (Kreis Schwerin)
1960	Beginn der Unterwasserforschungen in den Stromschnellen der »Voyageur-Routen« in Nordamerika
1960	Weitere Ausgrabungen im Cenote von Chichen Itza durch CEDAM
1961	Ausgrabung von Champréveyres (Neuenburger See)
1961	Hebung der 1625 im Hafen von Stockholm gesunkenen *Vasa* durch Anders Franzén
1961– 1964	Ausgrabung eines byzantinischen Schiffes bei Yassi Ada

1962	Ausgrabung von fünf Wikingerschiffen im Roskilde Fjord in Dänemark
1962	Bergung der Bronzestatue eines Negerjungen durch türkische Schwammfischer
1963	Ausgrabung des Hafens von Caesarea
1964	Stapellauf der *Asherah*, des ersten für die Archäologie gebauten Forschungsunterseebootes
1965	Ausgrabung eines Schiffes aus dem achten vorchristlichen Jahrhundert an der Küste von Béziers
1965	Bergung des 1862 im Yazoo River gesunkenen Kanonenbootes *Cairo*
1965	Ausgrabung eines römischen Schiffes in der Themse durch Peter Marsden

Erläuterungen zu den Bildtafeln

1 Ein Helfer schließt die Gesichtsplatte eines Helmtauchers, der gerade zum Kanonenboot »Cairo«, das während des amerikanischen Bürgerkrieges 1862 im Yazoo River, Mississippi, gesunken ist, herabsteigt. Foto: Vicksburg Evening Post.

2 Ein türkischer Schwammtaucher untersucht die Überreste eines spätrömischen Schiffes. Die Ladung aus Terra-kotta-Fliesen ruht heute in 21 Meter Tiefe im Ägäischen Meer. In seinen Händen hält der Taucher einen Sack zum Einsammeln der Schwämme; sein Luftschlauch und die Signalleine laufen zu einem kleinen Boot, das den zur Wasseroberfläche aufsteigenden Luftblasen folgt. Foto: Mustafa Kapkin.

3 Eine doppeltürige Vier-Mann-Galeazzi-Rekompressions-kammer des Types, der 1965 für das University of Penn-sylvania Museum gebaut wurde. Die Luftschleuse ermög-licht es dem Expeditionsarzt, die Kammer zu betreten, den kranken Taucher zu behandeln und sie später wieder zu verlassen. Mit einer derartigen Kammer kann man die schwersten Fälle der Caissonkrankheit behandeln.

4 Ein Nargileh-Taucher springt von einem Schwammboot bei Kap Gelidonya, Türkei, ins Wasser. Mit einer Hand sichert er die Gesichtsmaske, während die andere einen

Unterwasser-Metalldetektor hält. Die Batterien des Detektors sind am Rücken des Tauchers befestigt.

5 Auf der Suche nach Artefakten aus den gekenterten Kanus der »Voyageurs« kämpft ein Aqualunge-Taucher mit dem reißenden Gewässer der Stromschnellen des Granite River an der Grenze von Minnesota und Ontario. Foto: National Geographic Magazine.

6 Ein Satz Messing- und Kupferkessel, die Taucher in den Horsetail Rapids in Minnesota gefunden haben. Ihre Entdeckung bewies Dr. E. W. Davis' Annahme, daß solche Gegenstände, die in Kanus transportiert und bei den Indianern gegen Felle eingetauscht wurden, unterhalb gefährlicher Stromschnellen zu finden sein müßten. Die Kessel sind heute im Besitz der Minnesota Historical Society, die jene Untersuchung finanziert hatte. Foto: Minnesota Historical Society.

7 Robert C. Wheeler (kniend) und E. W. Davis (mit Kappe) untersuchen einen Satz Kessel, der gerade vom Taucher Dennis Dalen und seinen Kollegen Donald Franklin und Curtis Anderson (nicht im Bild) aus den Horsetail Rapids im Sommer 1960 geborgen worden ist.

8 Holzfigur eines Soldaten mit Helm vom Heck des Kriegsschiffes »Vasa«. Höhe: 1,78 m. Vasa-Museum, Stockholm. Aus Anders Franzéns Buch über die »Vasa«.

9 Hohles dreizackiges Weihrauchgefäß (die drei Zinken an der Spitze sind abgebrochen) aus dem Amatitlan See, Guatemala. Das Weihrauchgefäß besitzt sechs seitliche Flügel und verkörpert den mexikanischen Regengott Tlaloc. Frühe oder mittlere Klassische Zeit, 200–600 n. Chr. Höhe: 58 cm. Foto: Milwaukee Public Museum.

10　Deckel eines Weihrauchgefäßes aus dem Amatitlan See. Die Plastik stellt einen Jaguargott dar. Mittlere Klassische Zeit, 400–600 n. Chr. Höhe: 27 cm. Foto: Milwaukee Public Museum.

11　Der Amatitlan See in Guatemala, 1200 Meter über dem Meeresspiegel. Die von Manfred Töpke und seinen Tauchgefährten aus dem See geborgenen Maya-Opfer führten in den Jahren 1957 und 1958 zu einer vollständigen Untersuchung des Sees und seiner Ufer durch Stephan de Borhegyi und Studenten von der San Carlos University. Foto: Milwaukee Public Museum.

12　Das aus dem 17. Jahrhundert stammende Kriegsschiff »Vasa« im Trockendock, nachdem es von der »Neptun«-Bergungsgesellschaft vom Boden des Stockholmer Hafens gehoben worden war. Da der niedrige Salzgehalt der Ostsee keine Lebensmöglichkeiten für Schiffswürmer bietet, ist das Holz außerordentlich gut konserviert. Foto: Anders Franzén.

13　Eines der beiden römischen Luxusschiffe, die zwischen 1928 und 1931 durch die Trockenlegung des Nemi Sees, in der Nähe von Rom, ans Tageslicht kamen. Mindestens seit dem 15. Jahrhundert hatten Taucher Hölzer und Artefakte aus den Wracks geborgen. Durch Stützen wird der Rumpf davor bewahrt, einzusinken und auseinanderzubrechen. Foto: Guido Ucelli.

14　Bild des eisengepanzerten Kanonenbootes »Cairo«, bevor es am 12. Dezember 1942 durch eine Mine im Yazoo River, Mississippi, versenkt wurde. Nach seiner Wiederentdeckung 1956 versuchte man, das ganze Schiff unversehrt zu heben. Schließlich wurde es aber 1965 in drei Teilen geborgen. Foto: Library of Congress.

15 Luftbild des Stahlschienendammes, der im Roskilde Fjord, Dänemark, eine Fläche von 1500 m² umschließt, die man 1962 auspumpte, um fünf Wikingerschiffe freizulegen. Foto: Ole Crumlin-Pedersen, Dänisches National-Museum.

16 Das Heck eines Wikingerschiffes tauchte, nachdem es neun Jahrhunderte lang von nur wenig mehr als einem Meter Wasser bedeckt war, wieder auf. Die Schiffe waren höchstwahrscheinlich als Blockade gegen einen heute unbekannten Gegner mit großen Steinen beladen und versenkt worden. Diese Steine mußten, bevor man das von einem Damm eingeschlossene Areal des Roskilde Fjords leerpumpte, sorgfältig entfernt werden, um das zerbrechliche Holz der Schiffsrümpfe zu schützen, da die tragende Kraft des Wassers sich mit fallendem Wasserspiegel verringerte. Foto: Ole Crumlin-Pedersen, Dänisches National-Museum.

17 Ein Airlift spült Wasser und Artefakte auf ein Spezialsieb, das auf dem Cenote von Chichen Itza, Mexiko, schwimmt. Foto: National Geographic Magazine.

18 Toltekische Krieger aus Tula reißen das Herz eines kriegsgefangenen Mayas heraus. Die goldene Scheibe, die diese Szene darstellt, wurde aus dem Cenote von Chichen Itza im nördlichen Yucatan geborgen und ist eine von zehn Scheiben, die Szenen aus dem Krieg zwischen Tolteken und Mayas darstellen. Durchmesser: 22,5 cm. Foto: Peabody Museum, Havard University.

19 Bronzener Zeus oder Poseidon, den griechische Schwamm-
    taucher im Meer in der Nähe von Kap Artemision, an
    der Nordspitze der Insel Euböa, entdeckten. Die Statue
    ist eine der beiden überhaupt erhaltenen Monumental-
    bronzen aus dem 5. vorchristlichen Jahrhundert. Höhe:
    2,10 m. Nationalmuseum Athen. Foto: Alison Frantz.

20 1925 in der Bucht von Marathon geborgene Bronzestatue
    eines Jünglings, die von einigen Forschern als eine Origi-
    nalarbeit des Praxiteles bezeichnet wird. Höhe: 1,28 m.
    Nationalmuseum Athen. Foto: Alison Frantz.

21 Der Apoll von Piombino. Wahrscheinlich eine Original-
    bronze aus dem frühen 5. vorchristlichen Jahrhundert,
    aber möglicherweise auch eine römische Kopie. Die Statue
    wurde zu Beginn des 19. Jahrhunderts von Fischern mit
    einem Netz vor der Küste von Etrurien geborgen. Höhe:
    1,43 m. Louvre, Paris. Foto: Archiv Hirmer.

22 Statue eines Jünglings, die aus einem Wrack geborgen
    wurde, das in der Zeit zwischen 80 und 65 v. Chr. vor
    der Insel Antikythera scheiterte. Sie ist die einzige Monu-
    mentalbronze aus der Zeit des ersten Viertels des 4. vor-
    christlichen Jahrhunderts. Höhe: 1,93 m. National-
    museum Athen. Foto: Alison Frantz.

23 Eine Bronzebüste, die wahrscheinlich Demeter darstellt
    und die von einem türkischen Schwammfischer aus 60
    bis 90 m Tiefe in den Gewässern bei Marmaris, Türkei,
    geborgen wurde. Archäologisches Museum, Izmir. Foto:
    Mustafa Kapkin.

24 1962 verfing sich diese Bronze eines Negerknaben in un-
    gefähr 100 m Tiefe im Netz eines türkischen Schwamm-

fischers. Museum für Unterwasser-Archäologie Bodrum, Türkei. Foto: Türkisches Department für Antiquitäten und Mustafa Kapkin.

25   Vor Kap Gelidonya, Türkei, hält der Autor den aufrecht stehenden Meßstab, während Claude Duthuit das Meßergebnis niederschreibt. Foto: Herb Greer.

26   Ein Taucher schwimmt über einer Ziegelmauer, die zusammen mit zwei Dritteln von Port Royal, Jamaika, während eines Erdbebens im Jahre 1692 im Meer versunken ist. In einem Riß innerhalb der Mauer hat sich ein niedergesunkener Gegenstand verfangen. Die untergegangene Stadt wurde 1959 von einer Expedition untersucht, die von Edwin A. Link geleitet wurde und von der National Geographic Society, der Smithsonian Institution und dem Institute of Jamaica finanziell unterstützt wurde. Foto: National Geographic Magazine.

27   Nikos Kartelias und Roger Wallihan notieren einige der 1400 Meßresultate, die für die Kartierung einer Ladung Granitsäulen in der Nähe von Methone, im südwestlichen Teil Griechenlands, benötigt wurden. Foto: Peter Throckmorton.

28   Einer der römischen Sarkophage, die ein in der Nähe von Methone gesunkenes Schiff geladen hatte, zeigt deutlich die vorskizzierten, aber im Detail nicht ausgearbeiteten Umrisse der Schmuckgirlanden. John Bullit notiert Meßergebnisse auf einem Plastikblatt. Die Untersuchung stand unter der Oberaufsicht der Griechischen Föderation für Unterwasserstudien. Foto: Peter Throckmorton.

29   Die in einem Wrack bei den Galli Inseln gefundene Kreuzverstrebung und ein Ankerstock ermöglichten Dave

Lewis diese Nachbildung eines römischen Ankers. Die Abmessungen und die Form dieses 40-Pfund-Ankers entsprechen den im Nemi See gefundenen Ankern. Der abnehmbare Ankerstock erlaubte es, mehrere Anker unter Deck zu verstauen, ohne daß zuviel Raum beansprucht wurde. Foto: Robert Love.

30 Zur exakten Höhenbestimmung von Artefakten und der Topologie des Meeresbodens wurde von Robert Love ein Differential-Tiefenmesser entwickelt, der so konstruiert ist, daß er auch in größeren Tiefen verwendet werden kann. Unabhängig von den Gezeiten und bei einer Tiefe von mehr als 10 Metern kann man mit ihm relative Höhenunterschiede auf Zentimeter genau ausmessen. Foto: Robert Love.

31 Mendel Peterson, Hauptkonservator des Departements für Militärgeschichte der Smithsonian Institution, notiert Winkel- und Entfernungsmaße bei der Kartierung eines Teils eines alten Wracks. Bei dieser Grabungsstelle handelt es sich um ein Schiff unbekannter Nationalität, das um 1595 gesunken ist. Die Entdecker Teddy Tucker und Robert Canton aus Bermuda haben aus diesem Wrack eine Sammlung von Gold- und Silbergegenständen sowie Gemmen und andere Artefakte geborgen. Foto: Smithsonian Institution.

32 Ein Unterwasser-Kartograph blickt durch das Visier eines der beiden Meßtische, die man bei der Kartierung des byzantinischen Wracks von Yassi Ada einsetzte. Der neugierige Fisch blieb auch während der vier Jahre dauernden Ausgrabungsarbeiten durch das University of Pennsylvania Museum Bewohner des Wracks. Foto: National Geographic Magazine.

33 Auf einem sechs Meter über dem byzantinischen Wrack von Yassi Ada treibenden Metallstab hängt an einem kardanischen Gelenk eine Rolleimarin-Unterwasserkamera. Die an den eisernen »Beinen« des Kameragehäuses befestigten Bleigewichte ermöglichten die immer gleichbleibende Position des Linsensystems. Um Kamerabewegungen während der Aufnahme zu vermeiden, arbeitete Don Rosencrantz mit einem Fernauslöser, den man aus dem Drosselklappenzug eines Jeeps gebastelt hatte. Derartig exaktes Arbeiten war die Voraussetzung für die Herstellung von Stereo-Doppelfotos. Foto: Claude Duthuit.

34 Der Grafiker Eric Ryan bei der Höhenvermessung von Teilen des Schiffsrumpfes mit Hilfe des Meßgitters am Boden eines Fototurms. Der Boden dieses Turmes ruht auf den nivellierten Stufenrahmen, die man über dem byzantinischen Wrack von Yassi Ada installiert hatte. Numerierte Plastikanhänger identifizieren Holzstücke und Amphoren, die noch teilweise von Sand bedeckt sind. Den Transportdrahtkorb kann man hinter dem Meßgitter erkennen. Foto: Jack Sofield.

35/36 Ein mit der auf Tafel 33 demonstrierten Methode aufgenommenes Stereo-Doppelfoto. Die markierten Plastikanhänger kann man deutlich erkennen, obwohl diese Aufnahmen mit natürlichem Licht in einer Tiefe von 36 Metern aus einer Entfernung von sechs Metern über den Amphoren aufgenommen wurden. Die aus diesem Fotodoppel errechneten Höhenmaße waren wegen der Verzerrung, die durch die verschiedenen Brechungskoeffizienten des Lichtes in der Luft und im Wasser verursacht wurde, fehlerhaft. Später löste man das Problem mit speziellen Vorsatzlinsen. Foto: Donald Rosencrantz.

37 Julian Whittlesey mißt die Parallaxe eines Stereo-Foto-
doppels mit einem Mikrometer. Das Zeiss-Stereoskop ermöglicht ihm, die Überreste des byzantinischen Wracks
dreidimensional zu sehen. Mit seinen Meßresultaten
konnte er die Höhe von Gegenständen der Ladung und
von Teilen des Holzrumpfes berechnen. Foto: Mustafa
Kapkin.

38 Am 28. Mai 1964 taufte Ann Bass das Zwei-Mann-For-
schungs-U-Boot auf den Namen »Asherah«. Das Boot
trägt auf der einen Seite des Rumpfes das Wappen der
Universität von Pennsylvanien und auf der anderen
Seite die Flagge der National Geographic Society. Ebenso unterstützte die National Science Foundation die Universität, als sie dieses einzigartige Boot von der Electric
Boat Company, einer Tochtergesellschaft der General
Dynamics, bauen ließ. Die »Asherah« kann bis zu 200
Meter tief tauchen und sich dort bis zu 10 Stunden aufhalten, während sie sich mit einer Geschwindigkeit zwischen einem und vier Knoten im Wasser bewegt. Sechs
Bullaugen ermöglichen ausreichende Sichtverhältnisse.
Ein Lautsprecher am Bug des Unterwasserbootes erlaubt
es der Besatzung, den Tauchern Anweisungen zu geben,
und über verschiedene elektrische Anschlüsse an der
Außenseite des Bootsrumpfes kann man Scheinwerfer
anschließen.

39 Ein Aqualunge-Taucher begleitet die »Asherah« bei
ihrer Fahrt über das Wrack von Yassi Ada. Ein am U-
Boot festgenieteter Metallrahmen trägt zwei Luftauf-
nahmekameras, die die Abbildung 40 zeigt. Während
dieser Tauchfahrt wurden sie allerdings nicht benutzt.
Die zwei Elektromotoren an den beiden Seiten der »As-

herab« sind drehbar montiert, so daß sich der viereinhalb
Tonnen schwere Bootskörper auf- und abwärts sowie
vor- und rückwärts bewegen kann. Die Plexiglashaube
über der Einstiegluke füllt sich während der Tauchfahrt
mit Wasser, bei Fahrten an der Wasseroberfläche hingegen schützt sie die offene Luke gegen hereinbrechende
Wellen. Foto: National Geographic Magazine.

40 Die zwei von der »Asherah« benutzten Luftaufnahme-
kameras sind in wasserdichte Gehäuse eingeschlossen. An
einer der Kameras erkennt man die Verzerrungen korri-
gierende Iwanow-Linse, die es ermöglicht, auf Grund der
einwandfreien vom U-Boot aus aufgenommenen Stereo-
Fotos exakte Pläne der Unterwasserfundstätte zu zeichnen. Die elektrischen Anschlüsse, die man an der rechten
Kamera erkennt, zeigen, daß sie vom Inneren der »Asherah« aus elektrisch gesteuert werden können. Die Kameras transportieren den Film automatisch und öffnen
und schließen selbsttätig den Kameraverschluß bei jeder
Aufnahme. Das Illinois Institute of Technology Research
Institute hat die Kameras entwickelt.

41 An der Spitze des Airlifts, der bei Yassi Ada, Türkei,
eingesetzt wurde, befand sich ein Drahtkorb, durch den
der größte Teil des Sandes und Schlammes, den der Lift
angesogen hatte, wieder herausgespült und von der Strömung davongetragen wurde. Größere Gegenstände hielt
das Drahtgitter zurück, und sie fielen in einen unterhalb
des Drahtkorbes angebrachten Sack, den man, wenn er
sich gefüllt hatte, auswechselte. Der Taucher Waldemar
Illing benutzt die Steigleine, die vom Lastkahn zum
Wrack hinunterführte, während er einen vollen Sack an
die Oberfläche transportiert.

42 Bei Port Royal, Jamaika, wurde ein Airlift von 25 cm Durchmesser eingesetzt. Das hochgepumpte Wasser läuft über das Deck eines Lastkahns, der neben Edwin A. Links Forschungsschiff »Sea-Diver« vertäut ist. Marion Link, die Frau des Expeditionsleiters, übernimmt ein Tongefäß, das von ihrem Sohn Clayton geborgen und an die Oberfläche gebracht worden ist. Foto: National Geographic Magazine.

43 Der Autor hält den größeren der beiden Airlifts, mit denen man bei Kap Gelidonya, Türkei, arbeitete, während Gernolf Martens die dünne Sandschicht unterhalb des Ansaugstutzens mit der Hand untersucht. Nur der untere Abschnitt des Airliftrohres, durch das ein dünner Schlauch von der Oberfläche her Luft pumpte, bestand aus verstärktem Gummi. Foto: Herb Greer.

44 Taucher arbeiten mit einem Airlift bei der Ausgrabung eines römischen Wracks in der Nähe der Ile du Levant. Das Holz war teilweise sehr gut erhalten, aber die sorgfältig vorgenommene Ausgrabung zeigte schließlich, daß es sich dabei nur um Teile des Rumpfes in Kielnähe handelte. Foto: Philippe Tailliez.

45 Robert Stenuit, der mit seinen von Edwin Link geleiteten ausgedehnten Tieftauchversuchen einigen Ruhm erlangte, arbeitet mit einem Metalldetektor auf dem Meeresgrund vor der Küste Siziliens. Foto: Gerhard Kapitän.

46 Der bei Yassi Ada benutzte Bodenprobenbohrer, mit dem man das byzantinische Wrack vor der Ausgrabung untersuchte, erwies sich als zu klein, um erfolgreich eingesetzt werden zu können. Größere Probenbohrer könnten auf zukünftigen Ausgrabungsstätten sehr nutzbringend ein-

gesetzt werden, wenn man sehr vorsichtig mit ihnen arbeitet. Foto: Mustafa Kapkin.

47 Mit Hammer und Meißel bricht Claude Duthuit einen Brocken der versteinerten Ladung des Wracks aus der Bronzezeit bei Kap Gelidonya los. Das in 27 Meter Tiefe mit natürlichem Licht aufgenommene Foto zeigt die ungewöhnliche Klarheit der Ägäischen See vor dem größten Teil der türkischen Küste. Foto: Herb Greer.

48 Der 3000 Jahre alte Boden eines Weidenkorbes demonstriert, wie gut selbst Material von geringer Lebensdauer konserviert werden kann, wenn es nur schnell genug von Sand oder Schlamm bedeckt wird. An Bord des Wracks aus der Bronzezeit bei Kap Gelidonya waren die Trümmer zerbrochener Bronzegeräte und Kupferbarren in solchen Weidenkörben verpackt.

49 Ein Plastikballon, der bis zu 400 Pfund tragen kann, wird von Frederic Dumas mit Luft gefüllt, während Claude Duthuit den versteinerten Brocken eines Metallgegenstandes, den der Ballon anhebt, vorsichtig dirigiert. Derartige Ballons erwiesen sich bei Kap Gelidonya als das geeignetste Mittel, schwere Gegenstände vom Meeresboden zur Oberfläche zu befördern. Foto: Peter Throckmorton.

50 Bass, Duthuit, Illing und Throckmorton setzen die Brocken versteinerter Ladung, die man gerade aus dem Bronzezeit-Wrack bei Kap Gelidonya geborgen hat, zusammen; danach werden diese Brocken fotografiert und mit Hammer und Meißel gereinigt. Jeder dieser Brocken enthält sehr gut erhaltene Kupferbarren und Bronzegeräte. Das Lager der Expedition mußte eines Tages aufgegeben werden, als Südwinde hohe Wellen weit auf den

schmalen Sandstreifen, auf dem das Lager stand, trieben und ihn überfluteten. Foto: Herb Greer.

51 Reisigdichtung, deren Borke noch gut erhalten war, lag auf den Überresten der Rumpfplanken bei Kap Gelidonya. Auf einem Plastikbogen zeichnet Yüksel Eğdemir diese Holzreste, die ein Jahrhundert nach dem Trojanischen Krieg gesunken sind. Weiße Flecken auf dem Holz sind alles, was von Zinnbarren, den frühesten, die je gefunden wurden, übriggeblieben ist. Foto: Peter Throckmorton.

52 Jede Amphore aus der Ladung des byzantinischen Wracks von Yassi Ada wird deutlich mit Plastikanhängern markiert. Während der Grafiker Eric Ryan die Amphore auf einem Plastikbogen zeichnet, versucht er, sich schwimmend immer genau senkrecht über dem neun Quadratmeter großen Meßgitter zu halten. Foto: Herb Greer.

53 36 Meter unterhalb der Oberfläche mißt Laurence Joline die senkrechte Entfernung zwischen dem Meßgitter und einer darunter liegenden Amphore. Mit Bleigewichten beschwerte Bandmaße erwiesen sich für solche Messungen weitaus praktischer als der hier benützte Zollstock: Foto: Herb Greer.

54 Die verschiedensten Methoden, deren sich das University Museum der University of Pennsylvania bei der Ausgrabung eines byzantinischen Wracks bei Yassi Ada, Türkei, bediente. Der verankerte Lastkahn trägt die Luftkompressoren, den elektrischen Generator, die Reserveluftanks und die Ein-Mann-Galeazzi-Rekompressionskammer, die man nach dem einzigen Fall von Caissonkrankheit bei mehr als 5000 Tauchgängen auf

dieser Ausgrabungsstätte anschaffte. Tauchhelfer auf dem Lastkahn sind für die zwei Taucher verantwortlich, die mit dem Nargileh-Schlauch arbeiten. Ein Aqualunge-Taucher hält sich zum Druckausgleich drei Meter unterhalb des Lastkahns auf, während ein anderer den Fangsack, der unterhalb des Drahtkorbes an der Spitze des Airlifts hängt, kontrolliert. Das Rohr des Airlifts wird von einem luftgefüllten Benzinfaß, das man um das Rohr herumgeschweißt hat, getragen, während der Airlift selbst mit zwei steingefüllten Benzinfässern in der Nähe des Wracks verankert ist. Ein Nargileh-Taucher hält mit einer Hand einen Ballon, der einen Transportkorb zur Oberfläche trägt. Am Wrack selbst arbeitet ein Taucher mit dem Airlift, während ein anderer von einem der zwei Fototürme aus durch das Meßgitter an der Basis dieses Turmes eine Aufnahme macht. Ein Gerüst aus Winkeleisen in Form von neun großen Stufen trägt die Türme. Auf beiden Seiten des Wracks kann man Meßtische erkennen. Eine senkrecht stehende Meßlatte befindet sich am oberen Ende der Ausgrabungsstätte. Bei einer Ausgrabung arbeiten die Taucher aus Sicherheitsgründen normalerweise zu zweit und entfernen sich nicht zu weit voneinander. Ebenfalls wäre es unmöglich, den Transportballon zu dirigieren, der sich soweit oberhalb des Meeresbodens schon mit beträchtlicher Geschwindigkeit bewegen würde. Das Bild wurde von Pierre Mion für die National Geographic Society gemalt.

55 Die Versteinerung, die einen der elf bei Yassi Ada gefundenen Anker umschließt, wird, bevor man sie zur Oberfläche transportiert, von Sand befreit. Innerhalb dieser Versteinerung, die nur noch einen Abdruck des ursprünglichen Ankers darstellt, findet man praktisch

überhaupt kein metallisches Eisen mehr. Foto: Jack Sofield.

56 Mit einer elektrischen Kreissäge zerschneidet Önder Seren die Versteinerung, die man auf Tafel 55 freilegt. Das schwammige Eisenoxyd wird aus der Versteinerung ausgewaschen und hinterläßt eine Form, die man mit Gummi ausgießen kann, nachdem man die zerschnittenen Teile der Versteinerung wieder zusammengesetzt hat. Foto: Donald Rosencrantz.

57 Acht der zwanzig Öllampen, die man bei Yassi Ada gefunden hat, geben einen Eindruck von der Menge und dem Zustand gut datierbarer Artefakte, die man in den meisten Wracks finden wird. Foto: Waldemar Illing.

58 Mit Hilfe eines unter Wasser aufgenommenen Fotos der
60 Holzfragmente (Tafel 58) setzt Frederick van Doorninck
61 die Einzelteile zur ursprünglichen Planke wieder zusammen (Tafel 60 und 61). Foto: Donald Rosencrantz.

59 Aus einer Tiefe von 36 Metern klettern vier Taucher, die einen Transportkorb aus Draht mit den zerbrechlichen Planken des byzantinischen Schiffes tragen, den Abhang zum Ufer von Yassi Ada hinauf. Foto: Mustafa Kapkin.

62 Alan Albright von der Smithsonian Institution wiegt eine Holzscheibe aus dem im Vordergrund sichtbaren Holzblock, um zu bestimmen, wieweit sich das Gewicht von Holz nach der chemischen Behandlung mit Poly-Äthylen-Glykol-4000 vergrößert hat. Das Holz stammt von einem höchstwahrscheinlich spanischen Wrack, das um 1560 in der Nähe von Bermuda gesunken ist. Foto: Smithsonian Institution.

Ohne die Anregungen, Ratschläge, Hilfe und Mitarbeit von Dr. Glyn Daniel, dem Verlag Thames und Hudson und den nachstehend aufgeführten Wissenschaftlern, Tauchern, Grafikern und Instituten hätte das Buch in seiner vorliegenden Form wohl kaum entstehen können; für den Inhalt allerdings trage ich die alleinige Verantwortung. Ihnen allen aber sei an dieser Stelle nochmals mein Dank ausgesprochen.

Alan B. Albright; William van Alen; E. Wyllys Andrews; Ann Bass; Edwin C. Bearss; Stephan de Borhegyi; André Bouscaras; Ole Crumlin-Pedersen; Captain Cousteau; Harold Edgerton; G. Roger Edwards; Anne Ellis; Joanna Fink; Anders Franzén; Nixon Griffis; John Huston; Robert B. Inverarity; Gerhard Kapitän; Mustafa Kapkin; Edwin und Marion Link; Philip K. Lundeberg; Mr. und Mrs. James P. Magill; David I. Owen; J. Lester Parsons; Dr. Melvin M. Payne; Mendel Peterson; Dr. Froelich Rainey; Brunilde Sismondo Ridgway; Eric J. Ryan; Linton Satterthwaite; Robert Scranton; H. A. Shelley; Helen Stabler; Philippe Tailliez; Peter Throckmorton; Robert Wauchope; Lloyd P. Wells; Robert C. Wheeler; Susan Womer; Dr. Rodney S. Young.

American Philosophical Society; Catherwood Foundation; Corning Museum of Glass; Council of Underwater Archaeology; Department of Classical Archaeology at the University of Pennsylvania; Lucius B. Littauer Foundation; National Geographic Society; Office of Naval Research; National Science Foundation; Rockefeller Foundation; Sarah Mellon Scaife Foundation; Turkish Department of Antiquities.

Bibliographie

Eine Bibliographie der Unterwasser-Archäologie zählt bereits heute mehrere tausend Titel.

Regelmäßig werden in den verschiedensten Fachorganen Artikel über spezielle Gebiete der Unterwasserforschung veröffentlicht. Beiträge zur Unterwasserforschung unter streng archäologischem Aspekt sind in folgenden archäologischen Zeitschriften erschienen:

American Antiquity, American Journal of Archaeology, Les annales archéologiques de Syrie, Annual of the British School at Athens, Antiquity, Antiquity and Survial, Archaeology, Archäologischer Anzeiger, Biblical Archaeologist, Bulletin de correspondence hellénique, Estudios de Cultura Maya, Expedition, Gallia, Israel Exploration Journal, Klio, Monuments Piot, Pennsylvania Archaeologist, Proceedings of the Prehistoric Society, Revue archéologique, Revue des études grecques, Rivisti di Studi Liguri, Studies in Conservation, Wisconsin Archaeologist.

In folgenden Sporttaucher-Magazinen erscheinen häufig Abhandlungen und Artikel über Unterwasser-Archäologie:

L'aventure sous-marine (Paris), Cris (Barcelona), Delphin (Buchholz bei Hamburg), Mondo Sommerso (Rom), Neptun (Stuttgart), Skin Diver (Lynwood, Cal.), Triton (London).

National Geographic Magazine, Illustrated London News, Natural History Magazine, Scientific American und Geographical Magazine bringen regelmäßig Berichte über die großen Ausgrabungen unter Wasser.

Bei den in der Bibliographie zu den einzelnen Kapiteln mehrfach erscheinenden Quellenhinweisen auf Fachzeitschriften wurden folgende Abkürzungen benutzt:

A. A. American Antiquity
A. J. A. American Journal of Archaeology
I. L. N. Illustrated London News

Nat. Geog. M. National Geographic Magazine
U. S. Nav. Inst. Proc. United States Naval Institute Procedings

Kapitel I

Sir Mortimer Wheeler: Archaeology from the Earth (Oxford 1954)

Marine Archaeology. Developments during sixty years in the Mediterranean. Herausgegeben von Joan du Plat Taylor (London 1965). – Berichtet über die meisten Unterwasserausgrabungen bis zum Jahre 1960.

Diving into the Past: Theories, Techniques and Applications of Underwater Archaeology (St. Paul, Minnesota, 1964). – Ein äußerst interessanter Tagungsbericht der Konferenz für Unterwasser-Archäologie, der von der Minnesota Historical Society im Jahre 1963 abgehalten wurde.

Atti del II Congresso Internazionale di Archeologia Sottomarina, Albenga 1958 (Bordighera 1961). – Vorwiegend französisch und italienisch geschriebene Abhandlungen über Untersuchungen und Ausgrabungen von vor allem im Mittelmeerraum gelegenen Unterwasser-Fundstätten.

Mendel Peterson: History Under the Sea. A Handbook for Underwater Explorations (Washington, D. C., 1965). – Besonders wichtig für Untersuchungen und Ausgrabungen von Schiffswracks in der westlichen Hemisphäre, mit ausgezeichneten Abschnitten über die Identifizierung und Konservierung von Funden.

Philippe Diolé: Promenades d'archeólogie sous-marine (Paris 1952)

John Goggin: ›Underwater Archaeology, Its Nature and Limitations‹ in *A. A.* 25 (1960), S. 348 ff.

Peter Throckmorton: ›Ship Archaeology in the Aegean‹, in *U. S. Nav. Inst. Proc.* 90 (1964), S. 60 ff.

Kapitel II

U. S. Department of the Navy: Navy Diving Manual. Navships 250–538 (Washington, D. C., 1959). – Wichtig für jede Ausgrabung unter Wasser. Tauchern aus anderen Ländern könnte man auch das Royal Naval Diving Manual (London) oder La Plongée (Paris) empfehlen.

P. Tailliez, F. Dumas, J.-Y. Cousteau und andere: The Complete Manual of Free Diving (New York 1957). – Eine englische Übersetzung von La Plongée.

The New Science of Skin and Scuba Diving (New York 1957). – Ein ausgezeichnetes Buch zum Erlernen des Tauchens, das von einem Komitee von Fachleuten herausgegeben wurde.

Captain Stanley Miles, R. N.: Underwater Medicine (London 1962)

James Dugan: Man Under the Sea (New York 1956). – Ein sehr gut lesbares Standardwerk über das ganze Gebiet des Unterwasser-Sportes und der Unterwasser-Forschungen, mit einem ausführlichen Kapitel über Unterwasser-Archäologie.

Jaques-Yves Cousteau und Frederic Dumas: The Silent World (London 1953). Deutsch: Die schweigende Welt (Berlin 1953). – Der klassische Bericht über die Anfänge des Tauchens mit der Aqualunge.

Jacques-Yves Cousteau und James Dugan: The Living Sea (London und New York 1963). Deutsch: Das lebende Meer (Köln 1964)

Dimitri Rebikoff und Paul Cherney: A Guide to Underwater Photography (New York 1957)

J. Greenberg: Underwater Photography Simplified (Coral Gables, Florida 1963, 2. Auflage)

Encyclopédie du monde sous-marin (Paris 1957)

Kapitel III

R. Forrest-Webb: ›The Challenge of the River Thames‹, in *Triton* (Nov.-Dez. 1963), S. 16 ff.

Donald P. Jewell: ›Fresh Water Archaeology‹, in *A. A.* 26 (1961), S. 414 ff.

Robert C. Wheeler: ›History below the Rapids‹, in *Minnesota History* 38 (1962), S. 24 ff.; ›Diving into the Past‹, in *Canadian Geographical Journal* 65 (1962), S. 39 ff.

Sigurd F. Olson: ›Relics from the Rapids‹, in *Nat. Geog. M.* 124 (1963), S. 412 ff.

Stephan F. de Borhegyi: ›From the Depths of Lake Amatitlan‹, in *I. L. N.* v. 233, Nr. 6214 (1958), S. 70 ff.; ›Hallazgos Arqueologicos en Aguas del Lago de Amatitlan‹, in *Revista del Instituto de Antropologia e Historia de Guatemala* 10 (1958), S. 3 ff.; ›Underwater Archaeology in the Maya Highlands‹, in *S. A.* v. 200, Nr. 3 (1959), S. 100 ff.; ›Exploration in Lake Peten Itza‹ in *Archaeology* 16 (1963), S. 14 ff.

Anders Franzén: The Warship Vasa. Deep Diving and Marine Archaeology in Stockholm (Stockholm 1960); ›Ghost from the Depths: The Warship Vasa‹, in *Nat. Geog. M.* 121 (1962), S. 42 ff.

Peter Throckmorton: The Lost Ships (Boston 1964); ›Thirty-three Centuries Under the Sea‹, in *Nat. Geog. M.* 117 (1960), S. 682 ff.

Kapitel IV

Guido Ucelli: Le Navi di Nemi (Rom 1950)

G. D. van der Heide: ›Archaeological Investigations on New Land‹, in *Antiquity and Survival* 3 (1955), S. 221 ff.

Olaf Olsen and Ole Crumlin-Pedersen: Vikingeskibene I. Roskilde Fjord (Kopenhagen 1962–63)

O. Crumlin-Pedersen: ›Viking Ship‹, in *The Undersea Challenge.*

Proceedings of the Second World Congress of Underwater Activities, London 1962 (London 1963), S. 88 ff.

Robert S. Skerrett: ›Wreck of the Royal Savage Recovered‹, in *U. S. Nav. Inst. Proc.* 61 (1935), S. 1646 ff.

L. F. Hagglund: ›The Continental Gondola Philadelphia‹, in *U. S. Nav. Inst. Proc.* 62 (1936), S. 665 ff.

›The Cairo Story‹, Sonderbeilage der *Vicksburg Evening Post*, Vicksburg, Mississippi (11. Dez. 1964); ›Resurrection of on Ironclad‹, in *Life* 58 (12. Feb. 1965), S. 41 ff.

C. O. Cederlund: The Warship Vasa, Exhibition Wasavaret (Stockholm 1963)

Bengt Ohrelius: Vasa, the king's ship (London 1962)

Kapitel V

Stanley J. Olsen: ›Scuba as an Aid to Archaeologists and Palentologists‹, in *Curator, American Museum of Natural History*, 4 (1961), S. 371 ff.; ›Underwater Treasure‹, in *Florida Wildlife* 15, Nr. 11 (1962)

Alfred M. Tozzer: Chichen Itza and its Cenote of Sacrifice. Itza, Yucatan. Band 10 der *Memoirs of the Peabody Museum* Mass., 1957)

Samuel K. Lothrop: Metals from the Cenote of Sacrifice, Chichen Itza, Yucatan. Band 10 der *Memoirs of the Peabody Museum* (Cambridge, Mass., 1952)

E. D. Hurtado und Bates Littlehales: ›Into the Well of Sacrifice‹, in *Nat. Geog. M.* 120 (Oct. 1961), S. 540 ff.

E. Wyllys Andrews: ›Excavation at Dzibilchaltun, Northwestern Yucatan, Mexico‹, in *Proc. of the American Philosophical Society* 104 (1960), S. 254 ff.

Luis Marden: ›Up from the Well of Time‹, in *Nat. Geog. M.* 115 (1959), S. 110 ff.

A. Merlin: ›Submarine Discoveries in the Mediterranean‹, in *Antiquity* 4 (1930), S. 405 ff.

S. Casson: ›Submarine Research in Greece‹, in *Antiquity* 13 (1939), S. 80 ff.

G. Karo: ›Art Salvaged from the Sea‹, in *Archaelogy* I (1948), S. 179 ff.

G. Weinberg und andere: ›The Antikythera Shipwrek Reconsidered‹, in *Am. Phil. Soc.*, N. S. 55, pt 3 (1965)

Derek Price: ›An Ancient Greek Computer‹, in *S. A.* 200 (June 1959), S. 60 ff.

Werner Fuchs: Der Schiffsfund von Mahdia (Tübingen 1963)

Philippe Tailliez: Nouvelles plongées sans câble (Paris 1960)

Bosch Gimpera: ›Huelva‹, in *Eberts Eeallexikon der Vorgeschichte*; erstmals im *Boletin de la Revista Academia de la Historia* 83 (1923), S. 89 ff.

Kapitel VI

A. Poidebard: ›Un grand port disparu: Tyr. Recherches aériennes et sous-marines, 1934–36‹, in *Biblio. arch. et hist.* 29 (Paris 1939)

A. Poidebard und J. Lauffray: Sidon. Aménagements antiques du port de Saida. Etudes aériennes, au sol et sous-marines, 1946–50 (Beirut 1951)

Nicholas Flemming: ›Underwater Adventure in Apollonia‹ und ›Apollonia Revisited‹, in *Geographical Magazine* 31 (1959), S. 497 ff., und 33 (1961), S. 522 ff.

Kenneth Mac Leish: ›Sea Search into History at Caesarea‹, in *Life* 50 (5. Mai 1961), S. 72 ff.

Honor Frost: Under the Mediterranean (London und Englewood Cliffs, N. J., 1963); ›Rouad, ses récifs et mouillages‹, in *Les annales archéologiques de Syrie* 14 (1964), S. 67 ff.

John G. Hawthorne: ›Cenchreae, Port of Corinth‹, in *Archaeology* 18 (1965), S. 191 ff.

Vianor Pachulia: ›Soviet Archaeology: The Search for Lost Dioscuria in the Eastern Black Sea‹, in *I. L. N.* 244 (1964), S. 644 ff.

Spriridon Marinatos: ›Helike: A Submerged Town of Classical Greece‹, in *Archaeology* 13 (1960), S. 186 ff.

Elisha Linder and Olivier Leenhardt: ›Recherches d' archéologie sous-marine sur la cote mediterranéenne d'Israel‹, in *Revue archéologique* (Jan.–März 1964), S. 47 ff.

Marion Clayton Link: ›Exploring the Drowned City of Port Royal‹, in *Nat. Geog. M.* 117 (Feb. 1960), S. 151 ff.

Gerhard Kapitän: ›Vorläufiger Bericht über die Untersuchungen an der Kemlade im Cambser See, Kreis Schwerin‹, in *Ausgrabungen und Funde* 6 (1961), S. 205 ff.; ›Das Raubritternest im See‹, in *Neptun* (Dez. 1964), S. 307 ff.

Gerhard Kapitän: ›Schiffsfrachten antiker Baugesteine und Architekturteile vor den Küsten Ostsiziliens‹, in *Klio* 39 (1961), S. 276 ff.; ›Neue archäologische Unterwasserforschungen vor den Küsten Ostsiziliens‹, in *Delphin* (Dezember 1962 bis März 1963)

Peter Throckmorton und John Bullitt: ›Underwater Surveys in Greece: 1962‹, in *Expedition* 5 (Winter 1963), S. 16 ff.

John B. Ward-Perkins und Peter Throckmorton: ›The San Pietro Wreck‹, in *Archaeology* 18 (1965), S. 201 ff.

Roberto Dei and Sacha de Fé: ›27 Ancore in un Cucchiaio‹, in Mondo Sommerso (Nov. 1964), S. 87 ff.

Alexander de Fé: ›Mystery Find at the Galli Islands‹, in *Triton* (Jan. 1965), S. 38 ff.

Eric Ryan und G. F. Bass: ›Underwater Surveying and Draughting – A Technique‹, in *Antiquity* 36 (1962), S. 252 ff.

Gianni Roghi: ›Note tecniche sul rilevamento e lo scavo della nave romana die Spargi‹, in *Bollettino e Atti* (Centro Italiano di

Ricercatori Subacquei, 1958–59), S. 9 ff.; ›La seconda campagna di scavi sotto marina sulla nave romana di Spargi (Sardegna)‹, in *Rivista di Studi Liguri* 25 (1959), S. 301 ff.

G. F. Bass: ›The Asherah: A Submarine for Archaeology‹, in *Archaeology* 18 (1965), S. 7 ff.

Kapitel VII

Ferdinand Keller: The Lake Dwellings of Switzerland and other Parts of Europe (London 1866)

Homer L. Ferguson: Salvaging Revolutionary Relics from the York River (Newport News, Virginia 1939)

Robert Brill: ›The Record of Time in Weathered Glass‹, in *Archaeology* 14 (1961), S. 18 ff.

Nino Lamboglia: ›La nave romana di Albenga‹, in *Revue d'études Ligures* 18 (1952), S. 131 ff.; ›Diario di scavo a bordo dell »Artiglio«‹, in *Inguana e Intemelia* 5, Nr. 1 (1950), S. 1 ff.

Jacques-Yves Cousteau: ›Fish Men Discover a 2,200-Year-Old Greeck Ship‹, in *Nat. Geog. M.* 105 (1954), S. 1 ff.

Fernand Benoît: ›L'épave du Grand Congloué à Marseille‹, in *Gallia,* Supplement 14 (Paris 1961)

Willy Haag: ›Recherches archéologiques sur les palafittes du lac de Neuchâtel‹ in *L'aventure sous-marine* 36 (Dez. 1961 – Jan. 1962), S. 288 ff.

Guy de Frondeville: Les visiteurs de la mer (Paris 1956)

F. Dumas: ›Le Dramont: troisième chantier français d'archéologie sous-marine‹, in *Etudes et sports sous-marins* 6 (1959), S. 15 ff.; A. Sivirine: ›Particularités du travail sous-marin sur l'épave du Dramont‹, in *Le plongeur et l'archéologie* (Confédération Mondiales des Activités Subaquatiques (Paris 1960), S. 23 ff.

G. F. Bass: ›Underwater Excavations at Yassi Ada: A Byzantine Shipwreck‹, in *Archäologischer Anzeiger* (1962), S. 537 ff.

F. Dumas: Deep-Water Archaeology (London 1962)

F. Dumas, Épaves antiques (Paris 1964)

G. F. Bass: ›The Cape Gelidonya Wreck: Preliminary Report‹, in
A. J. A. 65 (1961), S. 267 ff.; ›Cape Gelidonya: A Bronze Age Shipwreck‹ (Dissertation 64–10, 346, University Microfilms, Ann Arbor
Michigan; der vollständige Grabungsbericht befindet sich zur Zeit
in Druck).

Peter Throckmorton: ›Oldest Known Shipwreck Yields Bronze Age
Cargo‹, in Nat. Geog. M. 121 (1962), S. 696 ff.

Kapitel VIII

G. F. Bass: ›Underwater Archaeology: Key to History's Ware-
house‹, in Nat. Geog. M. 124 (1963), S. 138 ff.; ›Bodrum Yassiada
Sualti Kazilari (1961)‹, in Türk Arkeoloji Dergisi 12 (1962), S. 8 ff.

Ray M. Seborg und Robert B. Inverarity: ›Conservation of 200-
year-old Water-logged Boats with Polyethylene Glycol‹, in Studies
in Conservation 7 (1962), S. 111 ff.

H. Muller-Beck und A. Haas: ›A Method of Wood Preservation
Using Arigal C‹, in Studies in Conservation 5 (1960), S. 150 ff.

Kapitel IX

John A. Pritzlaff und Richard E. Munske: ›Manned Submersibles of
the World‹, in Undersea Technology (Aug. 1964), S. 20 ff.

Jaques-Yves Cousteau: ›At Home in the Sea‹, in Nat. Geog. M. 125
(1964), S. 465 ff.

Edwin A. Link: ›Our Man-in-Sea Project‹, und Lord Kilbracken:
›The Long Deep Dive‹, in Nat. Geog. M. 123 (1963), S. 712 ff.

Edwin A. Link: ›Outpost under the Ocean‹, und Robert Stenuit:
›The Deepest Days‹, Nat. Geog. M. 127 (1965), S. 530 ff.

James Atwater und Roger Vaughan: ›Room at the Bottom of the Sea‹, in *Saturday Evening Post* (5. Sept. 1964), S. 18 ff.

H. A. O'Neal und andere: An Experimental Eleven-Day Undersea Saturation Dive at 193 Feet. Sealab I Project Report (Office of Naval Research, Washington, D. C., 14. Juni 1965)

Jacques-Yves Cousteau: ›The Era of »Homo Aquaticus«‹, in *The Undersea Challende*. Proceedings of the Second World Congress of Underwater Activities, London 1962 (London 1963), S. 8 ff.

Fernand Benoît: ›La création d'un Institut d'Archéologie Navale‹, in *L'aventure sous-marine* 21 (1959)

Register

Wissenschaftler als Detektive

›Ein faszinierendes Buch und eine exzellente Einführung in diesen Zweig der Archäologie‹, nennt ›New History‹ Prof. M. Popes Geschichte der Entzifferung. Wissenschaftlich exakt und von der Dramatik der Entdeckungen bewegt, erhellt Pope dieses spannende Kapitel archäologischer Forschung. Dank zahlreicher Zeichnungen, Tabellen und Diagramme vermag der Leser alle Erfolge und Mißerfolge der Gelehrten nachzuvollziehen: er erlebt selber das Abenteuer, wie sich durch die Entzifferung einer alten Schrift eine neue Welt dem forschenden Geist erschließt.

Maurice Pope
Die Rätsel alter Schriften
Hieroglyphen, Keilschrift, Linear B
240 Seiten, 118 s-w-Abb. 1 Karte, Ln.

Gustav Lübbe Verlag GmbH, 5060 Bergisch Gladbach 2

GESCHICHTE

In der Taschenbuchreihe GESCHICHTE erschien
als Band mit der Bestellnummer 64019:

J. V. Luce

Archäologie
auf den Spuren Homers

Seit dem Altertum fragen sich die Gelehrten: Schildern Homers Epen »Ilias« und »Odyssee« Geschichte — oder sind es Dichtungen ohne geschichtlichen Hintergrund?

In neuerer Zeit kamen weitere Fragen hinzu: Gab es den Dichter Homer überhaupt? Und wenn ja: War er wirklich Zeitgenosse der von ihm beschriebenen Ereignisse? Oder schrieb er später, rückblickend?

Die Archäologie kann hier Aufklärung bringen. Sie braucht nur die von Homer geschilderten Kunstwerke, Werkzeuge, Geräte, Gefäßtypen und Waffen mit den Bodenfunden zu vergleichen, die im Bereich der »Welt Homers« gemacht wurden.

Professor Luce faßt die neuesten Ergebnisse für Fachleute ebenso wie für Laien in komprimierter Form zusammen und schildert außerdem die faszinierende Geschichte der archäologischen Forschung auf den Spuren Homers seit den Tagen des ebenso bedeutenden wie umstrittenen Heinrich Schliemann bis in unsere Zeit.

BASTEI
LÜBBE

Der dramatische Bericht über eine archäologische Sternstunde

Am 26. November 1922 gelang Howard Carter die sensationellste Entdeckung unseres Jahrhunderts. Seitdem sind Hunderte von Büchern über das Grab des Tutanchamun und seine Schätze erschienen – aber keines erfaßte das <u>ganze</u> Abenteuer. Brackman hat dieses Buch geschrieben: er gibt überzeugende Porträts der beiden Engländer Lord Carnarvon und Howard Carter, schildert ihre Verzweiflung angesichts schwindender Hoffnungen und Geldmittel nach dem I. Weltkrieg; er erzählt von den Intrigen und juristischen Auseinandersetzungen über Besitzrechte und läßt sich auch auf den ominösen ›Fluch der Pharaonen‹ ein.

Arnold C. Brackman **Sie fanden den goldenen Gott** Das Grab des Tutanchamun und seine Entdeckung. 256 Seiten, Ln.

Gustav Lübbe Verlag GmbH, 5060 Bergisch Gladbach 2